إكتشاف أسرار الوجود

سُؤَال وَجَوَاب

All Rights Reserved

Copyright © 2023 by
Laitman Kabbalah Publishers

ISBN: 978-1-77228-122-4

www.kab.info

إكتشاف أسرار الوجود

سُؤَال وَجَوَاب

الكَاتِب : صَاحِب حَكِيم

حُقوُقُ الطَبعِ والنَشرِ- عام ٢٠١٤

كِافِةُ حُقوقِ النَشرِ مَحفُوظَةٌ لِدَارِ النَشرِ
وَلاَ يُسْمَحُ بِإعَادَةِ إِصْدَارِ هَذَا الكِتَابِ أَوْ أَيِّ جُزْءٍ مِنْهُ بِأَيِّ شَكْلٍ مِنَ الأَشْكَالِ
إلاَّ بِإِذْنٍ خَطِيٍّ مِنَ النَاشِرِينَ.

الفَهرس

مُقدِمَة . . . . ١.

سُؤَالٌ وَجَوَابٌ . . . . ٥.

الفَقَرَةُ الأُولَى: فِكْرُ الخَلِيقَةِ . . . . ٧.

الفَقَرَةُ الثَانِيَةُ: الحِكْمَةُ الخَفِيَّةُ ٢٩

الفَقَرَةُ الثَالِثَةُ: الهَدَفُ ٤٩

الفقرة الرابعة: العمل الروحي ٥٧

الفَقَرَةُ الخَامِسَةُ: الرَغْبَةُ
إِكْتِشَافُهَا وَتَصْحِيحُهَا ٧١

مُقْتَبَسَاتٌ وَدُعَاء . . . . ١٠٣.
مِنْ صَلَوَاتِ النَبِي دَاوُد . . . . ١٠٥.

بَارِكِي يَا نَفْسِي الرَّب ١٠٦
مِنْ صَلَوَاتِ النَبِي دَاوُد ١٠٨

مِنْ حَكِيمِ الحُكَمَاءِ
المَلِكُ سُلَيْمَانُ بِنْ دَاوُد ١٠٩
مُقْتَطَفَاتٌ مِنْ حِكْمَةِ المَلِكِ سُلَيْمَان . . . . ١١٠.

مِنْ كِتَابِ شَامَعْتِي . . . . ١١٣.
لَيسَ هُنَالِكَ سِوَاهُ . . . . ١١٥.
جَوهَرُ عَمَلِ الإِنْسَانِ . . . . ١٢١.
رَفْعُ الإِنْسَانِ لِنَفْسِهِ . . . . ١٢٢.
مَا مَعْنَى القَولُ
"وَطَرَدَ الرَّبُ أَدَمَ مِنْ جَنَةِ عَدَنٍ لَعَلَّهُ يَمُدُ يَدَهُ وَيَأْخُذُ مِنْ ثَمَرِ شَجَرَةِ الحَيَاةِ" . . ١٢٣.
الفِكْرُ وَالقَلْبُ . . . . ١٢٥.
أَنْتُمْ يَا مَنْ تُحِبُّونَ الخَالِقَ تَكْرَهُونَ الشَرَّ ١٢٦
مَا مَعْنَى عِبَارَةَ عَظَمَةُ الخَالِقِ ١٢٨
مَصْدَرُ السَعَادَةِ هُوَ فِي مَخَافَةِ الرَبِّ . . . . ١٣٠.
مَا هُوَ مَعْنَى العِبَارَةَ "العَجَلَةُ فِي العَمَلِ. . . . . ١٣١.

مُقَدِمَة

لَقَدْ طَوَّرَتْ الإِنْسَانِيَّةُ نَفْسَهَا عَلَى مَدَارِ الأَجْيَالِ وَالعُصُورِ مِنْ خِلاَلِ تَقَدُمِهَا فِي العُلُوم فِي جَمِيع مَجالاَتِها المُخْتَلِفَةِ لِتَتَوفَرَ لَهَا فُرْصَةَ البَحْثِ لِمَعْرِفَةِ العَالَمِ المُحِيطِ بِهَا. وَهَكَذَا نَمتْ البَشَرِيَّةُ مِنْ خِلاَلِ العُلُوم وَمَرَاحِلِ ظُهُورِهَا وَالَتِي بُنِيَتْ بِأَجْمَعِهَا فِي حُدُودِ إِطَارِ الحَواسِ الخَمْسَةِ لَدَى الإِنْسَانِ. كَمَا اخْتَرَعَ الإِنْسَانُ وَسَائِلاً تُمَكِنَهُ مِنْ تَوْسِيع مَجَالِ إِدْرَاكِهِ الحِسِّيِّ وَالتَخطِي فَوْقَ حُدُودِ وَقُدْرَةِ الأَنَا لَدَيْهِ مُحَاوِلاً مَعْرِفَةَ مَا وَرَاءَ عَالَمِهِ المَادِيِّ وَالَذِي يُشَكِلُ جُزْءً صَغِيرَاً مِنَ الوُجُودِ كَكُلْ. وَهَكَذَا وَمِنْ جِيلِ إِلَى جِيلِ جَمَعَ الإِنْسَانُ التَجارُبَ وَتَمَكَّنَ مِنْ مَعْرِفَةِ هَذَا العَالَمِ وَالعَيْشِ فِيهِ.

وَلَكِنْ عِنْدَمَا يَتعَلَّقُ الأَمْرُ فِي بَحْثِنَا فِيمَا وَرَاءَ عَالَمِنَا المَادِيِّ الَذِي نَعِيشُ فِيهِ نَرَى بِأَنَّ الإِنْسَانَ قَدْ تَوَصَّلَ إِلَى مَعْرِفَةِ وُجُودِ عَالَمَ آخرِ خَفِيٍّ. وَلَكِنْ لَطَالَمَا كَانَ الإِنْسَانُ غَيْرَ قَادِرعَلَى رُؤْيَةِ هَذَا العَالَمِ الخَفِيِّ لِمَاذَا يَفْتَرِضُ بِأَنَّهُ مَوْجُودٌ؟

سَيدُنَا ابْرَاهِيمُ عَلَيْهِ السَلاَم رَأَى عَظَمَةَ وَمُعْجِزَةَ الوُجُودِ الإِنْسَانِيِّ وَبُنْيَةَ الكَونِ وَعَمَلَ قَوَانِينِ الطَبيعَةِ وَسَأَلَ أَسئِلَةً كَثِيرَةً عَن الخَالِقِ مُسْتَفسِراً عَنْ عَظَمَةِ الخَلِيقَةِ فَظَهَرَ لَهُ العَالَمُ الأَعْلَى مِنْ خِلاَلِ الوَحِي وَالإِلهَام. هَذِهِ المَعرِفَةُ الَتِي اكْتَسَبَهَا وَالطَرِيقَةُ الَتِي اسْتَخدَمَهَا فِي اكْتِسَابِ هَذِهِ المَعْرِفَةِ دَوَّنَهَا وَحَفِظَهَا لِلأَجْيَالِ الَتِي أَتَتْ بَعْدَهُ. هَذِهِ هِيَ الحِكْمَةُ القَدِيمَةُ.

إنتَقَلَتْ هَذِهِ الحِكْمَةُ وَعَلَى مَرِّ العُصُورِ مِنْ مُعَلِّم إلَى تِلْمِيذِهِ وَكُلٌ مِنْهُم أَضَافَ بَرَاهِينَ تَجرِبَتِهِ فِي الدِرَاسَاتِ التَحليلِيَّةِ وَالتَفسيرِيَّةِ لجَمِيعِ قَوَانِينِ النَظَرِيَّةِ المَنْصُوصِ عَلَيْهَا لِهَدَفِ جَمعِ الكَمِّ الأَكْبَرِ مِنَ المَعرِفَةِ.

جَمِيعُ الإِنْجَازَاتِ التِي تَوَصَّلَ إِلَيْهَا هَؤُلاءِ العُلَمَاءِ فِي اكْتِشَافِ وَمَعرِفَةِ العَالَمِ الرُوحِيِّ دُوِّنَتْ فِي أُسْلُوبٍ وَلُغَةٍ وَثِيْقَةِ الصِلَةِ بِالمَوضُوعِ وَمُنَاسِبَةٍ لِلْجِيْلِ التِي عَاشَتْ فِيْهِ تِلْكَ النَفسِ.

عِلْمُ الحِكْمَةِ القَدِيمَةِ التِي كَتَبَهَا وَعَلَّمَهَا سَيدُنَا ابْرَاهِيم عَلَيْهِ السَلاَمُ هُوَ عِلْمُ حِكْمَةِ الكَابَالا الحَقِيقِيِّ الذِي نُقَدِمُهُ لِلْجَمِيعِ. قَدْ أَحَاطَ بِعِلْم حِكْمَةِ الكَابَالا الكَثِيرُ مِنْ الأَسَاطِيرِ وَالخُرَافَاتِ فِي التَكَلُّم عَنهَا وَمِنَ العُلُوم الشَرْقِيَّةِ التِي إنْتَحلَتْ إسْمَهَا مُدَّعِيَةً بِإعْتِنَاقِهَا عَلَى أَنَّهَا مَذْهَبٌ مُرَوِّجَةً سِلَعَاً لِلْبَيْعِ لجَنْيِ الرِبْحِ المَادِي لِطَامِعِينِ. كُلُّ هَذَا بِسَبَبِ أَنَّ عِلَمَ الكَابَالا الحَقِيْقِيِّ كَانَ مَخْفِيَّاً وَمُسْتَتِرَاً مُنْذُ آلافِ السِنِينْ، فَلاَ يُوجَدُ هُنَاكَ أَيُّ عَلاَقَةٍ لِحِكمَةِ الكَابَالا مَعَ السِحْرِ أَوْ التَبْصِيرِ أَوْ التَرقِيَةِ وَالكَابَالا لاَ تَتفِقُ وَلاَ تَتَعَامَلُ مَعْ أَنَواعِ التَأَمُلاَتِ أَوْ النُبُوَاتِ أَوْ مَعَ كُلِّ مَا يَتَعَلَّقُ فِي هَذِهِ الأُمُورِ مِنْ مَنَاهِج وَطُقُوس وَبِالرَغْم مِنْ أَنَّ مَصْدَرَ الكَابَالا يَعُودُ فِي آثَارِهِ إلَى العُصُورِ القَدِيمَةِ أَي إلَى عَصْرِ مَدِينَةَ بَابِلِ وَلَكِنَّ بِالحَقِيقَةِ بَقِيَتْ حِكْمَةُ الكَابَالا مَكْتُومَةٌ وَمَحْجُوبَةٌ عَنْ أَنْظَارِ الإِنْسَانِيَّةِ مُنْذُ أَنْ ظَهَرَتْ أَكْثَرَ مِنْ أَرْبَعَةِ آلافِ سَنَةٍ وَحَتَى فِي يَومِنَا هَذَا نَجدُ القَلِيلَ مِنَ النَاسِ يَعْلَمُونَ مَا هُوَ جَوْهَرُ عِلمُ حِكْمَةِ الكَابَالا.

عِلْمُ حِكْمَةِ الكَابَالا هُوَ عِلْمُ تَرْكِيبِ مَجْمُوعَةِ العَمَلِيَّاتِ وَالظَوَاهِرِ الفِيْزِيَائِيَّةِ لِلوَاقِعِ كَكُل، عِلْمٌ يَكْشِفُ لنَا عَنْ مَفْهُوم الوَاقِعِ الذِي هُوَ بِالطَبِيعَةِ أَمْرٌ مَخْفِيٌّ عَنْ حَوَاسِنَا الخَمسَةِ؛ عَلْمٌ يُنَمِّي قُدْرَةَ الإِنْسَانِ عَلى مُرَاقَبَةِ قَضَائِه

مُقَدِّمَة

وَقَدَرِهِ. عِلْمُ الحِكْمَةِ هَذَا هُوَ عِلْمُ نِظَامِ الخَلِيقَةِ وَبَرَاعَةُ تَدْبِيرِ وَإِدَارَةِ هَذَا النِّظَامِ. تُعَلِّمُ حِكْمَةُ الكَابَالَا كَيْفَ يَكُونُ بِاسْتِطَاعَةِ أَيِّ شَخْصٍ إِدْرَاكُ وَحْيِ نِظَامِ الخَلِيقَةِ. اليَوْمَ وَفِي جِيلِنَا هَذَا نَحْنُ نَجِدُ أَنَّ الرَّغْبَةَ إِلَى الأُمُورِ الرُّوحِيَّةِ مُتَيَقِّظَةٌ لَدَى الكَثِيرِينَ.

وَبِمَا أَنَّنَا الآنَ نَعِيشُ فِي زَمَنٍ مُمَيَّزٍ مِنْ تَارِيخِ الإِنْسَانِيَّةِ وَكُلٌّ مِنَّا يَشْعُرُ بِالأَزْمَةِ العَالَمِيَّةِ الَتِي تَجْتَاحُ العَالَمَ بِأَكْمَلِهِ، وَالإِقْتِصَادُ فِي حَالَةِ تَدَهْوُرٍ مُسْتَمِرٍ وَأَوْجَاعُ البَشَرِيَّةِ مَا زَالَتْ فِي البِدَايَةِ. وَبِمَا أَنَّ الإِنْسَانِيَّةَ كَجَسَدِ الإِنْسَانِ الوَاحِدِ فَالحَلُّ الوَحِيدُ هُوَ فِي اِرْتِبَاطِ أَبْنَاءِ الجِنْسِ البَشَرِيِّ مَعاً فِي وَحْدَوِيَّةِ الخَلَايَا فِي الجَسَدِ الوَاحِدِ وَلَدَيْنَا الرَّغْبَةُ فِي أَنْ يَكُونَ هَذَا الإِرْتِبَاطُ الَذِي يَجْمَعُ بَيْنَنَا هُوَ الوَسِيلَةُ فِي مُسَاعَدَةِ العَالَمِ فِي السَّعْيِ نَحْوَ تَحْصِيلِ هَذَا الإِرْتِبَاطِ الَذِي مِنْ خِلَالِهِ يَكُونُ التَأْثِيرُ مُجْدِي فِي السَّيْطَرَةِ عَلَى جَمِيعِ الأَحْدَاثِ السَّلْبِيَّةِ الَتِي تَحْدُثُ الآنَ وَتِلْكَ الَتِي سَتَحْدُثُ فِي المُسْتَقْبَلِ وَالَتِي سَتُعْمَلُ فِي أُسْلُوبٍ يَحُثُّنَا نَحْوَ تَصْحِيحِ الأَنَا فِي الإِنْسَانِ بِالقُوَّةِ الجَبْرِيَّةِ.

يُنَاقِشُ هَذَا الكِتَابُ عِدَّةَ جَوَانِبَ مِنْ أُمُورِ هَذَا العِلْمِ مِنْ خِلَالِ أُسْلُوبِ السُّؤَالِ وَالجَوَابِ وَنَتَمَنَّى بِأَنْ يَكُونَ المُفْتَاحُ الَذِي يَبْحَثُ القَارِئُ عَنْهُ لِيَفْتَحَ الوُجُودَ أَمَامَهُ بِكُلِّ دَرَجَاتِهِ وَكُلِّ أَعْمَاقِهِ.

سُؤالٌ وَجَوابٌ

أَرَدْنَا تَخْصِيصَ هَذا الكِتَابُ لِمُشَارَكَةِ الأَسْئِلَةِ الَتِي وَرَدَتْنَا مِنْ كَافَةِ أَنْحَاءِ العَالَمِ إِذْ تَحْتَوِي عَلَى الكَثِيرِ مِنَ المَعْلُومَاتِ وَغَنِيَّةٌ بِعُمْقِ المَعْرِفَةِ وَعَلَى كَافَةِ الدَرَجَاتِ لِتَكُنْ بَحْرَاً لِكُلِ بَاحِثٍ وَطَالِبٍ لِلإِسْتِسْقَاءِ مِنْ هَذَا العِلْمِ الرَفِيعِ عِلْمُ النُورِ المُتَأَلِقِ.

لإِجَادِ الحَلِ المُنَاسِبِ لِمَشَاكِلِ العَالَمَ يَجِبُ العَودَةَ إِلَى الجُذُورِ. نَحْنُ نَأمَلُ بِأَنَّ كُلَّ جُهُودِنَا التِي نَبْذُلَهَا مِنْ كُلِّ قُلُوبِنَا وَبِصِدْقٍ أَنْ تَجْعَلَنَا عَلَى دَرَجَةِ اسْتِحْقَاقٍ لِنَنَالَ نِعْمَةً مِنْ عِنْدِ الخَالِقِ بِإِغْدَاقِ لُطْفِهِ عَلَيْنَا فِي تَجَنُبِ المُعَانَاةِ وَالمَصَائِبِ الَتِي تَنْسَكِبُ عَلَيْنَا فِي هَذَا العَالَمَ. يَجِبُ أَنْ نُرَكِّزَ تَفْكِيرَنَا وَنَبْذُلَ أَقْصَى جُهُودِنَا فِي هَذَا الطَرِيقِ فِي تَرْكِ تَأْثِيرٍ إِيْجَابِيٍّ عَلَى العَالَمَ مِنْ خِلاَلِ إِرْتِبَاطِنَا مَعَاً. فَإِنَّ الأُسْلُوبَ الَذِي نَتبَعُهُ فِي العَمَلِ مُهِمٌ جِدَاً.

لَيْسَ المَقْصُودُ بِعِبَارَةِ "التَأْثِيرِ الإِيجَابِيِّ" هُوَ الحَدُّ أَوْ إِزَالَةُ كُلَّ مَا نَعْتَبِرُهُ سَيءٌ وَالقَضَاءُ عَلَيْهِ. نَحْنُ لاَ نَسْتَطِيعُ إِزَالَةَ أَوْ إِصْلاَحَ السَيءِ وَلَكِنَ اهْتِمَامَنَا يَجِبُ أَنْ يَكُونَ مُنْصَبَّاً نَحْوَ تَقَدُمِنَا فِي العَالَمِ الرُوْحِيِّ لِلإِرْتِقَاءِ إِلَى مُسْتَوَى العَطَاءِ وَفِي الإِرْتِبَاطِ مَعَاً بِرِبَاطِ المَحَبَّةِ عِنْدَهَا وَمِنْ خِلاَلِ هَذَا الإِرْتِبَاطِ نُؤَثِرُ عَلَى الطَبِيْعَةِ مِنْ حَولِنَا لِنُغَيرَ أَحْدَاثَهَا السَلْبِيَّةِ نَحْوَنَا. فَنَحْنُ لاَ نَأتِي فِي أُسْلُوبِ تَوَاجُهٍ مَعَ الطَبِيْعَةِ مُحَاوِلِينَ مَنْعَ وُقُوعِ الكَوارِثِ فَهَذِهِ صَلاَةٌ وَطُلبَةٌ غَيْر

إكتِشَافُ أَسْرَارِ الوُجُودِ - سُؤَال وَجَوَاب

صَحِيحَةٍ وَغَيْرُ مُجْدِيَةٍ لأَنَّنَا لَنْ نَسْتَطِيعَ السَيْطَرَةَ عَلَى مَجْرَى الأَحْدَاثِ أَوْ تَغْيِيرَهَا بَلْ أَنَّهُ مِنَ الأَفْضَلِ هُوَ أَنْ نَسْتَهْدِفَ السَبَبَ الَذِي يُؤَدِي إِلَى وُقُوعِ هَذِهِ الأَحْدَاثِ أَيْ أَنْ نَسْتَهْدِفَ مَصْدَرَ المَشَاكِلِ وَالإِضْطِرَابَاتِ وَالظَوَاهِرِ السَلْبِيَّةِ فِي الطَبِيْعَةِ. فَالمُشْكِلَةُ مَوْجُودَةٌ فِي دَاخِلِنَا نَحْنُ وَلِهَذَا يَتَوَجَّبُ عَلَيْنَا إِصْلاَحَ ذَوَاتِنَا وَهَذَا هُوَ كُلُّ مَا فِي الأَمْرِ.

يَجِبُ عَلَيْنَا الإِرْتِبَاطَ مَعاً فِي وَحْدَوِيَّةِ الخَلاَيَا فِي الجَسَدِ الوَاحِدِ وَلِتَكُن لَدَيْنَا الرَغْبَةَ فِي أَنْ يَكُونَ هَذَا الإِرْتِبَاطُ الَذِي يَجْمَعُ بَيْنَنَا هُوَ الوَسِيلَةُ لِمُسَاعَدَةِ العَالَمِ فِي السَعْيِ نَحْوَ تَحْصِيلِ هَذَا الإِرْتِبَاطِ الَذِي مِنْ خِلاَلِهِ يَكُونُ التَأْثِيرُ مُجْدِياً فِي السَيْطَرَةِ عَلَى جَمِيعِ الأَحْدَاثِ السَلبِيَّةِ الَتِي تَحْدُثُ الآنَ وَتِلْكَ الَتِي سَتَحْدُثُ فِي المُسْتَقْبَلِ وَالَتِي سَتَعْمَلُ فِي أُسْلُوبٍ يَحُثُنَا نَحْوَ التَصْحِيحِ بِالقُوَةِ الجَبْرِيَّةِ.

الفَقَرَةُ الأُولَى: فِكْرُ الخَلِيقَةِ

سُؤَال١: حَاوَلَ الكَثِيرُينَ حَل لُغْزَ وَهدَفَ الخَلِيْقَةَ لِمَاذَا أَتَيْنَا إِلَى هَذَا العَالَمِ؟ وَلِمَاذَا نَعِيشُ وَنَمُوتُ؟ مَا هُوَ هَدَفُ الخَلِيقَةِ بِمَنْظُورِ عِلْمِ الكَابَالا؟ وَكَيْفَ بِإِمْكَانِ الإِنْسَانِ إِحْرَازَهُ؟

الإِنْسَانُ هُوَ مِحْوَرُ الخَلِيقَةِ وَهَدَفِهَا. خَلَقَ الخَالِقُ البَشَرِيَّةَ وَرَغِبَ فِي أَنْ يَرْفَعَ البَشَرَ إِلَى أَرْقَى وَأَسْمَى دَرَجَةٍ. مَرَاحِلُ "إِحْرَازِ العَالَمِ الرُوحِيِّ وَنُورُ الخَالِقِ" تَعْنِي التَعَرُّفُ عَلَى سِمَاتِ الخَالِقِ وَالتِي تَخْدُمُ كَوَسَائِلٍ لِلتَصْحِيحِ وَأَيْضاً مَعْرِفَةَ الهَدَفِ الأَسَاسِيّ لِلخَلِيْقَةِ لأَنَّهُ وَبِخِلافِ نَمَطِ الأَسَالِيبِ العِلْمِيَّةِ إِنَّ إِحْرَازَ نُورُ الخَالِقِ هُوَ مُكَافَأَةٌ وَرِضَا مُعْطَاةٌ لَنَا مِنْ عَظَمَةِ سُمُوهِ.

حَسْبَ تَعْلِيمِ عِلْمُ حِكْمَةِ الكَابَالا فَالإِنْسَانُ هُوَ الخَلِيْقَةُ بِكَامِلِهَا (الإِنْسَانُ الأَولُ- أَدَم). بَعْدَمَا خُلِقَ أَدَم تَحَطَمَت نَفْسَهُ وَتَبَعْثَرَتْ إِلَى أَجْزَاءٍ كَثِيرَةٍ. وَمِنَ المُتَوَجِّبِ عَلَى كُلِّ جُزْءٍ مِنْ هَذِهِ الأَجْزَاءِ أَنْ يُصْلِحَ نَفْسَهُ بِشَكْلٍ مُنْفَرِدٍ عَنْ طَرِيقِ تَوَازُنِ هَذَا الجُزْءِ فِي سِمَاتِهَ مَعَ سِمَاتِ الخَالِقِ. كُلُّ مَخْلُوقٍ مِنَا يَتَوَجَّبُ عَلَيْهِ وَبِوَعْيِ أَنْ يَمُرَ خِلاَلَ مَرَاحِلِ التَصْحِيحِ. فَإِنَّ إِصْلاَحَ كُلِّ جُزْءٍ يَسْمَحُ لِلنَفسِ بِأَنْ تَمْتَلِئَ مِنْ نُورِ الخَالِقِ يَعْنِي أَنَّ هَذِهِ النَفْسَ تَبْدَأُ بِالشُعُورِ بِالخَالِقِ، هَذَا الشُعُورُ فِي أَنَّ الخَالِقَ يَمْلءُ النَفْسَ هُوَ شُعُورٌ جَدِيدٌ، وَمِنْ خِلاَلِ هَذَا الشُعُورِ نَجِدُ وَنَدْخُلَ العَوَالِمَ الرُوحِيَّةِ.

الهَدَفُ هُوَ أَنْ تَمْتَلِءَ النَفْسُ كُلَّهَا مِنَ الخَالِقِ وَلَكِنْ فِي الوُقْتِ الحَاضِرِ إِنَّ نُفُوسَنَا مَوْجُودَةً فِي مَرْحَلَةٍ أَو عَلَى دَرجَةٍ تُدْعَى (هَذَا العَالَمِ) وَهُوَ المَكَانُ الذِي لاَ تَشْعُرُ فِيْهِ النَفْسُ بِالخَالِقِ إذ أَنَّه مُحتَجِبٌ عَنْ أَنْظَارِنَا. عِنْدَمَا تُدْرِكُ وَتُحرِزُ النَفْسَ التَواصُلَ مَعَ الخَالِقِ لأَوَلِ مَرةٍ، تَرْتَقِي هَذِهِ النَفْسُ إِلَى الدَرَجَةِ الأُولَى فِي العَالَمِ الرُوحِيِّ، عِنْدَهَا تَبْدَأُ بِمَرَاحِلِ تَغْيِرِ سِمَاتِهَا لِتَكُونَ مُتَشَابِهَةً بِتِلْكَ التِي لِلخَالِقِ أَكْثَرَ فَأَكْثَرَ وَبالتَالِي نَشْعُرُ بِنُورِ الخَالِقِ أَكْثَرَ فَأَكْثَرَ وَبِقُوَةٍ وَبِشِدَةٍ. عِنْدَمَا تَصِلُ جَمِيعُ الأَجْزَاءِ إِلَى مَرْحَلَةِ التَصْحِيحِ الكَامِلَةِ مَعاً وَيرْتَقُونَ إِلَى مَكَانٍ أَوْ مَرْحَلَةٍ تُعْرَفُ بِنِهَايَةَ التَصْحِيحِ.

سؤال ٢: لِمَاذَا نَرَى بِأَنَّ القَلِيلَ مِنَ النَاسِ يَتَسَائَلُونَ عَنْ الخَلِيْقَةِ وَعَنْ هَدَفِ وُجُودِ الإِنْسَانِ فِيهَا؟ وَكَيْفَ يَكُونُ بِالإِمْكَانِ إِثَارَةَ إِنْتِبَاهِ العَالَمِ إِلَى أَهَمِيَةِ هَذَا المَوضُوعِ ؟

إِنَّ عَالَمَنَا بِكُلِّ تَارِيخِهِ المَلِيءِ بِالإِنْجَازَاتِ وَالتَطوُرَاتِ المُخْتَلِفَةِ وَالعَذَابِ وَالمُعَانَاةِ التِي مَرَّ بِهَا، وَالعَالَمُ الرُوحِيُّ بِكُلِّ جَوْهَرِهِ، جَمِيعُهَا تَبْدُو كَاللاشَئ مُقَابِلَ مَا يَسْتَطِيعُ الإِنْسَانُ إِكْتِشَافَهُ. فَإِنَّ سِعَةَ وَعَظَمَةَ تَصْمِيمِ الوُجُودِ وَالخَلِيْقَةِ أَمْرٌ لاَ يَزَالُ مُبْهَمٌ وَغَامِضٌ عَنْ قُدْرَةِ الإِنْسَانِ العَقْلِيَّةِ. فَالبَلاَيِينُ مِنَ النَاسِ عَاشُوا حَيَاتَهُم فِي هَذَا العَالَمِ وَلَكِنَّ العَشَرَاتُ فَقَطْ اسْتَطَاعُوا إِحْرَازَ هَدَفِ الخَلِيْقَةِ. لَكِنَّ هَؤُلاءَ العَشَرَاتِ هُم المُخْتَارُونَ مِنْ قِبَلِ الخَالِقِ فِي وُصُولِهِم لأَعْلَى دَرجَاتِ العَالَمِ الرُوحِيِّ. إِنَّ عِلْمَ حِكْمَةِ الكَابَالا أُظْهِرَتْ لِلنَاسِ مِنَ الأَعْلَى، وَبِالتَدْرِيجِ أَخَذَتْ تَظْهَرُ لِلبَشَرِيَّةِ وَفِي مَرْحَلَةٍ مُعَيَنَةٍ سَتَتَدَفَّقُ فِي قُلُوبِ وَوَعْي النَاسِ لِتُظْهِرَ لِكُلِ فَرْدٍ فِي البَشَرِيَّةِ هَدَفَ حَيَاتِهِ بِوُضُوحٍ. وَفِي النَتِيجَةِ يُشَارِكُ آلافُ بَلْ البَلاَيِينَ مِنَ النَاسِ فِي مَرْحَلَةِ التَصْحِيحِ وَفِي السَعْيِّ وَرَاءَ تَحْقِيقِ هَدَفِ الخَلِيْقَةِ.

سُؤال٣: بِالنِسْبَةِ لِلعَالَمِ الرُوحِيِّ وَمِنْ مِحْوَرِ مَنْظُورِهِ أَيْنَ هُوَ مَكَانُ الإِنْسَانِيَّةِ وَالإِنْسَانُ؟

إِنَّ تَوَاجُدَ الإِنْسَانِ فِي العَالَمِ الأَعْلَى يَعْتَمِدُ عَلَى قُوَةِ المَسَاخِ الَذِي يُحْرِزُهُ فِي تَقَدُمِهِ الرُوحِيِّ وَهَذَا طَبْعاً يَعْتَمِدُ بِدَوْرِهِ عَلَى البُعْدِ مِنَ الدَرَجَةِ التِي تَحْتَوِي عَلَى جَمِيعِ رَغَبَاتِ الإِنْسَانِ الأَنَانِيَّةِ "أَيْ هَدَفُ الإِنْسَانِ فِي إِشْبَاعِ الذَاتِ" وَالإِقْتِرَابُ مِنَ الدَرَجَةِ التِي يَتَوَاجَدُ بِهَا الخَالِقُ وَالمَقْصُودُ بِهَا النِيَّةُ فِي جَلْبِ الرِضَا إِلَيْهِ.

سُؤال٤: مَا مَعْنَى التَصْحِيحُ؟ وَمَنْ هُوَ الَذِي يَتَوَجَّبُ عَلَيْهِ إِصْلَاحَ نَفْسِهِ؟

الرَغْبَةُ التِي خَلَقَهَا الخَالِقُ تُدْعَى "المَخْلُوقُ- الكَائِنُ الحَيُّ" أَوْ "المَادَةُ" التِي كُوِّنَتْ مِنْهَا الخَلِيْقَةَ. وَلَكِنْ هَذِهِ الرَغْبَةُ لاَ يُمْكِنُ إِشْبَاعَهَا بِشَكْلِهَا البِدَائِيِّ لأَنَّ وَفِي اللَحْظَةِ التِي يَمْتَلِئُ فِيهَا الإِنْسَانُ بِالبَهْجَةِ وَالسُرُورِ يَتَلاشَى هَذَا السُرُورُ.

إِنَّ نِيَّةَ الخَالِقِ مِنَ البِدَايَةِ هُوَ عَمَلُ هَذِهِ الرَغْبَةِ بِشَكْلِهَا الكَامِلِ وَلَكِنْ هَذَا مُمْكِنٌ فَقَطْ فِي حَالَةِ التَشَابُهِ وَالتَسَاوِي لِهَذِهِ النِيَّةِ مَعَ سِمَاتِ الخَالِقِ فِي الإِغْدَاقِ وَالعَطَاءِ، وَلِلوُصُولِ إِلَى مَرْحَلَةِ التَوَازُنِ هَذِهِ يَجِبُ أَنْ تَكُونَ نَابِعَةً مِنْ حُرِيَّةِ الإِخْتِيَارِ لَدَى الإِنْسَانِ. لأَنَّ هَذِهِ السِمَةُ "العَطَاءُ" لَيْسَتْ مَحْدُودَةً بِالشُعُورِ وَالأَحَاسِيسِ البَشَرِيَّةِ فِي اسْتِخْدَامِهَا، هَكَذَا يَسْتَطِيعُ الإِنْسَانُ إِحْرَازَ مَنْزِلَةِ الكَمَالِ -القَدَاسَةِ- وَالحَيَاةَ الأَبَدِيَّةَ. الإِنْسَانُ وَالذِي هُوَ هَدَفُ الخَلِيقَةَ مُلْزَمٌ فِي تَغْيِيرِ إِرَادَتِهِ مِنْ مَحَبَتِهِ لِلذَاتِهِ إِلَى رَغْبَتِهِ فِي مَسَرَّةِ الخَالِقِ. عِنْدَمَا يَحْصُلُ المَرءُ عَلَى هَذِهِ النِيَّةِ فِي قَلْبِهِ فَالرَغْبَةُ لِلسُرُورِ تُصْبِحُ مُتَوَازِيَةً مَعَ

تِلْكَ الَتِي لِلخَالِقِ فِي العَطَاءِ. وَبِالنِهَايَةِ يَتَوَصَّلُ الإِنْسَانُ إِلَى مُسْتَوَى القَدَاسَةِ وَهَذَا بِالإِسْتِعْمَالِ الصَحِيحِ لِسِمَتِهِ الوَحِيْدَةِ "تَقَبُّلِ السُرُوُرِ" إِنَّ تَغْيِيرَ النِيَّةَ فِي رَغْبَةِ الإِنْسَانِ يَكُونُ عَلَى مَرَاحِلٍ:

١- تَفَادِي اسْتِخْدَامُ الرَغْبَةَ فِي إِطَارِهَا البِدَائِي.

٢- الإِنْعِزَالُ إِلاَّ عَنْ الرَغَبَاتِ الحَسَنَةِ وَالنَبِيلَةِ وَذَاتَ الكُفُؤْ فِي نَوْعِيَتَهَا وَمِقْدَارِهَا وَاسْتِخْدَامَهَا لإِرْضَاءِ الخَالِقِ.

٣- اَلنُمُوُ الرُوُحِيُّ وَمَعْرِفَةَ الخَالِقِ.

الْمَرَحَلَةُ الأُولَى وَالثَانِيَةُ يُدْعَيَان "اَلتَطْهِيرُ" وَكَبْقِيَّةَ أَنْوَاعِ وَمَرَاحِلِ اَلتَصْحِيحِ الخَالِقُ هُوَ الَذِي يَقُومُ بِالَتصْحِيحِ وَلَيْسَ الإِنْسَانَ نَفْسَهُ. المَقْصُودُ هُنَا أَنَّ التَصْحِيحَ يَأتِي مِنَ الدَرَجَةِ الرُوُحِيَّةِ الأَعْلَى إِذْ أَنَّ المَخْلُوُقَ لاَ يَمْلِكُ القُوَةَ لِيَقُوُمَ بِتَصْحِيحِ نَفْسِهِ. هَدَفُ الإِنْسَانِ بِبَسَاطَةٍ هُوَ الوُصُوُلُ إِلَى مَرْحَلَةِ الرَغْبَةِ فِي التَصْحِيحِ.

سُؤَال٥: إِنَّ السُؤَال "مَا هُوَ هَدَفُ حَيَاتِي" هُوَ بِدَايَةَ ظُهُورِ الرَغْبَةَ عِنْدَ الإِنْسَانِ فِي إِظْهَارِ وَحِي وَمَعْرِفَةِ الخَالِقِ. فَأَنَا أُرِيدُ أَنْ أَعْلَمَ مَنْ الَذِي خَلَقَنِي وَمِنْ أَيْنَ نَشَأتُ وَمَنْ الَذِي يُدِيرُ حَيَاتِي؟ مَنْ الَذِي خَلَقَ الكَوْنَ مِنْ حَولِي وَلِمَاذَا وَضَعَنِي هُنَا فِي دَاخِلِ هَذَا العَالَمِ الكَبِيرِ؟ مَا الَذِي يَطْلُبُهُ مِنِّيَ فِي كُلِّ لَحْظَةٍ مِنْ حَيَاتِي؟ لَمَاذَا يُعْطِينِي مِنْ قِلَّةِ الرَاحَةِ دَافِعاً إِيَايَ نَحْوَ المَجْهُولِ؟

عِنْدَمَا تَبْدَأُ هَذِهِ الأَسْئِلَةُ تَتَنَاثَرُ فِي ذِهْنِي وَبَيْنَ أَفْكَارِي تُصْبِحُ وَكَأَنَّهَا السُمُ الَذِي يَبْغِي فِي القَضَاءِ عَلَى حَيَاتِي إِذْ لاَ يَعُوُدُ بِإِسْتِطَاعَتِي العَيْشَ مِنْ

دُونِ إِظْهَارِ مَعْرِفَةِ الخَالِقِ، لأَنَّه هَكَذَا صَنَعَنِي الخَالِقُ إِذْ كَوَّنَنِي تَارِكاً بَصْمَتَهُ فِي دَاخِلِي وَعَلَى جَمِيعِ رَغَبَاتِ قَلْبِي. فَإِنَّ رَغَبَاتِي كَالقَالِبُ الَذِي يَعْكِسُ تَأْثِيرَ النُورِ عَلَيَّ، وَإِلَى أَنْ أَجْذُبَ النُورَ إِلَيَّ لأَمْلءَ بِهِ هَذَا القَالِبُ فَأَنَا لَنْ أَسْتَطِعْ أَنْ أَجِدَ الرَاحَةَ فِي حَيَاتِي بَلْ تُصْبِحُ هَذِهِ الحَيَاةُ أَسْوَاءَ مِنَ المَوتِ عِنْدِي وَأَصِلُ إِلَى مَرْحَلَةٍ أَقْدِمُ فِيهَا عَلَى عَمَلِ أَيِّ شَيءٍ مُقَابِلِ إِيجَادِ وَلَو المِقْدَارَ القَلِيلَ مِنَ الإِكْتِفَاءِ فِي دَاخِلِي لأَسْتَطِيعُ الإِسْتِمْرَارَ فِيَ العَيْشِ.

لِذَلِكَ إِنَّ وَاجِبِي مَحْصُورٌ فِي تَوْضِيحِ كَيْفِيَّةِ إِظْهَارِ النُورِ وَفِي كَيْفِيَّةِ حُصُولِي عَلَيْهِ، وَطَبْعاً هَذَا عَمَلٌ لَيْسَ بِقَلِيلٍ وَلاَ هُوَ أَمْرٌ بَسِيطٌ فَإِنَّهُ مِنْ أَجْلِ هَذَا بِالضَبْطِ دُعِيَتْ حِكْمَةُ الكَابَالاَ "حِكْمَةُ التَقَبُّلِ". إِنَّ كَلِمَةَ التَقَبُّلِ أَوْ القُبُولِ فِي العَالَمِ الرُوحِيِّ ذَاتَ مَعْنَى مُخَالِفٌ لِمَا هُوَ مُتَعَارَفٌ عَلَيْهِ فِي عَالَمِنَا هَذَا الَذِي نَعِيشُ فِيهِ، فَمَثَلاً إِذَا كُنْتُ عَطْشَاناً أَشْرَبُ قَلِيلاً مِنَ المَاءِ لأُطْفِىءُ ضَمَئِي، لاَ يُمْكِنَنِي فِي العَالَمِ الرُوحِيِّ أَنْ أُشْبِعَ رَغْبَتِي هَكَذَا وَبِشَكْلٍ مُبَاشَرٍ، فَلَيْسَ الأَمْرُ عَلَى هَذَا النَحْوِ لأَنَّ الخَالِقَ لَمْ يُعْطِنِي رَغْبَةً مُهَيَّأَةً لِقُبُولِ النُورِ وَلَكِنْ يَجِبُ عَلَيَّ أَوَلاً تَنَقِيَةَ الرَغْبَةَ وَتَصْفِيَتَهَا بِوُضُوحٍ، فَهُوَ يُرِيدُنِي أَنْ أَتَحَقَّقَ مِنَ الَذِي أَرِيدُهُ،أَيْ مِنْ مَعْرِفَتِي لِلنُورِ وَمِنْ إِدْرَاكِي المُؤَكِّدِ بِأَنَّ النُورَ هُوَ الَذِي فِيهِ أَعْظَمُ شُعُورٍ بِالإِكْتِفَاءِ التَامِ لِرَغْبَةِ قَلْبِي وَالَذِي تَصْبُو نَفْسِي إِلَيْهِ. وَهُوَ يُرِيدُنِي أَنْ أُجَرِّبَ كُلَّ أَنْوَاعِ الرَغَبَاتِ وَكُلَّ أَسَالِيبِ الإِكْتِفَاءِ إِلَى أَنْ أَصِلَ إِلَى مَرْحَلَةٍ أُثْبِتُ لِنَفْسِي فِيهَا مُؤَكِداً مَا أُرِيدَهُ مُقْتَنِعاً بِأَنَّ النُورَ هُوَ الشَيءُ الوَحِيدُ الَذِي أُرِيدُهُ.

فَالخَالِقُ غَيُورٌ جِداً وَمِنَ الصَعْبِ إِرْضَائَهُ فَهُوَ يُرِيدُنِي أَنْ أُحِبَهُ لِوَحْدِهِ فَقَطْ وَهُوَ يُؤَكِدُ لِي هَذَا بِإِظْهَارِهِ فِي دَاخِلِي كُلَّ هَذِهِ النَزَعَاتِ وَالمُيُولِ الَتِي مِنَ المُمْكِنِ أَنْ تَسْتَحْوِذَ عَلَى رَغَبَاتِي لأَصِلَ إِلَى القَرَارِ الحَاسِمِ فِي أَنَنِي لاَ أَرْغَبُ

فِي أَيِّ شَيءٍ آخَرِ بِجَانِبِهِ وَأَنَّهُ هُوَ الوَحِيْدُ دَائِمَاً وَسَيَبْقَى إِلَى الأَبَدِ الوَحِيْدُ فِي حَيَاتِي دُونَ غَيْرِهِ. كَمَا وَرَدَ فِي مَزْمُورِ المَلِكِ دَاوُد إِذْ قَالَ: "أُنظُرْ مَا أَطْيَبَ الرَّبُ".

سُؤَال٦: مَا مَعْنَى المُصْطَلَحُ "النُقْطَةُ التِي فِي القَلْبِ"؟ وَهَلْ كُلُّ شَخْصٍ مِنَّا يَمْلِكُ أَوْ لَدَيْهِ هَذِهِ النُقْطَةُ؟

كُلُّ إِنْسَانٍ لَدَيْهِ نُقْطَةٌ فِي قَلْبِهِ وَلَكِنَ الكَثِيرِينَ مِنَا لا يَشْعُرُونَ بِهَا لأَنَّهُم لَيْسُوا بَعْدُ بَالِغِينَ حَتى يَكُوُنَ بِإِمْكَانِهِم الشُعُورَ بِهَا. فِي دَوْرَةِ الحَيَاةِ يَأتِي الإِنسَانُ إِلَى مَرْحَلَةٍ أَوْ مَوْقِفٍ مُعَيَّنٍ يَعِي وُجُودَ النُقْطَةِ فِي قَلْبِهِ وَهُنَا عِنْدَمَا يَبْدَأُ الشَخْصُ بِالشُعُورِ بِرَغْبَةٍ تِجَاهَ العَالَمِ الرُوحِيِّ وَالقُوَى العُلْيَا. وَلَكِنْ إِذَا كَانَ الشَخْصُ لا يُظْهِرُ أَيَّ إِهْتِمَامٍ بِالعَالَمِ الرُوحِيِّ فَهُوَ إِذاً غَيْرُ مُسْتَعِدٍ لَهُ، وَيَكُونُ مِنَ الإِكْرَاهِ المُحَاوَلَةَ فِي إِيقَاظِ هَذِهِ الرَغْبَةِ فَرْضاً. وَلَكِنْ إِذَا كَانَ لَدَى الشَخْصِ إِحْسَاسٌ بِالحَاجَةِ لِمَعْرِفَةِ العَالَمِ الأَعْلَى عِنْدَهَا يَجِبُ عَلَيْنَا مُسَاعَدَةَ هَذَا الشَخْصُ. فِي كِلا الحَالَتَيْنِ لَيْسَ هُنَاكَ مَكَانٌ لِلإِكْرَاهِ وَالإِجْبَارِ بِالقُوَةِ. يَقُولُ عُلمَاءُ الكَابَالا بِأَنَّ الشَخْصَ الذِي لا يَسْتَطِيعُ الإِسْتِمْرَارِ فِي العَيْشِ وَلَو لِيَومٍ وَاحِدٍ مِنْ دُونِ حِكْمَةِ الكَابَالا هُوَ الشَخْصُ الذِي يَبْذُلُ كُلَّ جَهْدِهِ فِي البَحْثِ وَالدِرَاسَةِ.

سُؤَال٧: النَفْسُ وَالنُقْطَةُ فِي القَلْبِ، هَلْ هُمَا مُصْطَلَحَيْنِ مُخْتَلِفَيْنِ لِجَوْهَرٍ وَاحِدٍ؟

إِنَّ الرَغْبَةَ الَتِي خَلَقَهَا الخَالِقُ لِتَبْتَهِجُ وَتُسَرُّ بِهِ "بِنُورِهِ" تُدْعَى النَفْسُ. هَذِهِ الرَغْبَةُ تَبْقَى دَائِمَاً فِي حَالَةٍ صَحِيحَةٍ وَمِثَالِيَّةٍ وَمُلْتَصِقَةٍ وَمُلْتَزِمَةٍ بِالخَالِقِ كَمَا فِي وَضْعِهَا الأَوَلُ حِينَ وُجِدَتْ. لِتَكُونَ النَفْسُ قَادِرَةً عَلَى إِحْرَازِ المَكَانَةِ

الَتِي كَانَتْ عَلَيْهَا وَالَتِي مِنْ حَقِهَا وَأَيْضاً أَنْ تُعَادِلَ وَتُوَازِنَ سِمَاتَهَا بِسِمَاتِ الخَالِقِ مُسْتَقِلَّةً عَنْهُ، فَصَلَهَا الخَالِقُ عَنْهُ بِإِعْطَائِهَا سِمَاتٌ مُعَاكِسَةٌ لِسِمَاتِهِ. بِسَبَبِ هَذَا فَقَدَتْ النَفْسُ القُدْرَةَ عَلَى الشُعُورِ بِوُجُودِ الخَالِقِ وَالأَبَدِيَّةِ وَالكَمَالِ، وَأُلْبِسَتْ جَسَداً مَادِيَّاً وَأُعْطِيَتْ إِرَادَةً لِلتَمَتُّعِ وَالحُبِ لِلذَاتِ.

مِنْ خِلالِ هَذِهِ الإِرَادَةِ تَشْعُرُ النَفْسُ بِمَا نَدْعُوهُ: "هَذَا العَالَمَ". وَلَكِنْ لِلْعَوْدَةِ لِمَكَانَتِهَا الأَوَّلِيَّةِ وَالأَصْلِيَّةِ وَالحَقَّةِ وَالكَامِلَةِ لِقُدْرَتِها عَلى الشُعُورِ بِالخَالِقِ يَجِبُ عَلَى هَذِهِ النَفْسِ أَنْ تَنْمُو فِي سِمَاتِهَا المُشَابِهَةُ لِتِلْكَ الَتِي لِلخَالِقِ وَكَأَنَّ هَذِهِ السِمَاتُ تُولَدُ وَتُوجَدُ فِيهَا مِنْ جَدِيدٍ. النَفْسُ فِي حَالَتِهَا الأَصْلِيَّةِ تَتَأَلَّفُ مِنْ مِقْدَارِ النُورِ نَفْسَهُ النَابِعُ مِنَ الخَالِقِ إِذْ أَنَّهَا مُمْتَلِئَةٌ بِهَذَا النُورِ. وَكُلَمَا إِبْتَعَدَتِ هَذِهِ النَفْسُ عَنْ الخَالِقِ كُلَّمَا ضَعُفَتْ رَغْبَتَهَا. فِي أَبْعَدِ مَكَانٍ مِنْ تَوَاجُدِ النَفْسِ مِنَ الخَالِقِ تَبْقَى هُنَاكَ نُقْطَةٌ صَغِيرَةٌ مِنَ النُورِ الَذِي كَانَ فِيهَا (نُقْطَةٌ صَغِيرَةٌ فِي الحَجْمِ وَالقُوَّةِ). فِي هَذِهِ الحَالَةِ يَكُونُ بِإِسْتِطَاعَتِنَا فَقَطْ الشُعُورُ بِإِرَادَتِنَا فِي التَمَتُّعِ الجَسَدِيِّ، وَلَكِنَ النُقْطَةَ المَوجُودَةَ فِي كُلِّ شَخْصٍ مِنَّا بِإِسْتِطَاعَتِهَا أَنْ تَبْدَأَ فِي (التَجَاوُبِ).

النَفْسُ الأُولَى مُقَسَّمَةٌ إِلَى سُتُمَئَةِ أَلْفِ جُزْءٍ. كُلُّ جُزْءٍ مِنْهَا يَنْشَأُ وَيَنْمُو تَدْرِيجِيَّاً مِنْ هَذِهِ النُقْطَةِ إِلَى مَرْحَلَةِ الكَمَالِ أَيْ الجَسَدُ الرُوحِيُّ الكَامِلُ النُمُوِ "يَصِلُ إِلَى ٦٢٠ مَرَّةً أَكْبَرَ مِمَا كَانَ عَلَيْهِ". عَلَى مَدَى السِتَةَ الآفِ سَنَةٍ مِنْ مَرَاحِلِ التَصْحِيحِ المُتَتَابِعِ وَالمُسَمَى سِنِينٌ وَدَرَجَاتٌ- فِي البِدَايَةِ نَشْعُرُ بِالنَفْسِ وَكَأَنَّهَا نُقْطَةٌ فِي القَلْبِ وَفِي وَسَطِ كُلِّ الرَغَبَاتِ يُوجَدُ الغُرُورُ (الأَنَا) فِي الإِنْسَانِ. تُوجَدُ النَفْسُ فِي كُلِّ إِنْسَانٍ فِي العَالَمِ وَلَكِنْ مَا هِيَ النَفْسُ؟ وَعَلَى أَيِّ دَرَجَةٍ تُوجَدُ؟ هَذَا شَيءٌ يَتَوَجَّبُ عَلَيْنَا إِكْتِشَافَهُ.

سُؤال٨: إذا كانَ الخالِقُ مَنْبَعَ الخَيْرِ ويُريدُ لَنا أنْ نَعِيشَ حَياةً سَعِيدَةً إذاً فَما أوْ مَنْ هُوَ مَصْدَرُ الألَمِ فِي حَياتِنا؟

إنَّ الخالِقَ هُوَ مَصْدَرُ كُلَّ شَيءٍ فِي حَياتِنا وَلا يُوجَدُ أيُّ مَصْدَرٍ آخَرٍ لِما يَأْتِي عَلَى الإنسانِ. فَإنَّ الكَمالَ يَأْتِي مِنْهُ فَقَطْ، فَالخالِقُ هُوَ مَصْدَرُ كُلُّ خَيْرٍ وَلا أَحَدٌ سِواهُ وَلا يُوجَدُ آخَرٌ بِجانِبِهِ إلاَّ الخَلِيْقَةَ التِي خَلَقَها. لَكِنَ بِما أنَّ الإنْسانَ ذُو سِماتٍ مُخالِفَةٍ لِتِلْكَ التِي لِلخالِقِ فَعِنْدَما يُحاوِلُ أنْ يَتَلَقَّى عَطِيَّةَ الخالِقِ مِنْ كَمالٍ يَشْعُرُ بِهِ عَلَى أنَّها عَطِيَّةٌ ناقِصَةٌ وَغَيْرُ مُتَكامِلَةٍ مِما يُوَلِّدُ العَذابَ وَالضِيقَ فِي قَلْبِهِ. هَذِهِ الظاهِرَةُ تُدْعَى "إخْتِفاءُ أَوْ تَوارِي الخالِقِ"، وَهُنا تَكْمُنُ مُشْكِلَةُ الإنْسانِ. لِذا يَتَوَجَّبُ عَلَيْنا أنْ نَعْمَلَ عَلَى تَصْحِيحِ سِماتِنا لِتُصْبِحَ مُتَماثِلَةً لِسِماتِ الخالِقِ لِيَكُونَ بِاسْتِطاعَتِنا الشُعُورَ بِتأْثِيرِهِ عَلَيْنا بِالشَكْلِ الصَحِيحِ وَنَشْعُرُ بِالخَيْرِ الذِي يُغْدِقُهُ عَلَيْنا. فَبِقَدَرِ الإخْتِلافِ فِي سِماتِنا مَعَهُ يَكُونُ مِقْدارُ شُعُورِنا بِالكَمالِ وَبِالألَمِ. وَمِنْ أَجْلِ أنْ يَحُولَ الخالِقُ مانِعاً إيَّانا مِنْ أنْ نُخطِئَ بِتَصْوِيبِ إتِهاماتِنا لَهُ وَالكُفْرِ بِهِ لِكَيْ لا نَبْتَعِدُ أكْثَرَ وَأكْثَرَ عَنْهُ لِذَلِكَ يَتَوارَى عَنا. لَطالَما نَشْعُرُ بِالتَعاسَةِ لا نَسْتَطِيعُ أنْ نَرَى بِأنَّ كُلَّ شَيءٍ يَأْتِي مِنْهُ فَقَطْ عِنْدَما يَأْخُذْ شُعُورُ الفَرَحِ يَجْتاحُ أَحاسِيسَنا عِنْدَها يُظْهِرُ الخالِقُ نَفْسَهُ عَلَى أنَّهُ مَصْدَرَ الخَيْرِ.

سُؤال٩: لِماذا يُخْفِي الخالِقُ العالَمَ الرُوحِيَّ عَنا؟

هَذا سُؤالٌ جيدٌ لأنَّهُ يَحْمِلُ فِي طَيَّاتِهِ الرَغْبَةَ فِي البَحْثِ عَنِ الرُوحِيَّةِ وَعَنْ العالَمِ الرُوحِيِّ وَلَكِنْ ماذا تَظُنُ أنْتَ؟ لِماذا وَحَتى الآنْ لَمْ يَجِدْ الناسُ أجْوِبَةً لِهَذا السُؤالُ وَمُنْذُ آلافِ السِنِينِ؟ أوْ أنَّهُ مِنَ المُحْتَمَلِ أنَّهُمْ وَجَدُوا الجَوابَ وَلَكِنَّهُمْ يُخْفُونَهُ عَنا! فَكَيْفَ أنَّهُ بِوُجُودِ الكَثِيرِ مِنَ الأُناسِ الأذْكِياءِ

مِنْ فَلاسِفَةٍ وَعُلَمَاءٍ وَبَاحِثِينَ غَيْرُ قَادِرِينَ عَلَى الإِجَابَةِ عَلَى أَهَم سُؤَالٍ يَتَعَلَّقُ بِالإِنْسَانِ نَفْسَهُ؟ فِي الوَاقِعِ لِمَا لا نُحَاوِلُ أَنْفُسَنَا الإِجَابَةَ عَلَى هَذَا السُؤَالِ المُهِمِ؟ لِمَا يُخْفِي الخَالِقُ الأَجْوِبَةَ عَنْ عُيُونِنَا؟ وَلَكِنْ هَلْ تُلاحِظُ أَنَّ الخَالِقَ لَمْ يُخْفِ السُؤَالَ عَنَا بَلْ عَلَى العَكْسِ هُوَ الَذِي يَجْعَلَكَ تَتَسَائَلُ فِي هَذَا المَوضُوعِ وَتَتَذَوَّقُ مَرَارَتَهُ. الجَوَابُ لِهَذَا السُؤَالِ بَسِيطٌ، فَإِنَّهُ لَوْلا تَوَارِي الخَالِقُ عَنَا لَمْ تَتَوَفَّرُ الفُرْصَةَ لِلإِنْسَانِ فِي حُرِيَّةِ الإِخْتِيَارِ.

سُؤَال١٠: هَلْ تَنْتَمِي الخَلِيقَةُ إِلَى الخَالِقِ وَحْدَهُ أَوْ هَلْ يَسْتَطِيعُ الإِنْسَانُ التَأْثِيرَ عَلَيْهَا؟

إِنَّ لِلإِنْسَانِ حُرِيَّةُ إِخْتِيَارٍ. وَفِي نُمُوِهِ الرُوحِيِّ يَصِلُ الإِنْسَانُ إِلَى دَرَجَةٍ يَسْتَطِيعُ فِيهَا عَمَلَ أَيِّ شَيءٍ يُرِيدُهُ وَيَبْغَاهُ وَلَكِنَّهُ دَائِماً يَخْتَارُ طَرِيقَ الخَالِقِ. وَهَذَا يَكُونُ حِينَمَا يَصِلُ الإِنْسَانُ إِلَى مَرْحَلَةٍ فِيهَا يُدْرِكُ أَنَّ الخَالِقَ وَأَعْمَالَهُ هِيَ الكَمَالُ بِعَيْنِهِ.

سُؤَال١١: لِمَاذَا خَلَقَ الخَالِقُ الخَلِيقَةَ مَعَ شُعُورِ النَقْصِ فِي حَالِ تَقَبُّلِهَا لِمَا تَحْصَلُ عَلَيْهِ؟

هَذَا لِسَبَبِ أَنَّهُ يُرِيدُ إِيْقَاظَ الحَاجَةَ فِي دَاخِلَنَا لِتَغْيِيرِ نِيَتَنَا مِنَ الإِرَادَةِ فِي الأَخْذِ إِلَى الإِرَادَةِ فِي التَقَبُّلِ. وَهَذَا أُعْطِيَ فَقَطْ لِهَؤُلاءِ الذِينَ يَرْغَبُ الخَالِقُ فِي تَقْرِيبِهِمْ مِنْهُ. وَمِنْ أَجْلِ أَنْ يَكُونَ فِي قُدْرَتِهِمْ الإِحْسَاسُ بِهَذَا يَتَوَجَّبُ عَلَى الإِنْسَانِ الإِرْتِقَاءُ إِلَى دَرَجَةِ إِظْهَارِ الخَالِقِ لِيَشْعُرَ بِهِ عَلَى أَنَّهُ قُوَى العَطَاءِ. إِنَّهُ فِي إِسْتِطَاعَةِ الإِنْسَانِ أَنْ يَسْأَلَ مِنَ الخَالِقِ الوُصُولَ إِلَى هَذِهِ الدَرَجَةِ لأَنَّهَا وُجِدَتْ لِمُسَاعَدَةِ الإِنْسَانِ فِي الوُصُولِ إِلَى هَدَفِ الخَلِيقَةِ.

سُؤال١٢: لِمَاذَا ظَهرَ الشُعُورُ بِالخَجلِ فِي السَفِيرَا مَلْخُوتْ إِذَا كَانَ لا يُوجَدُ هُنَاكَ مَانِعٌ مِنَ الخَالِقِ فِي أَيِّ أُسْلُوبٍ تَتلَقَّى مَلْخُوتْ المَلذَّاتِ؟

أَنْتَ عَلَى صَوابٍ. إِنَّ عَدمَ المُبَالاةِ هِيَ مِنْ نَاحِيَةِ الخَالِقِ وَلَكِنْ لَيْسَتْ مِنْ نَاحِيَةِ المَخْلُوقِ. إِذْ أَنَّ الشُعُورَ بِالخَجلِ وُجِدَ فِي بُنْيَةِ الخَلِيقَةِ ذَاتِهَا وَيَتَوَجَّبُ عَلَى المَخْلُوقِ تَعْدِيلُ هَذَا الإِحْسَاسِ بِمَعْنَى إِزَالَةِ مَفْعُولِ هَذَا الإِحْسَاسِ. فِي الوَاقِعِ وَفِي ظُرُوفِنَا الحَالِيَّةِ نَحْنُ لا نُدْرِكُ مَا هُوَ الشُعُورُ بِالخَجَلِ إِذْ أَنَّهُ لَمْ يَعُدْ فِينَا كَمَا مِنْ قَبْلٍ، وَهَذَا لِسَبَبِ أَنَّهُ مِنَ المُمْكِنِ الإِحْسَاسُ بِهِ فَقَطْ عِنْدَمَا يَتَواجَدُ المَخْلُوقُ فِي النُقْطَةِ الفَاصِلَةِ بَيْنَ المِيزَاتِ المُصَحَّحَةِ وَالغَيْرُ مُصَحَّحَةِ لِلْخُوتْ. وَنَحْنُ لا نَمْلِكُ هَذِهِ المِيْزَاتِ إِذْ أَنَّهَا الإِحْسَاسُ الَذِي يَتَوَاجَدُ بَيْنَ الآخِذِ وَالمُعْطِي فَإِنَّنَا لا نَعْلَمُ مَا مَعْنَى العَطَاءُ أَوْ الأَخْذُ، فَلِكَيْ يَسْتَطِيعَ الإِنْسَانُ الإِحْسَاسَ بِهِ يَجِبُ أَنْ يَمْتَلِكَ هَاتَانِ المِيزَتَانِ فِيهِ. فَإِنَّ كُلَ مَا نَشْعُرُ بِهِ يَظْهَرُ فِينَا مُقَارَنَةً بِمُضَادِهِ، وَلَكِنْ نَحْنُ لا نَمْلِكُ فِي دَاخِلِنَا مَيْزَاتُ الخَالِقِ وَلِذَلِكَ لا يُمْكِنُنَا أَبَداً مَعْرِفَةَ وَفَهْمَ مَيِّزَاتِ الخَلِيْقَةِ.

سُؤال١٣: مِنَ المُمْكِنِ أَنْ يَكُونَ سُؤَالِي سَاذَجاً وَبَسِيطاً وَلَكِنْ أُرِيدُ أَنْ أَعْلَمَ إِذَا تَصَوَّرْنَا أَنَّ عَالَمَنَا بَدَأَ فِي التَحسُنِ فَهَلْ سَيَكُونُ هُنَاكَ مَكَاناً لِلْعُلُومِ وَالبُحُوثِ؟ أَوْ هَلْ سَيَكُونُ البَحْثُ فِي عُلُوم الفَضَاءِ وَالكِيمْيَاءِ وَالرِيَاضِيَّاتِ شَيءٌ مَرْفُوضٌ مِنَ البَشَرِيَّةِ؟ هَلْ سَيَعُودُ بِنَا الحَالُ إِلَى التَدَاوُلِ عَنْ طَرِيقِ الإِقْتِصَادِ الطَبِيعِيِّ؟ أَلَيسَ هَذَا النَوْعُ مِنَ الإِقْتِصَادِ يُؤَدِي بِالعَالَمِ إِلَى التَضَاؤُلِ وَمِنْ ثَمَّ الإِضْمِحْلالِ وَالمَوْتِ؟

هَذَا سُؤَالٌ مُثِيرٌ لِلإِنْتِبَاهِ. فَأَنَا أَيْضاً بَاحِثٌ وَعَالِمٌ فِي عُلُوم الطَبِيْعَةِ. وَعَلَى مَا يَبْدُو أَنَّ كُلاً مِنَا يَعْتَقِدُ أَنَّ أُسْلُوبَ تَعَامُلِنَا مَعَ الطَبِيْعَةِ وَمَعَ العَالَمِ مِنْ

حَوْلِنَا أُسْلُوبٌ صَحِيحٌ، هَذَا الأُسْلُوبُ مَا يُعْطِينَا القُدْرَةَ عَلَى التَوَاجُدِ فِي العَالَمِ وَأَيْضاً مَا يَحُولُ بَيْنَنَا وَبيْنَ حَتَى التَصوُّرِ بِأَنَّهُ يُوجَدُ هُنَاكَ أُسْلُوبٌ أَفْضَلُ وَمُخْتَلِفٌ مِنَ المُمْكِنِ أَنْ نَتَلَقَّى الوَفْرَةَ وَالخَيْرَ الكَثِيرَ مِنَ الطَبِيعَةِ. فَنَحْنُ فِي حَالَةِ قَلَقٍ دَائِمٍ وَنُحَاوِلُ أَنْ نَنْتَهِزَ كُلَّ فُرْصَةٍ لِنَحْصَلَ عَلَى الكَمِّ الأَكْبَرِ مِنَ الطَبِيْعَةِ وَنُصَابُ بِالإِضْطِرَابِ حِينَمَا نُفْتَكِرُ بِأَنَّهُ مِنَ المُمْكِنِ نَفَاذُ المَصَادِرِ الطَبِيْعِيَّةِ فِي المُسْتَقْبَلِ القَرِيبِ وَمَعَ هَذَا نَحْنُ نَتَصَارَعُ لِلإِمْسَاكِ أَوْ لِلْمُحَافَظَةِ عَلَى هَذَا السَلْبِ أَوْ عَلَى هَذِهِ الغَنِيمَةِ.

وَلَكِنْ لا يَجِبُ أَنْ يَكُونَ كُلَّ شَيءٍ عَلَى هَذَا النَحْوِ. فَإِذَا كَانَ بِإِمْكَانِ النُورِ الأَعْلَى الوُصُولَ إِلَى عَالَمِنَا سَيَكُونُ بِإِمْكَانِنَا أَنْ نَتَلَقَّى كُلَّ مَا نَحْتَاجُ إِلَيْهِ وَمِنْ دُوْنِ صِرَاعٍ بِوَاسِطَةِ اسْتِخْدَامِ قُوانَا الرُوحِيَّةِ. وَلَكِنَّنَا الآنَ نَحْنُ مُجْبَرُوْنَ عَلَى التَلَقِّي مِنَ الكِلِيبُوْتْ لِذَلِكَ نَجِدُ أَنْفُسَنَا نَخْطَطِفُ الكَمَّ القَلِيلَ مِنَ النُورِ الَذِي هُوَ مَصْدَرُ رِزْقِنَا وَغِذَاءِنَا. لِذَلِكَ نَحْنُ نَقْضِي عُمْرَنَا فِي الجَرْي وَمُلاحقَةِ مَلَذَّاتِ الحَيَاةِ بَدَلاً عَنْمَا قَالَهُ المَلِكُ دَاوُدُ "إِنَمَا الخَيْرُ وَالرَحْمَةُ يَتْبَعَانِنِي كُلَّ أَيَّامِ حَيَاتِي".

بِالمُعَانَاةِ الدَامِيَةِ نَحْنُ نَتَعَلَّمُ قَوانِينَ الطَبِيْعَةِ لِنَسْتَخْدِمُهَا فِيمَا بَعْدِ بِأُسْلُوبٍ هَمَجِيٍّ وَغَيْرُ مُتَحَضِّرٍ وَلَكِنْ لَوْ اسْتَطَعْنَا تَعَلُّمَ هَذِهِ القَوَانِينِ مِنْ خِلالِ التَمَاثُلِ مَعَ الطَبِيْعَةِ الرُوحِيَّةِ لَنَا لَكَانَ الأَمْرُ يَخْتَلِفُ تَمَاماً إِذْ تُصْبِحُ هَذِهِ القَوَانِينُ فِي دَاخِلِنَا لِنَعِيشَ بِحَسْبِهَا وَالَتِي بِدَوْرِهَا تَجْلُبُ الإِكْتِفَاءَ التَام لِرَغَبَاتِنَا وَمِنْ أَيِّ جُهْدٍ جَسَدِيٍّ مِنْ نَاحِيَتِنَا. وَنَسْتَطِيعُ دِرَاسَةَ عُلُومِ العَالَمِ جَمِيعَهَا بِالمَعْرِفَةِ وَبِالحِكْمَةِ الدَاخِلِيَّةِ وَلَيْسَ مِنَ التَجَارُبِ وَالإِكْتِشَافَاتِ الَتِي تَعْتَمِدُ عَلَى الحَظِّ أَوْ الصِدْفَةِ إِذْ أَنَّنَا نَصِلُ إِلَى مَرْحَلَةٍ نُدْرِكُ وَنَعِي الطَبِيْعَةَ مِنْ

حَوْلِنَا وَعَلاقَتِنَا بِهَا فِي إِنْسِجَامٍ تَامٍ وَنَتعَلَّمُ كَيْفِيَّةَ اسْتِخْدَامِهَا بِجَمِيعِ مَوَارِدِهَا وَمَصَادِرِهَا بِحِكْمَةٍ وَذَكَاءٍ.

وَلَكِنَ اليَوْمَ نَحنُ نَرَى أَنَّ جَمِيعَ اكْتِشَافَاتِ العِلْمِ وَالتَكْنُولُوجِيَا تَجْلُبُ الضَرَرَ عَلَى الإِنْسَانِ بِمَا أَنَّ العَالَمَ فِي زَمَانِنَا هَذَا يُرِينَا كَيْفِيَّةَ تَطَوُّرِنَا فِي عَدَمِ تَوَازُنٍ. مِنْ ذَلِكَ نَسْتَنْتِجُ بِأَنَّهُ مِنَ الضَرُورِيِّ أَنْ تَكُونَ كَافَةَ نَشَاطَاتِ وَفَعَالِيَّاتِ الإِنْسَانِ فِي هَذَا العَالَمِ ذَاتَ نِيَّةٍ مُوَجَّهَةٍ نَحْوَ إِرْضَاءِ الخَالِقِ. فَإِذَا تَمَاثَلَتْ نَوَايَانَا مَعَ هَدَفِ الخَلِيْقَةِ عِنْدَهَا نَسْتَطِيعُ أَنْ نَتَطَوَّرَ وَنَتَقَدَّمَ بِشَكْلٍ سَلِيمٍ وَلَطِيفٍ وَمِنْ دُونِ مُعَانَاةٍ. أَمَا عَلَى خِلافِ هَذَا فَإِنَّنَا سَنَتَكَبَّدُ مِنْ إِظْهَارِ الشَرِّ الَذِي فِينَا دَافِعِينَ الثَمَنَ غَالِيَاً لِفَهمِنَا وَتَصْحِيحِنَا لَهُ لِلوُصُولِ فِي النِهَايَةِ إِلَى هَدَفِ الخَلِيْقَةِ نَفْسِهُ وَلَكِنْ عَنْ طَرِيقِ المُعَانَاةِ.

سُؤَال١٤: إِذَا كَانَ الخَالِقَ قَدْ عَمِلَ العَالَمَ مِنْ أَجْلِ الإِنْسَانِ لِيُغْدِقَ عَلَيْهِ كُلَّ الخَيْرِ وَالمَلَذَّةِ وَالسُرُورِ إِذَاً مَا هُوَ الخَطَاءُ فِي رَغْبَةِ الإِنْسَانِ أَنْ يَتَقَبَّلَ كُلَّ شَيءٍ لِذَاتِهِ؟ وَلِمَا تُعَبِّرُ عَنْ هَذَا عَلَى أَنَّهُ شَرٌّ؟ وَلِمَا كَانَ مِنَ الضَرُورِيِّ خَلْقُ عَالَمٍ مَلِيءٍ بِالنَقْصِ وَالعُيُوبِ وَخَلِيْقَةٌ غَيْرَ مُصَحَّحَةٍ؟

إِرَادَةُ الخَالِقِ هِيَ العَطَاءُ، لِذَلِكَ خَلَقَ رَغْبَةً لِلْتَمَتُّعِ بِعَطَاءِهِ وَلَكِنْ مِنْ أَجْلِ أَنْ تَتَمَكَّنَ هَذِهِ الرَغْبَةُ الَتِي خَلَقَهَا مِنَ التَنَعُّمِ بِعَطَاءِهِ يَجِبُ أَنْ تَبْقَى فِيْهَا الرَغْبَةُ بَعَدَ تَلَقِّي الخَيْرِ وَالمَلَذَّةِ وَلا تَتَلاشَى مِنْهَا كَمَا هُوَ الحَالُ فِينَا نَحنُ الآنَ. يَجِبُ عَلَى المَلَذَّةِ أَنْ لا تُتْلِفُ الرَغْبَةَ وَتبِيدُهَا. يَجِبُ أَنْ تَبْقَى الرَغْبَةُ سَلِيمَةٌ وَعَذْرَاءٌ فِي طَبِيعَتِهَا وَأَنْ تَكْبَرَ بَاحِثَةً عَنْ مَلَذَّاتٍ أَعْظَمَ مِنَ الَتِي تَتَلَقَّاهَا. وَلِذَلِكَ يَجِبُ عَلَى كُلٍّ مِنَ الرَغْبَةِ وَالمَلَذَّةِ التَوَاجُدَ فِي مَكَانٍ أَوْ مَادَةٍ مُخْتَلِفَةٍ. فَالأُمُّ عَلَى سَبِيلِ المِثَالِ تَعْتَنِي بِشَكْلٍ دَائِمٍ بِرَضِيعِهَا لأَنَّ مَلَذَّتِهَا فِيهِ وَلَيْسَتْ فِي

نَفْسِهَا. وَفِي المُقَابِلِ نَرَى إِذَا أَرَادَ أَحَدٌ الإِسْتِمْتَاعَ فِي أَيِّ شَيْءٍ مَا فَفِي حَالِ حُصُولِهِ عَلَى المَلَذَّةِ نَجِدُ أَنَّ الرَّغْبَةَ فِيهِ تَتَلَاشَى تَمَاماً آخِذَتاً مَعَهَا الشُّعُورَ بِالمَلَذَّةِ أَيْضاً. وَلِهَذَا السَّبَبُ مِنْ خِلَالِ العَيْشِ لِجَلْبِ المَلَذَّةِ والإِكْتِفَاءِ لِرَغَبَاتِ الآخَرِينَ كَمَا الأُمُّ تِجَاهَ رَضِيعِهَا نَسْتَطِيعُ الحُصُولَ عَلَى مَلَذَّةٍ مُطْلَقَةٍ وَدَائِمَةٍ. لِذَلِكَ إِرَادَةُ الخَالِقِ فِي خَلْقِ المَخْلُوقِ لِيَجْلُبَ الرِّضَى لَهُ هُوَ الشَّرْطُ المُسْبَقُ لِتَلَقِّي مَلَذَّاتٍ لَا نِهَايَةَ لَهَا.

وَالسُّؤَالُ هُنَا لِمَا لَمْ يُخْلِقْنَا الخَالِقُ عَلَى هَذِهِ الدَّرَجَةِ مُنْذُ البِدَايَةِ؟ وَلِمَاذَا يَتَوَجَّبُ عَلَى الإِنْسَانِ أَوِ العَالَمِ المُرُورُ فِي مُعَانَاةٍ كَثِيرَةٍ لِلْوُصُولِ إِلَى هَذِهِ الدَّرَجَةِ؟ بِحَسْبِ قَانُونِ التَّبَايُنِ نَحْنُ لَا نَسْتَطِيعُ الشُّعُورَ بِأَيِّ شَيْءٍ إِلَّا إِذَا تَذَوَّقْنَا مُضَادَّهُ، بِالإِضَافَةِ إِلَى هَذَا نَجِدُ بِأَنَّهُ كُلَّمَا إِزْدَادَ الفَارِقُ بَيْنَ الدَّرَجَاتِ كُلَّمَا إِشْتَدَّتِ الرَّغْبَةُ تِجَاهَ الدَّرَجَةِ العُلْيَا. مِنْ هُنَا نَرَى أَنَّهُ لِلْوُصُولِ إِلَى دَرَجَةِ الخَالِقِ نَحْنُ مُجْبَرُونَ عَلَى خَوْضِ الكَثِيرِ مِنَ الدَّرَجَاتِ ذَاتِ الصِّفَاتِ المُتَنَاقِضَةِ مَعَ صِفَاتِهِ حَتَّى نَسْتَطِيعَ فَهْمَ سِمَاتِهِ وَتَقْدِيرَهَا. بِمَا أَنَّهُ مِنَ المُسْتَحِيلِ تَفَادِي كُلِّ هَذِهِ الصُّعُوبَاتِ، إِذاً مِنْ أَيْنَ لَنَا الحُصُولُ عَلَى القُوَّةِ لِخَوْضِ هَذَا كُلِّهِ؟ وَهَلْ مِنَ المُمْكِنِ تَفَادِي المَآسِي والكَوَارِثِ والدَّمَارِ والمَذَابِحِ وَأَنْ نَصِلَ إِلَى العَيْشِ بِهُدُوءٍ وَسَكِينَةٍ؟ أَيْنَ هُوَ الخَالِقُ العَظِيمُ والكَامِلُ مِنْ كُلِّ هَذَا؟

لَوْ أَنَّنَا لَمْ نُعْطَى المَعْلُومَاتِ المُفَصَّلَةَ لِكَيْفِيَّةِ الوُصُولِ إِلَى هَذَا الهَدَفِ لَكَانَتْ شَكْوَانَا فِي مَكَانِهَا وَفِيهَا عَدَالَةٌ وَمُنْصِفَةٌ. لَقَدْ أُعْطِيَ عِلْمُ حِكْمَةِ الكَابَالَا لَنَا لِتَصْحِيحِنَا وَنَرْتَقِي إِلَى دَرَجَةِ الخَالِقِ فِي تَبَنِّي سِمَاتِهِ مِنْ عَطَاءٍ وَمَحَبَّةٍ مُطْلَقَةٍ نَحْوَ الآخَرِينَ، وَفِي دِرَاسَتِهِ نَسْتَطِيعُ الوُصُولَ إِلَى هَذِهِ الدَّرَجَةِ بِسُرْعَةٍ وَنَدْخُلُ الأَبَدِيَّةَ وَنَحْنُ مَوْجُودِينَ فِي هَذَا العَالَمِ. عِلْمُ الكَابَالَا يُظْهِرُ لَنَا طَبِيعَتَنَا مُقَابِلَ النُّورِ الإِلَهِي المُحِيطِ بِنَا وَبِالتَّالِي يُجْبِرُنَا عَلَى الإِحْسَاسِ بِالخَجَلِ

وَالتَواضُعِ أَمَامَ الخَالِقِ قَبْلَ أَيِّ مُعَانَاةٍ جَسَدِيَّةٍ وَيُعَجِّلُ فِي ظُهُورِ الرَغْبَةِ لِلْتَخَلُّصِ مِنْ طَبِيعَتِنَا الشِرِيرَةِ وَاكْتِسَابِ أَوْ إِحْرَازِ سِمَاتِ الخَالِقِ الكَامِلَةِ.

سُؤَال١٥: أَنَا لا أَسْتَطِيعُ أَنْ أَجِدَ جَوَاباً لِسُؤَالٍ عَظِيمُ الأَهَمِيَّةِ. كَيْفَ أَنَّ المُعَانَاةَ الجَسَدِيَّةَ تَسْتَطِيعُ إِيصَالَنَا إِلَى ظُهُورِ الحَاجَاتِ وَالرَغَبَاتِ الرُوحِيَّةِ؟أَيْنَ هُوَ الرَابِطُ فِي هَذِهِ المُعَادَلَةِ؟

إِنَّ الإِنْسَانَ الَذِي يَأْتِي لِدِرَاسَةِ عِلْم حِكْمَةِ الكَابَالا مِنْ خِلالِ السُؤَالِ "مَا هُوَ مَعْنَى وَهَدَفُ حَيَاتِي فِي هَذَا العَالَمِ" ، يَأْخُذُ فِي الدِرَاسَةِ لِيَجْلُبَ إِلَيْهِ النُورَ المُحِيطَ وَالَذِي بِدَوْرِهِ يَقُومُ بِتَحْرِيكِ الرَغْبَةِ فِيهِ تِجَاهَ الوُصُولِ إِلَى هَدَفِ الخَلِيْقَةِ. إِذْ لا يُوجَدُ هُنَاكَ أَيُّ فَارِقٍ بَيْنَ أَنْوَاعِ المُعَانَاةِ، بَلْ إِنَّ الإِخْتِلافَ الوَحِيدَ هُوَ فِي الشَكْلِ الخَارِجِيِّ لِكُلِ نَوْعٍ مِنْ المُعَانَاةِ، أَيْ فِي الحِلَّةِ الَتِي تَرْتَدِيهَا، هَذَا الَذِي يُمَيزُ أَيُّ نَوْعٍ مِنَ المُعَانَاةِ عَنْ غَيْرِهَا. وَلَكِنْ جَمِيعُهَا تُوجَدُ بِسَبَبِ فُقْدَانِ النُورُ فِي الرَغْبَةِ.

سُؤَال١٦: لِمَاذَا يَدْفَعُ الخَالِقُ النَاسَ نَحْوَ المُعَانَاةِ وَالعَذَابِ إِذَا كَانَ يُرِيدُ أَنْ يَمْنَحَهُم حَيَاةً أَبَدِيَّةً؟

لَقَدْ تَسَأَلَ الإِنْسَانُ فِي هَذَا الأَمْرِ مُنْذُ أَنْ وُجِدَ عَلَى وَجْهِ هَذِهِ البَسِيطَةِ وَمَعَ بِدَايَةِ كُلِّ جِيلٍ عَاشَتِ البَشَرِيَّةُ فِيهِ. إِنَّ عَالِمَ الكَابَالا يَهُودَا أَشْلاغْ "صَاحِبُ السُلَّم" كَتَبَ فِي أَحَدِ مَقَالاتِهِ قَائِلاً "إِنَّهُ مِنَ المُسْتَحِيلِ فَهْم حَصِيلَةَ مَرْحَلَةٍ مُعَيَنَةٍ أَوْ تَقْيِيمُهَا بِشَكْلٍ صَحِيحٍ كَوْنَنَا فِي بِدَايَتِهَا أَوْ مَا زِلْنَا فِي قِمَّةِ خَوْضِ تَجَارِبِهَا، فَإِنَّهُ فَقَطْ بَعْدَ إِجْتِيَازِنَا الطَرِيقَ كُلَّهُ وَحَتَى النِهَايَةَ نَسْتَطِيعُ أَنْ نُدْرِكَ أَحْدَاثَ المَرْحَلَةِ الَتِي مَرَرْنَا بِهَا بِكَامِلِهَا وَبِمَنْطِقٍ صَحِيحٍ".

فَهُنَاكَ سَبَبٌ وَجِيهٌ لِلْمَثَلِ الشَعْبِي القَائِلِ: "لا تُظْهِرَ عَملاً مَا دَامَ فِي مَرَاحِلِ إِنْجَازِهِ". فَإِنَّهُ فَقَطْ لأُوْلَئِكَ الذَينَ مَشَوا الطَرِيقَ حَتَى النِهَايَةَ يَسْتَطِيعُوْنَ اكْتِسَابَ القَدْرِ الكَافِي مِنَ الحِكْمَةِ لِيَكُونُوا قَادِرِينَ عَلَى التَقْيِيمِ الصَحِيح وَالإِدْرَاكِ السَلِيمِ لِكُلٍّ مَا أَخَذَ مَجْرَاهُ فِي تِلْكَ المَرْحَلَةِ.

فَإِنَّ التَقَدُّمَ فِي الطَرِيقِ الرُوحِيِّ يَخْلِقُ الإِحْسَاسَ الَذِي نَحْتَاجُهُ فِي إِحْرَازِنَا لِلهَدَفِ النِهَائِيِّ. هَذَا الإِحْسَاسُ الَذِي يَكْبُرُ فِينَا عَلَى شَكْلِ مَرَاحِلٍ هُوَ الإِحْسَاسُ بِالأَبَدِيَّةِ وَالكَمَالِ. وَهَذَا هُوَ الطَرِيقُ الوَحِيْدُ وَلا يُوجَدُ مَرَادِفاً أَوْ مُسَاوِيًّا لَهُ.

إِذاً لِمَا لَمْ يَخْلِقْنَا الخَالِقُ كَامِلِينَ وَأَبَدِيِينَ مُنْذُ البِدَايَةِ؟ لَوْ كَانَ الخَالِقُ قَدْ خَلَقَ المَخْلُوقَ مُنْذُ البِدَايَةِ فِي حَالَةِ الكَمَالِ التَام لِكَانَ قَدْ حُرِمَ الإِنْسَانُ مِنْ حُرِيَّةِ الإِخْتِيَارِ. فَبَعْدَمَا أَنْ يَمُرَّ الإِنْسَانُ بِكَافَةِ أَنْوَاعِ المَوَاقِفِ فِي الحَيَاةِ تَبْدُو مَرْحَلَةُ الكَمَالِ وَالأَبَدِيَّةِ هَدَفٌ مَرْغُوبٌ لَدَيْهِ لِيَسْعَى وَرَاءَهُ وَيَعْرِفُ كَيْفَ يَلْتَذُّ بِهِ بِسُرُورٍ وَمُتْعَةٍ.

سؤال١٧: مَا هُوَ المَفْهُومُ الصَحِيحُ لِمُصْطَلَح "أَدَم الأَوَل"، هَلْ هُوَ كَيَانٌ رُوحِيٌّ بِعلاقَتِهِ بِعَالَمِ أَدَم كَادمُون أَو أَنَّهُ رَجُلٌ مِنْ دَم وَلَحم بِالمَعْنَى الحَرْفِيِّ؟ وَمَا هُوَ الرَابِطُ بَيْنَ هَذَا وَبَيْنَ العُلُومِ التِي تَبْحَثُ فِي أَصْلِ الإِنْسَانِ وَمَنْشَأهُ؟ فَقَدْ قَرَأتُ فِي كُتُبِكَ أَنَّ كُلَّ الغَايَاتَ وَالعَلاقَاتَ المُتَبَادَلَةِ يَتِمُ إِدْرَاكَهَا فِي النِهَايَةِ مِنْ خِلالَ أُنَاسٌ مُعَيَنِينَ عَلَى الأَرْضِ بِنَاءً عَلَى هَذَا هَلْ أَدَم هُوَ الرَجُلُ الأَوَلُ أَوْ أَنَّهُ الرَجُلُ الأَوَلُ الَذِي حَصَلَ عَلَى مَسَاخٍ؟

إِنَّ الكَونَ وَالبَشَرِيَّةَ ذُوْ صَبْغَةٍ أَبَدِيَّةٍ. فَلا يُوجَدُ بِدَايَةً أَوْ نِهَايَةً لِنُمُوِ

المَادَةِ. إِنَّ تَشْكِيلَ الكَونِ هُوَ نَتِيجَةَ نُمُو وَتَطَوُرِ العَالَمِ الرُوحِيِّ؛ وَإِنَّ خَلْقَ الإِنْسَانِ نَابِعٌ مِنْ نُمُوِ الأَشْيَاءِ الرُوحِيَّةِ بِنَاءً عَلَى إِنْحِدَارِهَا عَبْرَ دَرَجَاتِ العَالَمِ الرُوحِيِّ إِلَى أَنْ وَصَلَتْ إِلَى مَرْحَلَةِ التَجَسُّدِ المَادِيِّ وَالذِي هُوَ أَدْنَى الأَشْكَالُ، هُوَ شَكْلُ عَالَمِنَا الذِي نَعِيشُ فِيْهِ.

طَبْعَاً نَحْنُ تَطَوَّرْنَا مِنَ الشَكْلِ البِدَائِي وَلَكِنْ لَيْسَ بِحَسْبِ الإِخْتِيَارَاتِ الطَبِيعِيَّةِ بَلْ كَانَ نَمُونَاوَتَطَوُّرنَا بِحَسْبِ ظُهُورِ الرِيشِيمُوتْ أَيْ الجِينَاتِ الرُوحِيَّةِ.

إِنَّ أَوَلَ ظُهُورٍ أَوْ أَوَلَ تَجَلِّي لِلْنُقْطَةِ فِي القَلْبِ هِيَ أَدَم فِي هَذَا العَالَمِ.

وَإِنَّ أَوَلَ ظُهُورٍ وَنُمُوِ أَوَلَ إِحْسَاسٍ أَوْ إِدْرَاكٍ لِلْخَالِقِ يُدْعَى إِبْرَاهِيم.

وَجَوَابِي الوَحِيدُ لَكَ عَلَى سُؤَالِكَ هُوَ إِلَى أَنْ تَظْهَرُ النُقْطَةُ فِي القَلْبِ عِنْدَكَ لِتُشَكِلَ أَوَلَ السَفِيرَاتِ العَشْرِ لَنْ يَكُنْ بِإِسْتِطَاعَتِكَ أَنْ تَفْهَمَ مِنْ أَيْنَ أَتَيْتَ وَمَا مَصِيرُ كُلَّ شَيءٍ فِي الكَوْنِ، فَلا يُوجَدُ هُنَاكَ أَيُّ تَفْسِيرٍ يُسَاعِدَكَ عَلَى الفَهْمِ وَذَلِكَ لِعَدَمِ وُجُودِ الإِنَاءِ اللازِمِ لِتَسْتَطِيعَ تَلَقِي نُورَ المَعْرِفَةِ.

سُؤَال١٨: مَنْ هُوَ الخَالِقُ؟

الخَالِقُ هُوَ سِمَةُ العَطَاءِ المُطْلَقِ وَالمَحبَّةِ السَامِيَةِ وَلِهَذَا السَبَبُ هُوَ مُتَوَارٍ عَنْ الإِنْسَانِ إِذْ أَنَّهُ مُعَاكِسٌ فِي سِمَاتِهِ كَوْنَهُ أَنَانِيٌّ وَمَغْرُورٌ وَيَتَحلَّى بِسِمَةِ حُب الذَاتِ. وَلَكِنَ السُؤَالُ هُنَا هَلْ مِنَ الصَحِيحِ أَنَّ الخَالِقَ هُوَ الذِي يَحْجبُ نَفْسَهُ مُتَوَارِيَّاً عَنَّا؟ فِي حَقِيقَةِ الوَاقِعِ إِنَّ العَكْسَ هُوَ الصَحِيحُ. فَالخَالِقُ لا يَحْجُبُ نَفْسَهُ عَنَّا بَلْ نَحْنُ الذِينَ نُوَارِيهِ عَنْ إِدْرَاكِنَا وَلا نُرِيدُ مَعْرِفَتَهُ! كَيْفَ أَنَّ هَذَا

الأَمْرَ صَحِيحٌ؟ فِي جَمِيعِ مُتَطَلَّبَاتِنَا نَقُولُ لَهُ "لَوْ كُنْتَ فَقَطْ تُعْطِينِي مَا أُرِيدُهُ لِنَفْسِي الآنَ عِنْدَهَا أُفَكِّرُ فِي مَعْرِفَتِكَ وَالتَقَرُّبِ مِنْكَ، أَنْتَ تَوَدُّ إِعْطَائِي مَلَذَّاتُ الحَيَاةِ عَنْ طَرِيقِ العَطَاءِ المُطْلَقِ وَأَنَا أُرِيدُ أَنْ أَتَقَبَّلَهَا عَنْ طَرِيقِ رَغْبَتِي أَنَا أَيْ حُبُّ الذَاتِ كَيْ أَتَمَتَّعَ بِهَا دُونَ مُبَالَةٍ بِالغَيْرِ".

هَذِهِ هِيَ المُعْضِلَةُ. لا يُوجَدُ أَحَدٌ أَوْ أَيُّ شَيْءٍ يَحْجُبُ الخَالِقُ عَنَا، فَهُوَ يَمْلءُ الكَوْنَ الذِي نَعِيشُ فِي وَسَطِهِ إِذْ لا يُوجَدُ هُنَالِكَ أَحَدٌ سِوَاهُ. بِمُحَاوَلَةِ إِلْغَاءِ شُعُورِ الأَنَانِيَّةِ لا يَعْنِي إِلْغَاءُ رَغَبَاتِنَا وَمَحْيِهَا. المَطْلُوبُ فَقَطْ هُوَ تَغْيِيرُ النَوَايَا الأَنَانِيَةِ وَرَاءَ أَيِّ رَغْبَةٍ لَدَيْنَا لِلْحُصُولِ عَلَى أَيِّ شَيْءٍ لِهَدَفِ إِشْبَاعِ الذَاتِ عِنْدَنَا. فَلَيْسَ لِلإِنْسَانِ الحَاجَةَ فِي حَصْرِ رَغَبَاتِهِ وَمَنْعَ نَفْسِهِ عَنْ أَيِّ شَيْءٍ بَلْ يَجِبُ عَلَيْهِ أَنْ يُحُدَّ مِنْ نَوَايَا الأَنَانِيَّةِ مُسْتَبْدِلاً إِيَّاهَا بِنَوَايَا مِنْ أَجْلِ العَطَاءِ بِمَحَبَّةٍ وَنِيَّةٍ صَافِيَةٍ. أَنَا هُنَا لا أَتَعَامَلُ مَعَ الرَغْبَةِ فِي حَدِّ ذَاتِهَا بَلْ مَعَ النِيَّةِ وَرَاءَ هَذِهِ الرَغْبَةِ وَالتِي هِيَ الأَسَاسُ هُنَا فِي هَذِهِ المُعَادَلَةِ.

سُؤَال١٩: إِذَا وَصَلْنَا إِلَى دَرجَةِ دُخُولِ العَالَمِ الرُوحِيِّ هَلْ هَذَا يَعْنِي أَنَّنَا لا نَسْتَطِيعُ القِيَامَ بِأَيِّ عَمَلٍ مِنْ دُونِ النِيَّةِ الصَحِيحَةِ فِي قُلُبِنَا كَمَا هُوَ الحَالُ الآنَ فِي حَيَاتِنَا العَادِيَّةِ؟

بِمَا أَنَّ الطَبِيْعَةَ وَبِنَاءً عَلَى قَوَانِينَهَا لا تَسْمَحُ لَنَا القِيَامَ بِأَيِّ عَمَلٍ مِنْ دُونِ أَيِّ سَبَبٍ، لا يُوجَدُ أَيُّ إِنْسَانٍ فِي العَالَمِ بِأَكْمَلِهِ يَقُومُ بِأَيِّ عَمَلٍ مَهْمَا كَانَ صَغِيراً أَوْ عَظِيْماً مِنْ دُونِ أَيِّ نِيَّةٍ وَرَاءَهُ. فَعِنْدَمَا يَصْرِفُ الإِنْسَانُ أَيَّ طَاقَةٍ فَهُوَ يَطْلُبُ مَعْرِفَةَ الشَيْءِ الذِي بَذَلَ هَذِهِ الطَاقَةَ فِي سَبِيلِهِ إِذْ أَنَّ اسْتِهْلاكَ الطَاقَةِ يَتِمُ فِي مَرْحَلَةِ اللاشُعُورِ عِنْدَ الإِنْسَانِ.

كُلَّمَا تَقَدَّمْنَا فِي دِرَاسَةِ عِلْمِ الكَابَالَا نَسْتَطِيعُ وَبِالتَّدْرِيجِ الإِجَابَةَ عَلَى كُلِّ الأَسْئِلَةِ الَّتِي تُوَاجِهُنَا بِوَعْيٍ وَإِدْرَاكٍ. فَإِنَّ تَخَطِّي الدَّرَجَةِ الفَاصِلَةِ بَيْنَ عَالَمِنَا وَالعَالَمِ الرُّوحِيِّ مَعْنَاهُ أَنَّ كُلَّ المَرَاحِلِ الَّتِي نَمُرُّ بِهَا بِوَعْيٍ كَامِلٍ تَظْهَرُ مَعَ النِّيَّةِ لإِرْضَاءِ الخَالِقِ بَيْنَمَا نَبْقَى كَمَا نَحْنُ بِيُولُوجِيّاً بِمَا أَنَّ الجَسَدَ لَا يَتَغَيَّرُ.

سُؤَال ٢٠: إِنَّ الكَثِيرَ مِنَ النَّاسِ يُقَاسُونَ مِنْ مَصَاعِبِ الحَيَاةِ وَلَيْسَ لَدَيْهِمْ أَيُّ إِحْسَاسٍ بِوُجُودِ النُّقْطَةِ فِي القَلْبِ أَوْ إِنَّ إِحْسَاسَهُمْ بِهَا مَعْدُومٌ. إِذَاً لِمَاذَا هُمْ يُعَانُونَ فِي الحَيَاةِ؟

كُلُّ إِنْسَانٍ عَلَى وَجْهِ هَذِهِ البَسِيطَةِ يُعَانِي طَوَالَ زَمَانِ وُجُودِهِ فِي هَذِهِ الحَيَاةِ. فَالبَشَرِيَّةُ وَاجَهَتِ الكَثِيرَ مِنَ المُعَانَاةِ عَلَى مَرِّ التَّارِيخِ. فَالكَثِيرُ مِنَ النَّاسِ عَاشُوا فِي هَذِهِ الدُّنْيَا وَفَارَقُوهَا مِنْ دُونِ أَنْ يَعْرِفُوا سَبَبَ مُعَانَاتِهِمْ. فَقَبْلَ تَفَاقُمِ الأَلَمِ إِلَى دَرَجَةٍ مُعَيَّنَةٍ لَنْ يَكُونَ بِإِمْكَانِنَا الوُصُولُ إِلَى مَعْرِفَةِ السَّبَبِ وَمَنْ هُوَ المَسْؤُولُ عَنْهُ.

فِي يَوْمِنَا هَذَا نَرَى أَنَّ البَشَرِيَّةَ مَرَّتْ فِي أَلَمٍ كَبِيرٍ وَكَثِيفٍ وَنَحْنُ هُنَا لِنُرِيَ العَالَمَ سَبَبَ الأَلَمِ.

سُؤَال ٢١: كَيْفَ يَكُونُ بِإِمْكَانِي تَكْثِيفُ إِحْسَاسِي بِالخَالِقِ لأَتَفَادَى قَطْعَ إِرْتِبَاطِي بِهِ وَمِنْ فِكْرِهِ وَمِنْ عِنَايَتِهِ؟

نَحْنُ لَا نَسْتَطِيعُ الحِفَاظَ عَلَى شُعُورِنَا بِالخَالِقِ فِي كُلِّ الوَقْتِ بِالرَّغْمِ مِنْ أَنَّ إِحْسَاسَنَا بِهِ يَجِبُ أَنْ يُلَازِمَ كُلَّ رَغْبَةٍ لَدَيْنَا. فَكَيْفَ بِإِمْكَانِنَا المُحَافَظَةُ عَلَى الإِحْسَاسِ بِهِ بِشَكْلٍ مُتَوَاصِلٍ؟ الخَالِقُ هُوَ الَّذِي يَهْتَمُّ بِهَذَا الأَمْرِ وَهُوَ

يَضْمَنُ ضَمَاناً وَبِشَكْلٍ دَائِمٍ أَلاَّ نَنْسَاهُ. مَا نَحْتَاجُ إِلَيْهِ هُوَ التَوْجِهُ وَالإِرْشَادُ لِيُرِينَا كَيْفَ يَكُونُ بِإِمْكَانِنَا أَنْ نَجْعَلَ هَذَا الإِرْتِبَاطُ أَوْ هَذَا الإِحْسَاسُ دَائِمْ. تَصَوَّرْ لِلَحْظَةٍ بِأَنَّكَ فَقَدْتَ إِرْتِبَاطَكَ بِالخَالِقِ، إِفْتَكِرْ الآنْ بِطُرُقٍ تُسَاعِدَكَ عَلَى تَقْوِيَةِ هَذَا الرِباطِ وَابْذُلْ كُلَّ جَهْدٍ فِي الحِفَاظِ عَلَيْهِ. وَهَكَذَا وَبِالتَدْرِيجِ تَجْتَمِعُ كُلَّ الجُهُودِ لِتُصْبِحَ هَدَفاً مُوَجَّهٌ تِجَاهَ الخَالِقِ.

سُؤَال ٢٢: كَيْفَ نَقُومُ بِإِكْتِشَافِ الشَرِّ وَلأَيِّ سَبَبٍ نَحْنُ بِحَاجَةٍ إِلَى مَعْرِفَتِهِ؟

إِذَا كَانَ بِإِمْكَانِنَا أَنْ نَضَعَ هَدَفُ الخَلِيْقَةِ دَائِماً أَمَامَنَا سَنَجِدُ أَنَّ حِسَابَاتِنَا لَنْ تَعُدْ سَلْبِيَّةٌ إِنَمَا تُصْبِحُ إِنَاءً أَوْ غَايَةً نَسْتَطِيعُ مِنْ خِلالِهَا التَوَاصُلَ مَعَ الخَالِقِ وَالإِحْسَاسَ بِهِ. فَإِنَّهُ أَيَّ مِيزَةٍ سَلْبِيَّةٍ تُصْبِحُ لَنَا وَسِيلَةً. فَلا يُوجَدُ أَيُّ طَرِيقَةٍ أُخْرَى لِلتَوَاصُلِ مَعَ الخَالِقِ إِنَمَا فَقَطْ مِنْ خِلالِ مِيزَاتِنَا السَلْبِيَّةِ أَوْ مِنْ خِلالِ الشَرِّ. فَإِنَّ مَعْرِفَةَ الشَرِّ هُوَ بِدَايَةَ مَعْرِفَةِ الخَيْرِ كَمَا أَوْرَدْنَا عَنْ قَانُونِ التَبَايُنِ فِي الدُرُسِ، أَنَّ مَعْرِفَةَ كُلِّ شَيْءٍ تَظْهَرُ مُقَابِلَ مَعْرِفَةِ ضِدِهِ. لِذَلِكَ يُظْهِرُ لَنَا الخَالِقُ سِمَاتَنَا وَمِيزَاتَنَا السَلْبِيَّةِ لِيُعْطِينَا الرَغْبَةَ لِنُرِيدَهُ وَنَطْلُبَهُ. فَيَجِبُ عَلَيْنَا أَنْ نَكُونَ فُقَهَاءٌ فِي اسْتِخْدَامِ سِمَاتِنَا الأَنَانِيَّةِ لِلإِرْتِبَاطِ بِالخَالِقِ. فَمِنْ وَسَطِ الشَرِّ أَسْتَطِيعُ التَعَلُّقَ وَالإِلْتِصَاقَ بِهِ. فَمِنْ هَذِهِ النُقْطَةِ بِالتَحْدِيدِ نَقُومُ بِطَلَبِ مُسَاعَدَتِهِ كَمَا أَوْضَحَ لَنَا المَلِكُ دَاوُدُ عِنْدَمَا قَالَ: "مِنَ الأَعْمَاقِ صَرَخْتُ إِلَيْكَ يَا رَبْ. يَا رَبْ إِسْمَعْ صَوْتِي لِتَكُنْ أُذْنَاكَ مُصْغِيَتَيْنِ إِلى صَوْتِ تَضَرُّعَاتِي".

سُؤَال ٢٣: فَهَذِهِ هِيَ الصَلاةُ إِذاً؟

نَعَمْ، هَذِهِ هِيَ الصَلاةُ. عَلَى خِلافِ هَذَا، مِنْ أَيِّ مَكَانٍ يَسْتَطِيعُ الإِنْسَانُ رَفْعَ صَلاتِهِ لِلْخَالِقِ إِذَ لَمْ يَكُنْ يَشْعُرُ بِالضِيقِ وَالحَاجَةِ المَاسَةِ؟ فَعِنْدَمَا

نَشْعُرُ وَكَأَنَّنَا مُطَوَّقِينَ بِحِبَالِ المَوْتِ وَالخَالِقُ هُوَ الوَحِيدُ القَادِرُ عَلَى إِنْتِشَالِنَا مِنْهَا عِنْدَمَا نَرْفَعُ طُلْبَتَنَا وَصُرَاخَنَا لَهُ. مِنْ هَذَا المُنْطَلَقِ نَحْنُ لَسْنَا بِحَاجَةٍ لِإِخْفَاءِ سِمَاتِنَا السَّلْبِيَّةِ بَلْ إِسْتِخْدَامَهَا بِبَدَاعَةٍ فِي المَوَاقِفِ السَّلْبِيَّةِ. دَائِماً يَجِبُ عَلَيْنَا إِسْتِشَارَةَ الخَالِقِ قَبْلَ القِيَامِ بِأَيِّ عَمَلٍ.

سُؤَال ٢٤: هَلْ أَنَّ الرَّغْبَةَ فِي الإِرْتِبَاطِ الرُّوحِيِّ هِيَ مَلَذَّةٌ؟

إِذَا وُجِدَتِ الرَّغْبَةُ لَا يَحْتَاجُ الإِنْسَانُ لِأَيِّ شَيْءٍ آخَرَ، فَوُجُودُ الرَّغْبَةِ يَعْنِي بِأَنَّ الخَالِقَ هُوَ الَّذِي يَدْعُو هَذَا الشَّخْصَ إِلَيْهِ. وَلَكِنْ فِي حَالِ لَا تُوجَدُ الرَّغْبَةُ فِي التَّوَاصُلِ مَعَ الخَالِقِ فَيَجِبُ عَلَى الإِنْسَانِ البَحْثُ عَنْ هَذَا التَّوَاصُلِ. فَإِذَا كَانَ لِلْإِنْسَانِ إِحْسَاسٌ بِالتَّوَاصُلِ مَعَ الخَالِقِ فَالرَّغْبَةُ إِذَاً مُتَوَاجِدَةٌ. مِنْ هَذِهِ النُّقْطَةِ يَجِبُ عَلَيْهِ البَحْثُ عَنِ الرَّغْبَةِ فِي الإِلْتِصَاقِ بِهِ.

إِذَا كُنْتَ تَنْتَظِرُ إِلَى أَنْ تَأْتِيكَ الرَّغْبَةُ مِنْ تِلْقَاءِ ذَاتِهَا فَهَذَا لَنْ يَحْدُثَ أَبَداً بَلْ إِنَّكَ سَتَجِدُ المُعَانَاةَ وَالأَلَمَ عِوَضاً عَنْهَا لِيَحُثَّكَ الخَالِقُ لِلسَّعْيِ وَرَاءَ هَدَفِ الخَلِيقَةِ. قَدْ كَتَبَ صَاحِبُ السُّلَّمِ قَائِلاً: إِنَّ الخَالِقَ نَفْسَهُ يُعْطِينَا الرَّغْبَةَ لَهُ وَهُوَ الَّذِي يَدْعُونَا لِلتَّقَرُّبِ مِنْهُ. وَبَعْدَهَا يَأْتِي الوَقْتُ الَّذِي فِيهِ يَتَوَجَّبُ عَلَيْنَا أَنْ نَبْذُلَ جُهُودَنَا مِنْ أَجْلِ التَّمَاشِي مَعَ رَغْبَةِ الخَالِقِ. فَفِي الوُجُودِ بِأَكْمَلِهِ لَا يُوجَدُ أَيُّ شَيْءٍ آخَرَ إِلَى جَانِبِ الخَالِقِ وَالمَخْلُوقِ وَالإِرْتِبَاطِ بَيْنَهُمَا. وَأَنَّهُ مِنْ نُقْطَةِ الشُّعُورِ بِالأَلَمِ نَسْتَطِيعُ تَحْوِيلَ هَذَا الأَلَمِ إِلَى مَلَذَّةٍ. فَالأَلَمُ وَالمُعَانَاةُ قَدْ أُعْطِيَا لَنَا لِهَدَفٍ مُعَيَّنٍ وَهُوَ السَّعْيُ وَرَاءَ الإِرْتِبَاطِ بِالخَالِقِ وَتَحْوِيلُ هَذَا الأَلَمِ إِلَى مَلَذَّةٍ وَمَسَرَّةٍ.

إِذَا تَوَصَّلَ الإِنْسَانُ إِلَى مَرْحَلَةٍ يَسْتَطِيعُ فِيهَا إِدْرَاكَ مَعْنَى المُعَانَاةِ وَضَرُورَتِهَا

عِنْدَهَا يُدْرِكُ أَنَّ الأَلَمَ وَالْمُعَانَاةَ لَيْسَتْ إِلاَّ وَسِيلَةً لإِحْرَازِ العَالَمِ الرُوحِي لِيَمْتَلِكَ العَالَمَ فِي يَدِهِ.

سُؤَال٢٥: مَا مَعْنَى أَنْ يَشْعُرَ الإِنْسَانُ بِالحَاجَةِ الدَاخِلِيَّةِ؟

الحَاجَةُ الدَاخِلِيَّةُ هِيَ عِنْدَمَا يَكُونُ لَدَى الإِنْسَانِ سُؤَالٌ عَنْ مَعْنَى الحَيَاةِ وَلا يَسْتَطِيعُ إِيجَادَ الجَوَابِ لَهُ. كَتَبَ صَاحِبُ السُلَّمِ فِي مُقَدِمَةِ دِرَاسَةُ السَفِيرَاتِ العَشْرِ شَارِحاً بِأَنَّ مَقَالاتَ هَذَا الكِتَابِ خُصِّصَتْ لِكُلِ مَنْ يُوَاجِهُ السُؤَالَ "مَا هُوَ مَعْنَى وَهَدَفُ حَيَاتِي فِي هَذَا العَالَمِ؟" وَلِهَؤُلاءِ الذِينَ يُرِيدُونَ مَعْرِفَةَ مَعْنَى الْمُعَانَاةِ الَتِي يَمُرُّونَ فِيهَا مُحَاوِلِينَ فَهْمَ مَا الَذِي يَدْفَعُ أُمُورَ حَيَاتِهِمْ فِي الطَرِيقِ الخَطَأ وتجاهَ السُوءِ.

الفَقَرَةُ الثَانِيَةُ: الحِكْمَةُ الخَفِيَّةُ

سُؤَال٢٦: لِمَاذَا يُعْتَبَرُ عِلْمُ حِكْمَةِ الكَابَالا عِلْمٌ؟

يَتَخَصَّصُ العِلْمُ فِي تَفَحُصِ العَالَمِ مِنْ خِلالِ الأَدَوَاتِ وَالمُعِدَّاتِ الَتِي صَنَعَهَا الإِنْسَانُ. هَذِهِ المُعِدَّاتِ صُنِعَتْ عَلَى أَسَاسِ حَوَاسِنَا الخَمْسَةَ "البَصَرُ- السَمْعُ- الذَوْقُ- الشَّمُ- اللَمْسُ". لَيْسَ بِإِمْكَانِنَا إِخْتِرَاعُ أَيَّ شَيءٍ خَارِجَ إِطَارِ الحِسِ لَدَيْنَا. فَإِنَّ كَافَةَ المَعْلُومَاتِ التِي تَأْتِينَا مِنْ خِلالِ الحِسِ وَالحَوَاسِ الخَمْسَةِ لَدَيْنَا يَتِمُ تَحْلِيلَهَا فِي الفِكْرِ مُنْتِجاً فِينَا مَا نَفْتَكِرُ أَنَّهَا صُورَةَ العَالَمِ المُحِيطِ بِنَا. وَلَكِنْ إِذَا كَانَ بِإِمْكَانِنَا رَفْعُ أَوْ زِيَادَةُ مَدَى حَاسَةٍ وَاحِدَةٍ مِنْ حَوَاسِنَا نَتَمَكَّنُ مِنْ رُؤْيَةِ الأَشِعَّةِ السِينِيَّةِ أَوْ سَمَاعِ الأَصْوَاتِ التِي هِيَ الآنَ فَوْقَ قُدْرَةِ حَاسَةِ السَمعِ لَدَيْنَا.

إِنَّ مُخْتَلَفَ أَنْوَاعِ العُلُومِ فِي العَالَمِ بِكَافَةِ مَجَالاتِهَا تُعَالِجُ كَافَةَ الأُمُورِ مِنْ خِلالِ مَا نُدْرِكُهُ بِحَوَاسِنَا الخَمْسَةِ وَلَكِنْ عِلْمُ حِكْمَةِ الكَابَالا يُعَالِجُ مَسْأَلَةَ اكْتِسَابِ المَعْرِفَةِ الَتِي تَرْتَقِي فَوْقَ إِطَارِ إِدْرَاكِ حَوَاسِنَا المَحْدُودَةِ. فَعَلَى سَبِيلِ المِثَالِ إِذَا أَخَذْنَا الصَوْتَ. كَيْفَ نُدْرِكُ أَنْوَاعَ وَمَصْدَرَ الصَوْتِ؟ تُوجَدُ الإِهْتِزَازَاتُ حَوْلَنَا، تَدْخُلُ المَوجَاتُ الصَوْتِيَّةُ إِلَى الأُذُنِ بَعْدَ أَنْ يَقُومَ الصِيوَانُ بِتَجْمِيعِهَا، ثُمَ تَمُرُّ عَبْرَ القَنَاةِ السَمْعِيَّةِ الخَارِجِيَّةِ إِلَى الطَبْلَةِ الَتِي تُحولُهَا إِلَى اهْتِزَازَاتٍ تَنْتَقِلُ إِلَى المَطْرَقَةِ فَالسِنْدَانُ إِلَى الركَابِ وَمِنَ ثَّمَ إِلَى القَوقَعَةِ الَتِي يُؤَدِي إِهْتِزَازُ

القَنَاتَينْ السَمعِيَّةِ وَالدهْلِيزِيَّةِ فِيهَا إِلَى تَوْلِيدِ سِلْسِلَةٍ مِنَ الذَبْذَبَاتِ تَنْتَقِلُ بِوَاسِطَةِ العَصَبِ السَمْعِيِّ إِلَى الْمُخ بِصُورَةِ سَيَالاتٍ عَصَبِيَّةٍ حَيْثُ يَتِمُّ تَرْجَمَتهَا هُنَاكَ إِلَى أَصْوَاتٍ نَسْمَعهَا. بِكَلِمَةٍ أَخْرَى إِنَّ رَدَّةَ فِعْلَنَا هِيَ أَعْرَاضٌ جَانِبِيَّةٌ لِلضَغْطِ الَذِي نَشْعُرُ بِهِ مِنْ مُحِيطَنَا، فَلَيْسَ لَنَا القُدْرَةَ عَلَى مَعْرِفَةِ الأَصْوَاتِ إِلاَّ تِلْكَ التِي نَشْعُرُ بِهَا.

إِنَّ كَافَةَ أَحَاسِيسَنَا بُنِيَتْ عَلَى هَذَا النَحْوِ إِذْ لا نَعْلَمُ مَا يُوجَدُ مَا وَرَاءَ قُدْرَةِ إِدْرَاكِ حَوَاسِنَا. فَإِنَّ عَالَمَنَا مَلِيءٌ بِالأَلْوَانِ وَالأَصْوَاتِ الْمُتَنوعَةِ مِنْ دُونِ حُدُودٍ وَلَكِنْ نَسْتَطِيعُ إِدْرَاكَ الكَمِّ الَذِي يَمُرُّ خِلالَ حَوَاسِنَا فَقَطْ. وَلَكِنْ حِكْمَةُ الكَابَالا تَتَكَلَّمُ عَنْ إِحْرَازِ الإِنْسَانِ لِحَاسَةٍ إِضَافِيَّةٍ "الحَاسَةُ السَادِسَةُ" وَالَتِي مِنْ خِلالَهَا نَسْتَطِيعُ الشُعُورَ بِالوَاقِعِ الشَامِلِ لِلوُجُودِ وَلَيْسَ بِالْجُزْءِ الضَئِيلِ مِنْهُ وَالْمَحْصُورِ فِي نِظَامِ الأَنَا بِالإِنْسَانِ.

إِنَّ تَفَحُصَنَا لِعَالَمَ آخَرٍ بَعِيدٍ عَنْ قُدْرَةِ إِدْرَاكِنَا الطَبِيْعِيَّةِ يَتَمَكَّنُ الإِنْسَانُ إِدْرَاكَهُ عَنْ طَرِيقِ تَوَازُنِ صِفَاتِهِ الدَاخِلِيَّةِ مَعَ الظَوَاهِرِ الخَارِجِيَّةِ الْمُحِيطَةِ بِهِ. فَإِذَا كَانَ بِإِمْكَانِنَا تَنْمِيَةُ حَاسَةٍ رُوحِيَّةٍ إِضَافِيَّةٍ عَنْمَا يَتَوَفَرُ لَنَا مِنْ خِلالِ نِظَامِ الأَنَا عِنْدَهَا نَسْتَطِيعُ بِوَاسِطَتِهَا الوُصُولُ إِلَى مَا وَرَاءَ وَاقِعِنَا الْمَحْدُودِ، إِلَى عَالَمٍ رُوحِيٍّ وَأَبَدِيٍّ وَوَاسِعٍ غَائِبٍ عَنْ إِدْرَاكِ وَحَتى خَيَالِ النَاسِ العَادِينَ. عِلْمُ الكَابَالا هُوَ النِظَامُ الَذِي يُسَاعِدُنَا عَلَى تَنْمِيَةِ الْحَاسَةِ الَتِي مِنْ خِلالَهَا نَسْتَطِيعُ أَنْ نَشْعُرَ بِالعَالَمِ الرُوحِيِّ وَعَالَمِنَا كَكُلٍ، إِذْ أَنَّهُ يَفْتَحُ أَمَامَنَا مَجَالاً شَاسِعاً مِنَ الْمَعْلُومَاتِ وَلا نُعَدُّ مَحْصُورِينَ فِي إِطَارِنَا البِيُولُوجِيِّ فِي حَيَاةِ الْجَسَدِ الزَائِلَةِ جَاهِلِينَ تَمَاماً مَصْدَرَ أَيِّ حَوَادِثٍ أَوْ ظَوَاهِرٍ طَبِيْعِيَّةٍ تَحْصَلُ لَنَا وَبِالتَالِي غَيْرُ قَادِرِينَ عَلَى إِسْتِيعَابِ تَأْثِيرِهَا عَلَيْنَا عَلَى أَيِّ دَرَجَةٍ أَكَانَتْ سَيئَةً أَوْ حَتى مَأْسَاوِيَّةً وَذَلِكَ بِسَبَبِ عَدمِ قُدْرَتِنَا عَلَى رُؤْيَةِ إِلاَّ جُزْءٍ بَسِيطٍ مِنَ الوَاقِعِ نَشْعُرُ

بِأَنَّها حَوادِثٌ مُفاجِئَةٌ. فَكَيْفَ إِذاً نَسْتَطِيعُ أَنْ نَتَجاوَبَ بِشَكْلٍ صَحِيحٍ مَعَ ما يَحْدُثُ لَنا إِذا لَمْ نَكُنْ قادِرِينَ عَلَى رُؤْيَةِ صُورَةِ الواقِعِ الكامِلَةِ؟

الإِنْسانُ هُوَ أَعْلَى دَرَجاتِ الخَلِيقَةِ إِذْ أَنَّهُ كائِنٌ مُفَكِّرٌ ذَكِيٌّ وَلَكِنَّهُ مُنْفَصِلٌ تَماماً عَنْ حَقِيقَةِ الواقِعِ. وَعِنْدَما يَمْلَئُهُ الفَخْرُ عَلَى أَنَّهُ كائِنٌ ذَكِيٌّ فَهَذا بُرْهانٌ عَلَى ضَعْفِ مُسْتَوَى نُمُوِّهِ إِذْ أَنَّهُ غَيْرُ مُدْرِكٍ وَلا حَتى لِلْدَرَجَةِ التِي يُوجَدُ فِيها. فَكُلَّما إِرْتَقَيْنا فِي إِدْراكِنا وَإِحْساسِنا بِالعالَمِ الرُوحِيِّ كُلَّما إِزْدادَتْ قُوَّةُ إِدْراكِنا لِنِظامِ الحَدَثِ وَالعاقِبَةِ وَالذِي يَسِيرُ الكَوْنُ بِمُوجِبِهِ، لِنَفْهَمَ ما يَحْدُثُ لَنا وَنَتَجاوَبُ مُتَفاعِلِينَ مَعَ الواقِعِ بِشَكْلٍ إِيجابِيٍّ لِنَكُنْ عُنْصُراً فَعّالاً فِي الكَوْنِ. عِلْمُ الكابالا يُعْطِينا الأَداةَ الضَرُورِيَّةَ لِمَعْرِفَةِ مُسْتَوَى الإِدْراكِ المادِيِّ لِمُحِيطِنا وَيُمَكِّنُنا مِنَ الخُرُوجِ مِنْهُ لِنَتَمَكَّنَ مِنَ الوُصُولِ إِلَى ما وَراءَ حُدُودِ الزَمانِ وَالمَكانِ وَالحَياةِ وَالمَوْتِ وَنَبْدَأُ فِي إِتِّخاذِ دَوْرٍ فَعّالٍ لِنَسْتَطِيعَ أَنْ نَكُونَ قادِرِينَ عَلَى التَحَكُّمِ بِأَفْعالِنا بِشَكْلٍ صَحِيحٍ، العَمَلُ الذِي فَشِلْنا بِالقِيامِ بِهِ.

سُؤَال٢٧: لَقَدْ قَرَأْتُ أَنَّ عِلْمَ الكابالا يُنَمِّي القُدْرَةَ عَلَى إِحْساسِ عَوامِلِ الواقِعِ وَالعالَمِ الرُوحِيِّ بِدَرَجاتِهِ، وَلَكِنْ أَنا فَهِمْتُ أَيْضاً أَنَّ الزَمانَ وَالمَكانَ لا يُوجَدانِ وَلا يُوجَدُ غَيْرَ عالَمٍ واحِدٍ وَلا يُوجَدُ أَيُّ شَيْءٍ إِلَى جانِبِ الخالِقِ، كَيْفَ إِذاً أَسْتَطِيعُ رُؤْيَةَ الواقِعِ بِشَكْلٍ صَحِيحٍ؟

فِي كُلِ مَرَةٍ يُحاوِلُ فِيها الناسُ فَهْمَ واقِعٍ جَدِيدٍ وَمُخْتَلِفٍ نَجِدُ أَنَّهُم يَسْتَعْمِلُونَ المَعْرِفَةَ نَفْسَها التِي يَسْتَخْدِمُونَها فِي فَهْمِ الواقِعِ الذِي يَعِيشُونَ بِهِ. مِنْ خِلالِ عِلْمِ حِكْمَةِ الكابالا نَسْتَطِيعُ إِحْرازَ المَفْهُومِ الحَقِيقِيِّ لِلعالَمِ الرُوحِيِّ وَفَهْمِ عالَمِنا بِأَكْثَرِ وُضُوحٍ. فَالواقِعُ مُرَكَّبٌ مِما يَلِي:

إكتِشَافُ أَسْرَارِ الوُجُودِ - سُؤَال وَجوَاب

١- المَادَةُ

٢- شَكْلٌ مُكْتَسِيٌّ بِالمَادَةِ "الكَثَافَةِ".

٣- أَشْكَالٌ مُجَرَّدَةٌ.

٤- الجَوْهَرُ.

بِمَا أَنَّنَا خُلِقْنَا مِنَ المَادَةِ نَسْتَطِيعُ إِحْرَازَ المَادَةِ وَالشَكْلِ المُكْتَسِي بِالمَادَةِ وَلَكِنْ لا نَسْتَطِيعُ إِحْرَازَ أَيِّ شَكْلٍ مُجَرَّدٍ مُنْفَصِلٍ عَنْ المَادَةِ. وَبِالرَغْمِ مِنْ عَدَم قُدْرَتِنَا فِي إِحْرَازِ الأَشْكَالِ المُجَرَّدَةِ وَالجَوْهَرِ إِلاَّ أَنَّهُم مَوْجُودِينَ. فَالجَوْهَرُ يَأْتِي فِي البِدَايَةِ وَمِنْ ثَمَّ الشَكْلُ المُجَرَّدُ وَبَعْدَهَا يَأْتِي الشَكْلُ المُكْتَسِيُ بِالمَادَةِ، وَأَخِيرَاً تَأْتِي المَادَةُ وَالَتِي تَكْسِي الكُلْ. عِلْمُ الكَابَالا يُعَالِجُ إِدَارَةَ الوَاقِعِ، وَبِمَا أَنَّ الإِنْسَانَ هُوَ مَوْضُوعُ البَحْثِ فَإِنَّ إِحْرَازَ العِلْمِ يَكُونُ فِيْهِ. إِنَّ الإِحْسَاسَ بِمِيزَاتِ وَصِفَاتِ الخَالِقِ هُوَ الشَكْلُ المُكْتَسِي بِالمَادَةِ. السَعْيُّ وَرَاءَ إِحْرَازِ العَالَمِ الرُوحِيِّ هُوَ الإِسْتِحْوَاذُ التَدْرِيجِيُّ عَلَى شَكْلٍ حَقِيقِي وَأَكْثَرَ تَمَاثُلاً مَعَ سِمَاتِ الخَالِقِ مِنْ مَحَبَّةٍ وَعَطَاءٍ مُطْلَقٍ. وَالإِنْسَانُ هُوَ الوَحِيْدُ القَادِرُ عَلَى زِيَادَةِ سُرْعَةِ التَقَدُّمِ عَلَى الطَرِيقِ نَحْوَ الإِرْتِقَاءِ إِلَى العَالَمِ الرُوحِيِّ. مِنْ أَجْلِ هَذَا الهَدَفِ أُعْطِيَ لَنَا عِلْمُ حِكْمَةِ الكَابَالا.

سؤَال ٢٨: وَمَا بِخُصُوصِ عَدَمِ الإِحْسَاسِ بِالوَقْتِ؟

أَنْتَ عَلَى حَقْ. فَإِنَّهُ مِنَ الصَعْبِ فَهْمَ عَدَم القُدْرَةِ عَلَى الإِحْسَاسِ بِالوَقْتِ وَلَكِنْ فِي العَالَمِ الرُوحِيِّ لَيْسَ الوَقْتُ إِلاَّ عِبَارَةً عَنْ تَغْيِيرَاتٍ فِي مَجَالِ الأَحَاسِيسِ وَالشُعُورِ عِنْدَ الإِنْسَانِ. حَتَى فِي عَالَمِنَا هَذَا نَحْنُ نَشْعُرُ

كَيْفَ أَنَّ الوَقْتَ أَحْيَاناً يَمُرُّ بِسُرْعَةٍ فَائِقَةٍ أَوْ عَلَى العَكْسِ وَكَأَنَّهُ يَقِفُ ثَابِتاً وَعِنْدَمَا نَرْقُدُ لِلنَوْمِ نَجِدُ أَنَّ الوَقْتَ سَائِراً كَالعَادَةِ عَلَى خِلَافِ الوَضْعِ فِي العَالَمِ الرُوحِيِّ. فَاللَحْظَةُ فِي العَالَمِ الرُوحِيِّ هِيَ المُرُورُ مِنْ مِيزَةٍ إِلَى أُخْرَى فِي مَجَالِ التَغْيِيرِ الَذِي يَمُرُّ بِهِ الإِنْسَانُ فِي خُضُوعِهِ لِتَصْحِيحِ الأَنَا فِيْهِ فِي سَعْيِهِ فِي التَقَرُّبِ مِنَ الخَالِقِ.

إِنَّ التَشْوِيشَ الَذِي تَشْعُرُ بِهِ الآنَ هُوَ شُعُورٌ يَنْتَابُ كُلَّ إِنْسَانٍ يُحَاوِلُ مُقَارَنَةَ المَفَاهِيمِ المَادِيَّةِ مَعَ المَعْلُومَاتِ القَلِيلَةِ الَتِي وَصَلَ إِلَيْهَا فِي مَعْرِفَتِهِ لِلعَالَمِ الرُوحِيِّ. هَذِهِ مَرْحَلَةٌ عَابِرَةٌ وَلا يَتَوَجَّبُ عَلَيْكَ الخَوْفَ مِنْ مَرْحَلَةِ التَشْوِيشِ هَذِهِ وَالَتِي تَصْتَحِبُ مَعَهَا الشُعُوْرَ بِالفَشَلِ وَاليَأْسِ وَمَا إِلَى آخِرِهِ مِنْ هَذِهِ الأَحَاسِيسِ. كُلُّ هَذِهِ الأَحَاسِيسِ ضَرُورِيَّةٌ لِلْمُسْتَقْبَلِ لِيَكُوْنَ بِإِمْكَانِكَ الشُعُوْرَ بِعَكْسِ كُلِّ هَذِهِ الأَحَاسِيسِ الَتِي مَرَرْتَ بِهَا "بِنَاءً عَلَى قَانُوْنِ التَبَايُنِ"، وَيَكُوْنُ بِإِمْكَانِكَ أَنْ تَخْتَبِرَ شُعُوْرَ الإِنْجَازِ وَالكَمَالِ وَالنُوْرِ.

سُؤَال٢٩: لَقَدْ وَرَدَ أَنَّ الآرِي وَجَدَ عِلْمُ الكَابَالا العَصْرِيِّ وَبَعْدَهَا تَجَدَّدَ مَعَ ظُهُوْرِ صَاحِبِ السُلَّمِ وَلَكِنْ كَيْفَ يَكُوْنُ هَذَا مُمْكِناً؟ إِذَا كَانَ عِلْمُ حِكْمَةِ الكَابَالا هُوَ النَظَرِيَّةُ الَتِي أُعْطِيَتْ مِنَ الخَالِقِ نَفْسَهُ كَيْفَ يَكُوْنُ مِنَ المُمْكِنِ تَغْيِيرَهُ؟ عَلاوَةً عَلَى ذَلِكَ كَيْفَ يَسْتَطِيعُ النَاسُ تَغْيِيرَهُ؟

إِنَّ لُغَةَ عِلْمِ حِكْمَةِ الكَابَالا هِيَ لُغَةُ السَفِيرَاتِ وَهِيَ لُغَةٌ بَالِغَةُ الدِقَةِ وَمُتْقَنَةٌ وَشَدِيدَةُ العِنَايَةِ بِالتَفَاصِيلِ لأَجْلِ شَرْحِ وَوَصْفِ العَالَمِ. عِلْمُ الكَابَالا يَحْتَوِي فِي مَضْمُونِهِ عَلَى عِدَةِ لُغَاتٍ فَرْعِيَّةٍ أَيْضاً فَهُنَاكَ لُغَةُ النُوْرِ وَلُغَةُ الإِنَاءِ الرُوحِيِّ وَلُغَةُ النَسِيجِ الَذِي يَرْبِطُ بَيْنَهُمَا وَلُغَةُ الأَحْرُفِ وَالأَرْقَامِ فِي قِيَاسِ الدَرَجَاتِ فِي العَالَمِ الرُوحِيِّ وَأَخِيراً لُغَةُ الرُسُومَاتِ أَوْ المُخَطَطَاتِ. بِمَا أَنَّ

تَطوُرَ النَفْسِ البَشَرِيَّةِ يَخْتَلِفُ بَيْنَ الجِيلِ وَالآخَرِ كَمَا نَرَى نَحْنُ هَذَا بِوُضُوحٍ، فَإِنَّ جِيلَ أَجْدَادِنَا يَخْتَلِفُ عَنْ جِيلِنَا نَحْنُ مِنْ نَاحِيَةِ التَقَدُّمِ الَذِي أَحْرَزَتْهُ البَشَرِيَّةُ فِي هَذِهِ الفَتْرَةِ القَصِيرَةِ، لِذَلِكَ يُرْسِلُ الخَالِقُ عَالِمَ كَابَالا إِلَى كُلِ جِيلٍ لِيُعِيدَ كِتَابَةَ شُرُوحَاتِ الكَابَالا فِي لُغَةٍ تَتَنَاسَبُ مَعَ الجِيلِ لِتَتَمَكَّنَ النَفْسُ البَشَرِيَّةُ فِي مُتَابَعَتِهَا فِي النُمُوِ وَالتَقَدُمِ نَحْوَ العَالَمِ الرُوحِيِّ.

سُؤَال٣٠: هَلْ أَنَّ الفَرْقَ بَيْنَ الدِيَانَةِ اليَهُودِيَّةِ وَعِلْمُ الكَابَالا هُوَ أَنَّ اليَهُودِيَّةِ هِيَ دِيَانَةٌ وَأَنَّ عِلْمَ الكَابَالا هُوَ حِكْمَةٌ عَقْلانِيَّةٌ وَالإِدْرَاكُ الفَهْمِيّ لِلأُمُورِ؟

عِلْمٌ الكَابَالا هُوَ حِكْمَةُ إِظْهَارِ نُورِ الخَالِقِ وَنِظَامُ إِحْرَازِ العَالَمِ الأَعْلَى وَالَذِي هُوَ مَنْشَأُ الحَقُ السَامِي وَالمَعْرِفَةُ العُلْيَا وَالدِينِ لا يَتَعَامَلَ بِهَذِهِ الأُمُورِ وَلا يُعَالِجُهَا عَلَى أَيِّ شَكلٍ مِنَ الأَشْكَالِ. فَالشَخْصُ المُتَدَيِّنُ يَكُونُ مِنَ المُتَوَجِّبِ عَلَيْهِ مَعْرِفَةَ إِتِبَاعِ المَبَادِئِ التِي تُفْرَضُ عَلَيْهِ فِي إِطَارِهَا الخَاصِ بَيْنَمَا عِلْمُ الكَابَالا يُوَجِهُنَا إِلَى إِحْرَازِ العَالَمِ الرُوحِيِّ.

سُؤَال٣١: هَلْ يُوجَدُ أَيُّ تَكَافُؤٍ بَيْنَ الكَابَالا وَأَيِّ دِينٍ؟

لا. لا يُوجَدُ أَيُّ نَوعٍ مِنَ التَكَافُؤِ أَوْ التَوَازِي أَوْ التَعَادُلِ لِعِلْمِ الكَابَالا مَعَ أَيِّ دِينٍ لأَنَّ حِكْمَةَ الكَابَالا هِيَ عِلْمٌ وَلا عَلاقَةَ لَهَا بِأَيٍّ مِنَ الأَدْيَانِ، أَوْ أَنْوَاعِ الإِيمَانِ، أَوْ أَنْوَاعِ التَأَمُلِ أَوْ النَظَرِيَاتِ الشَائِعَةِ فِي هَذَا المَجَالِ وَلا حَتَى لَهَا أَيُّ عَلاقَةٍ بِالدِيَانَةِ اليَهُودِيَّةِ. فَإِذَا سَأَلْتَ أَيَّ يَهُودِيٍّ مُتَدَينٍ عَنْمَا إِذَا كَانَ يَعْرِفُ عِلْمُ حِكْمَةِ الكَابَالا، سَيَكُونُ جُوَابُهُ قَاطِعاً بِأَنَّهُ لا يَعْرِفُ عِلْمَ حِكْمَةِ الكَابَالا وَلا يَرَى أَنَّهُ مِنَ المُتَوَجِّبِ عَلَيْهِ مَعْرِفَتَهُ. وَهَذَا صَحِيحٌ، لأَنَّ

عِلْمَ حِكْمَةِ الكَابَالا لَيْسَ ضَرُورِيَّ لِهَؤُلاءِ المُنْشَغِلِين وَالمُنْهَمِكِينِ فِي الطُقُوسِ الدِينِيَّةِ.

بالإضَافَةِ إلَى مَا وَرَدَ، عِلْمُ حِكْمَةِ الكَابَالا تُكَثِّفُ وَتَزِيدُ مِنْ قُوَةِ الإِرَادَةِ فِي التَقَبُّلِ وَالرَغْبَةِ فِي المَعْرِفَةِ بِنَاءً عَلَى الوَعِي الذَاتِي وَإحْرَازِ العَالَمِ الرُوحِيِّ. أَمَا بِالنِسْبَةِ لِلدِيَانَاتِ الأُخْرَى فَجَمِيعَهَا مَبْنِيَّةٌ عَلَى الزُهْدِ وَالتَقْيِيدِ الذَاتِي.

سُؤَال٣٢: بِنَاءً عَلَى قِرَائَتِي لِكُتُبِكَ قَدْ لاحَظْتُ بِأَنَّ هُنَاكَ بَعْضَ النُصُوصِ لا تَخْلُوُ مِنَ التَشَابُهِ، وَبَعْدَ التَحْقِيقِ فِيهَا وَصَلْتُ إِلَى القَنَاعَةِ بِأَنَّ بَعْضَ المَفَاهِيم الكَابَالِيَّةِ تُشَكِلُ القَاعِدَةَ لِلْكَثِيرِ مِنَ الأَدْيَانِ المَوْجُودَةِ فِي العَالَمِ. وَبِمَا أَنَّ عِلْمُ حِكْمَةِ الكَابَالا لَيْس بِدِينٍ لَكِنْ يَبْدُوُ وَكَأَنَّ لَهُ الإِمْكَانِيَّةَ فِي تَوْحِيْدِ جَمِيع المُسْتَفْحِلِينَ مِنْ مُمَثِّلِي الأَدْيَانِ العَالَمِيَّةِ (وَهَذَا مَوْضُوعٌ يُنَاقَشُ فِي كَثِيرٍ مِنَ الأَحْيَانِ فِي الفَاتِيكَانِ) هَلْ تَرَى أَنَّ هَذَا مُمْكِناً ؟

عِلْمُ الكَابَالا لَمْ يُوجَدُ لِهَدَفِ تَوْحِيدِ الأَدْيَانِ بِمَا أَنَّهُ لا يُوجَدُ لَهُ أَيُّ عَلاقَةٍ مَع أَيٍّ مِنْهَا. الكَابَالا هِيَ العِلْمُ الذِي يَخْتَصُ بِدِرَاسَةِ الجَوْهَرِ الأَسَاسِيِّ لِلإِنْسَانِ وَالعَالَمِ الرُوحِيِّ وَبُنْيَةِ الوُجُودِ بِأَكْمَلِهِ وَالخَالِقِ. إِنَّ نَتِيجَةَ الدِرَاسَةِ وَالبَحْثِ هِيَ فِي اكْتِشَافِ أَنَّ أُمْنِيَاتُ الإِنْسَانِ هِيَ فِي أَنْ يُصْبِحَ كَالخَالِقِ فِي سِمَاتِهِ. بَيْنَمَا الأَدْيَانُ هِيَ عِبَارَةً عَنْ مَزِيجٍ مِنَ الطُقُوسِ المُعَيَّنَةِ مِنْ تَصْمِيمِ وَإِبْتِدَاعِ البَشَرِ لِتُوَفِرَ لَهُمْ الدَعْمَ فِي الوُجُودِ الدُنْيَوِيِّ لِتَعْمَلَ كَمَا الأَفْيُوُنِ لِتَجْلُبَ لَهُمْ الرَاحَةَ النَفْسِيَّةَ. وَلِذَلِكَ قَالَ صَاحِبُ السُلَّمِ أَنَّ الدِينَ الأَمْثَلُ الوَحِيْدُ هُوَ "أَحِبَّ قَرِيبَكَ كَنَفْسِكَ" بِمَا أَنَّهُ المَبْدَأَ الذِي يَعْمَلُ فِي جَمْعِ الخَالِقِ مَعَ المَخْلُوُقِ.

مَا يَدْعُوهُ البَشَرُ بِإِسْمِ الدينِ لَيْسَ هُوَ إِلاَّ طَرِيقَةٌ لِخَلْقِ شُعُورِ الإِسْتِقْرَارِ وَالرَاحَةِ فِي عَالَمِنَا المُتَقَلِّبُ وَالمُتَقَلْقِلُ.

سُؤَال٣٣: مَا هِيَ المَصَادِرُ التِي تَسْتَشْهِدُ مُنوِهاً لَهَا فِي شُرُوحَاتِك عَنْ مَعْنَى الكَابَالا؟

نَسْتَخْدِمُ الشُرُوحَاتُ السُلَّمِيَّةِ لِكِتَابِ الزُوهَارِ لِعَالِمِ الكَابَالا يَهُودَا أَشْلاغ وَالمُلَقَّبُ بِصَاحِبِ السُلَّم وَالذِي يَبْدَأُ بِالمَقَالِ "جَوْهَرُ عِلْمِ حِكْمَةِ الكَابَالا" بِالتَعَرِيفِ التَالِي «**طَرِيقُ الكَابَالا هُوَ لا أَكْثَرَ وَلا أَقَلَّ مِنْ سِلْسِلَةٍ مُتَعَاقِبَةٍ مِنَ الجُذُورِ المُتَمَاسِكَةِ وَالمُتَدَالِيَةِ إِلَى الأَسْفَلِ بِنَاءً عَلَى نَظَرِيَّةِ الحَدَثِ وَالعَاقِبَةِ عَلَى شَكْلِ قَوَانِينِ ثَابِتَةٍ وَمُحَدَدَةٍ تَتَنَاسَجُ كُلَّهَا مُتَمَازِجَةً لِتُشَكِلُ هَدَفاً وَاحِداً وَعَظِيماً نَسْتَطِيعُ وَصْفَهُ بِأَنَّهُ وَحْيُ وَإِظْهَارِ وَرَعِ وَصَلاحِ الخَالِقِ تَعَظَّمَ ذِكْرُهُ تِجَاهَ خَلِيْقَتِهِ فِي هَذَا العَالَمِ "**».

سُؤَال٣٤: فِي مَقَالِ "الوَرْدَة" هُنَاكَ شَرْحٌ لِمَرَاحِلِ أَوْ دَرجَاتِ النُورِ يَقُولُ فِيهَا: "هَذِهِ الأَنْوَارُ الخَمْسَةُ هِي النُورُ الذِي خَلَقَهُ الخَالِقُ فِي اليَوْمِ الأَوَلِ مِنْ خَلْقِ الخَلِيقَةِ، وَكَانَ أدَمُ يَنْظُرُ هَذَا النُورِ مِنْ أَولِ نِهَايَةِ العَالَمِ إِلَى آخِرِهِ". سُؤَالِي هُوَ: لِمَاذَا قَالَ الكِتَابُ مِنْ أَولِ نِهَايَةِ العَالَمِ إِلَى آخِرِ نِهَايَتِهِ وَلَمْ يَقُلْ مِنْ بِدَايَةِ العَالَمِ إِلَى نِهَايَتِهِ؟

بِحَسبِ قُدرَة إِدْراكِنَا لِلأُمُورِ نَحنُ مَوجُودِين وَنَعيشُ بَين خَاصتَين أو صِفتَين مُتميزَتين، مِن جِهةٍ يُوجَدُ خَاصية يَوم الدِين وَمِن الجِهَةِ الأُخْرى هُنَاك خَاصِية الرَحْمَة والعَالَمَ الذِي نَعيشُ فِيه وُضَع فِي الوسَط بَين هَاتين الخَاصتَين اللتين تَحده بِقياس حَجْمه بِالضَبْط وَكَأَنَّهما لِبَاس ذُو القِيَاسِ

الكَامل لَه لِذَلك وَبِسبب هَذا نَحنُ لا نَسْتَطيع رُؤية العَالم مِن بِدَايته وَحتى نَهايته. فَفِي كُل مَرْحلة مِن مَرَاحل النُور يَكُون العَالم فِيها مَحْدود "الكلي" اي الإنَاء الرُوحي لَدَينا وَالتي هِي الشَيء الوَحِيد الذِي بِإمْكَاننا مِن خِلالِهِ إكتِشَاف مَعْرفَة ورُؤية العَالم مِن نُقْطة البِدَاية إلى النِهَاية.

سُؤال٣٥: مِنْ كِتَابَاتِ عَالم الكَابَالا الرَابَاشِ مِنْ مَقَالِ عَدَدِ ٥٤٥ وَالذِي بِعنْوَانِ "العَمَلُ وَنَتِيجَةُ الجَهْدِ" كَتَبَ قَائِلاً "بِأَنَّ مَنْ يَقُولُ أَني بَذَلْتُ جَهْدَاً وَوَجَدْتُ فَهَذَا صَدِّقْهُ" وَلَكِنْ كَيْفَ وَفِي أَيِّ حَالٍ يَكُونُ جَهْدُ الشَخْصِ عَامِلاً مُرتَبِطَاً بِمَا يَجِدْهُ إِذَا كَانَ مَا يَجِدْهُ الإِنْسَانُ "كَلَقِيَّةٍ" يَأتِيهِ مِنْ مَكَانٍ لاَ يَتَوَقَّعَهُ؟ يُصْبِحُ العَالَمُ الأَعْلَى ظَاهِراً لِي كَمَكَانٍ أَبْحَثُ فِيهِ لأَجِدُ مَا أَسْتَطِيعُ إِيجَادَهُ، فَأنَا أُرِيدُ أَنْ أتَلَقَى شَيْئَاً مُعَيَّناً فِي خَاطِرِي وَلَكِنْ فَجْأة أَجِدُ نَفْسِي أَنَّنِي قَدْ وَجَدْتُ شَيْئَاً آخَراً. فَهَا أَنَا قَدْ قَضَيْتُ سِنِيناً عَدِيدَةً أَعْمَلُ جَاهِدَاً فِي البَحْثِ وَالدِرَاسَةِ كَيْ أَحْصَلَ عَلَى مُكَافَأةٍ مُعَيَّنَةٍ. لِمَاذَا إِذَاً مُكَافَأتِي تَحَوَّلَتْ إِلَى "لَقِيَّةٍ" الآنَ؟

المَسألةُ هُنا هي أَنني كُنت أَبحَثُ عَن الهَدفِ عَلى أَسَاس المَعرِفة وَالأَحَاسيسِ التي كَانت لدَي حِينما بَدَأت فِي بِدَاية الطَرِيق وَلَكن مَعَ مُرُور الوَقت وَتَقدمي فِي الدِرَاسة وَالبَحث تَبدأ أفْكاري تَتَغيَّر وَذلك بِوَاسِطة النُورِ الذَي يُنْمي الوعي لدَي إذ يُعطِينِي فِكراً جَديداً وَإحسَاساً جَديداً يَتَناسبُ مَع مَا بَدأت أَجِده, شَيء لم أكن أَتوقعه أَو أَفكر فِيه مِن قَبل. وَهكذا أجِد نفسي أنني أتلقى مَا لَم كُنتُ أسعى وَرَاءه فَبدلاً مِن المُكَافَأةِ التَي كُنت أَترَقَبها وَأود الحُصُول عَليها قد وَجدت شَيئاً آخر يَتَناسَب مَع حَاجتي في المَرحَلة التي أنا فِيها.

فِي عَالَمِنَا الْمَادِّي نَحْنُ نَطْلُبُ الْمُكَافَأَةَ الْمُتَّفَقَ عَلَيْهَا سَابِقاً مُقَابِلَ الْجُهْدِ الْمَبْذُولِ، أَمَّا فِي الْعَالَمِ الرُّوحِيِّ فَالْأَمْرُ يَخْتَلِفُ، إِذْ كُلَّمَا بَدَأَتْ أَهَمِّيَّةُ رَغَبَاتِنَا الْأَنَانِيَّةِ تَتَلَاشَى فَإِنَّ أَحَاسِيسَنَا تَتَغَيَّرُ وَعِنْدَمَا نَتَخَطَّى دَرَجَةً أَعْلَى نَحْوَ الْعَالَمِ الرُّوحِيِّ نَجِدُ بِأَنَّ هُنَاكَ أَشْيَاءَ أُخْرَى تَنْتَظِرُ بِأَنْ نَجِدَهَا لَمْ نَتَوَقَّعْهَا مِنْ قَبْلُ.

سُؤَال ٣٦: لَا أَعْتَقِدُ أَنَّهُ مِنَ الصَّحِيحِ أَنْ تَقُولَ بِأَنَّهُ لَا يُوجَدُ أَيُّ طَرِيقٍ آخَرَ لِإِحْرَازِ الْعَالَمِ الرُّوحِيِّ إِلَّا عَنْ طَرِيقِ عِلْمِ الْكَابَالَا! بَلْ مِنَ الْأَصَحِّ الْقَوْلُ بِأَنَّ جَمِيعَ الطُّرُقِ تَقُودُ الْإِنْسَانَ إِلَى الْخَالِقِ وَلَكِنَّ طَرِيقَ الْكَابَالَا هُوَ أَقْصَرُهَا، أَلَيْسَ هَذَا أَكْثَرَ صِحَّةً وَدِقَّةً؟

سُؤَالِي لَكَ هُوَ كَيْفَ بِإِمْكَانِكَ مَعْرِفَةُ أَنَّ الْكَابَالَا هِيَ أَقْصَرُ هَذِهِ الطُّرُقِ وَهُوَ الطَّرِيقُ الَّذِي يَقُودُكَ إِلَى الْهَدَفِ؟ فَإِنَّ الشَّخْصَ يَسْلُكُ فِي طَرِيقِ الْكَابَالَا مُعْتَمِداً عَلَى تَعْلِيمِ وَتَوْجِيهِ عُلَمَاءِ الْكَابَالَا وَعَلَى الْإِحْسَاسِ الْبَاطِنِيِّ فِي قَلْبِهِ. لَا يُوجَدُ أَيُّ طَرِيقٍ آخَرَ وَلَيْسَ فِي قُدْرَةِ أَيِّ شَخْصٍ رُؤْيَةُ أَوْ مَعْرِفَةُ الطَّرِيقِ سَلَفاً. إِنَّ النُّقْطَةَ فِي قَلْبِ الْإِنْسَانِ وَطُمُوحُهُ وَتَوَقَانِهِ لِلْعَالَمِ الْأَعْلَى يُعْطِيهِ الْإِحْسَاسَ بِأَنَّ عِلْمَ حِكْمَةِ الْكَابَالَا هُوَ الْوَحِيدُ الْقَادِرُ عَلَى تَوْفِيرِ الْأَجْوِبَةِ لِأَسْئِلَتِهِ. أَيْضاً فِي خِيَارِكَ أَنْ تَثِقَ بِعُلَمَاءِ الْكَابَالَا الَّذِينَ اكْتَشَفُوا الطَّرِيقَ بِأَنْفُسِهِمْ وَاصِفِينَ لَكَ كَيْفِيَّةَ الْعُبُورِ بِهِ أَوْ أَنْ تَخْتَارَ أَنْ تَكْتَشِفَهُ بِنَفْسِكَ.

سُؤَال ٣٧: كَيْفَ تَخْتَلِفُ نَظَرِيَّةُ عِلْمِ حِكْمَةِ الْكَابَالَا عَنْ غَيْرِهَا مِنَ النَّظَرِيَّاتِ الْأُخْرَى فِي إِحْرَازِ الْعَالَمِ الرُّوحِيِّ؟

بِإِسْتِثْنَاءِ نَظَرِيَّةِ عِلْمِ حِكْمَةِ الْكَابَالَا صُمِّمَتْ جَمِيعُ النَّظَرِيَّاتِ الْأُخْرَى

وَوُضِعَتْ مِنْ قِبَلِ الإِنْسَانِ. فَإِنَّ البَشَرِيَّةَ تَبْحَثُ مُنْذُ آلَافِ السِنِينَ عَنْ طَرِيقَةٍ تَسْتَطِيعُ مِنْ خِلَالِهَا إِحْرَازَ العَالَمِ الرُوحِيِّ. هَذَا البَحْثُ عَزَّزَ ظُهُورَ وَنُمُوَّ دِرَاسَاتِ الفَلْسَفَةِ وَظُهُورَ نَظَرِيَّاتٍ أُخْرَى كَحَرَكَةِ التَنْوِيرِ الفَلْسَفِيَّةِ وَغَيْرِهَا مِنَ النَظَرِيَّاتِ الَتِي تَسْعَى نَحْوَ الرُوحِيَّةِ وَلَكِنْ وَفِي النِهَايَةِ لَمْ يُجْدِي البَحْثُ وَالبَشَرِيَّةُ لَمْ تَجِدْ أَيَّ شَيْءٍ ذُو قِيمَةٍ.

مِنْ خِلَالِ عِلْمِ الكَابَالَا بَدَأَ العَالَمُ يَرَى طَبِيعَةَ العَالَمِ الَذِي يَعِيشُ فِيهِ بِوُضُوحٍ وَمَا الَذِي يُؤَثِّرُ عَلَيْهِمْ، إِذْ أَخَذُوا فِي مَعْرِفَةِ إِحْرَازِ القُوَاتِ وَالَتِي مِنْ خِلَالِهَا يَسْتَطِيعُونَ أَنْ يَتَعَامَلُوا مَعَ الطَبِيعَةِ بِشَكْلٍ صَحِيحٍ فِي نَفْسِ الوَقْتِ إِدْرَاكَ تَفَاعُلِهِمْ مَعَ مُحِيطِهِمْ وَتَأْثِيرِهِمْ عَلَيْهِ وَتَجَاوُبَ البِيئَةِ أَوِ الطَبِيعَةِ لِهَذَا التَأْثِيرِ أَوْ هَذَا التَفَاعُلِ. فَعِلْمُ الكَابَالَا هُوَ الوَحِيدُ القَادِرُ عَلَى تَزْوِيدِ الإِنْسَانِ بِمَعْرِفَةِ الرَغَبَاتِ الَتِي سَتَظْهَرُ فِي الإِنْسَانِ وَكَيْفِيَّةِ الحُصُولِ عَلَيْهَا وَالقُوَّةِ الَتِي يَحْتَاجُ إِلَيْهَا لِلْحُصُولِ عَلَى هَذِهِ الرَغَبَاتِ. فَهَلْ هُنَاكَ مَا يَبْدُو أَكْثَرَ أَهَمِيَّةً مِنْ هَذِهِ المَعْرِفَةِ لِلْإِنْسَانِ؟ فَإِذَا لَمْ يَكُنْ بِمَقْدُورِ الإِنْسَانِ فَهْمُ ضَرُورَةِ الدِرَاسَةِ وَالبَحْثِ فِي عِلْمِ حِكْمَةِ الكَابَالَا سَتَظْهَرُ فِي حَيَاتِهِ ظُرُوفَاً أَقْسَى مِنَ الَتِي مَرَّ بِهَا فِي السَابِقِ دَافِعَةً إِيَّاهُ نَحْوَ دِرَاسَةِ عِلْمِ الكَابَالَا، فَالإِنْسَانُ يَلْجَأُ إِلَى دِرَاسَةِ الكَابَالَا عِنْدَمَا لَا يُوجَدُ لَدَيْهِ أَيُّ خِيَارٍ آخَرَ.

سُؤَال ٣٨: مَا مَعْنَى الرُوحِيَّةِ؟

بِالرَغْمِ مِنْ أَنَّ الجَمِيعَ يَشْعُرُونَ بِأَنَّهُمْ يَعْلَمُونَ مَا هِيَ الرُوحِيَّةُ وَلَكِنْ فِي الحَقِيقَةِ لَيْسَ لَدَيْهِمْ أَيُّ نَوْعٍ مِنَ التَرَابُطِ مَعَ العَالَمِ الرُوحِيِّ وَلَا حَتَى أَيُّ فِكْرَةٍ عَنْهُ. يَفْتَكِرُونَ بِأَنَّهُمْ قَادِرُونَ عَلَى فَهْمِ العَالَمِ الرُوحِيِّ وَمَعْنَى الرُوحِيَّةِ مِنْ خِلَالِ المُوسِيقَى وَالعِلْمِ أَوْ عِلْمِ النَفْسِ الشَائِعِ. وَلَكِنَّ العَالَمَ الرُوحِيَّ

إكتِشَافُ أَسْرَارِ الوُجُودِ - سُؤَال وَجَوَاب

الحَقِيقِيّ يُمْكِنُ فَهْمهُ فَقَطْ عَنْ طَرِيقِ دِرَاسَةِ عِلْمُ حِكْمَةِ الكَابَالا إِذْ أَنَّهُ نَظَرِيَّةٌ مُوجَزَةٌ وَوَاضِحَةٌ وَيَجِبُ أَنْ تُدرَّس مِنْ قِبَلِ مُعَلِّم كَابَالا حَقِيقِيّ. فَلا المُوسِيقَى أَوْ أَيٍّ مِنَ التَجَارُبِ النَفْسِيَّةِ المَشْبُوهَةِ أَوْ المُرِيبَةِ تَسْتَطِيعُ أَنْ تَصِلَ بِالإِنْسَانِ إِلَى إِحْرَازِ العَالَمِ الرُوحِيِّ. فَبِإِمْكَانِ أَيِّ شَخْصٍ تَسْمِيَةَ مَا يَكْتَشِفَهُ مِنْ خِلالِ التَأَمُلِ وَالتمَارِينِ التِي تَصْتَحِبَهُ أَوْ المُوسِيقَى الخَاصَةُ بِهِ عَلَى أَنَّهَا "عَالَمٌ رُوحِيٌّ" وَلَكِنْ كُلَّ هَذِهِ لَيْسَتْ بِالرُوحِيَّةِ أَوْ العَالَمُ الرُوحِيُّ الذِي أَتكَلَّمُ عَنْهُ.

إِنَّ العَالَمَ الرُوحِيَّ الذِي أَتكَلَّمُ عَنْهُ يَكُونُ مِنَ المُمْكِنِ إِظْهَارَهُ فَقَطْ مِنْ خِلالِ عِلْمُ حِكْمَةِ الكَابَالا. فَدِرَاسَةُ نَظَرِيَّةِ الكَابَالا تَتَكَوَّنُ مِنْ نِظَام مُركَب يَشْمُلُ عَمَلَ الإِنْسَانِ نَفْسَهِ وَالذِي مِنْ خِلالِهِ يَسْتَطِيعُ أَنْ يَجْذُبَ عَلَيْهِ نُوراً خَاصاً. هَذَا النُورُ يَحْتَوِي عَلَى قُوَّةٍ خَاصَةٍ وَالتِي تَعْمَلُ عَلَى إِيقَاظِ الرَغْبَةِ لِلْرُوحِيَّةِ فِينَا وَهِيَ الرَغْبَةُ التِي يَشْعُرُ فِيهَا الإِنْسَانُ، فَبِالرَغْم مِنْ أَنَّهُ يَعِيشُ فِي هَذَا العَالَمِ وَلَكِنْ عَقْلَهُ وَرَغَبَاتَ قَلْبِهِ تَعْمَلُ عَلَى مَوْجَةٍ أَوْ دَرَجَةٍ مُخْتَلِفَةٍ تَمَاماً وَكَأَنَّهُ يَخْتَرِقُ بِهِمَا عَالَمَاً آخَراً أَوْ حَاجِزاً غَيْرَ مَرْئِيٍّ. هَذَا إِحْرَازٌ مِنْ غَيْرِ المُمْكِنِ أَنْ يَكُونَ وَاضِحاً لِلْعِيَانِ أَوْ أَنْ يُمْنَحَ لأَيِّ شَخْصٍ آخرٍ، وَالإِنْسَانُ الذِي لَمْ يَتَوَصَّلْ لِهَذَا بِنَفْسِهِ يَكُونُ مِنَ الصَعْبِ فَهْمَ هَذَا الإِحْسَاسِ وَتَفْسِيرَهُ إِذْ أَنَّهَا تَجْرُبَةٌ فَرِيدَةٌ مِنْ نَوْعِهَا وَحَمِيمَةٌ بِشَكْلٍ تَامٍ إِذْ أَنَّهَا حِسٌ وَشُعُورٌ قَوِيٌّ يَتَمَكَّنُ الإِنْسَانُ مِنَ الوُصُولِ إِلَيْهِ عَنْ طَرِيقِ دِرَاسَةِ عِلْمُ حِكْمَةِ الكَابَالا فَقَطْ.

حِكْمَةُ الكَابَالا هِيَ طَرِيقَةُ وَنَظَرِيَّةُ اكْتِشَافِ العَالَمَ الرُوحِيِّ وَإِحْرَازِهِ مِنْ خِلالِ إِرْتِقَاءِ الدَرَجَاتِ الرُوحِيَّةِ. مِنَ المُمْكِنِ أَنْ تَكُونَ المُوسِيقَى كَابَالِيَّةٌ وَلَكِنَّهَا ثَانَوِيَّةٌ كَمَا فِي إِرْتِفَاعِ الحَرَارَةِ أَوْ إِنْخِفَاضِ الضَغْطِ وَالتِي تُعْتَبَرُ أَشْيَاءَ

ثَانَوِيَّةً فِي أَيِّ العَمَلِيَاتِ الكِيمِيائِيَّةِ، فَكُلَّمَا سَعَيْنَا فِي إِحْرَازِ دَرَجَةٍ مُعَيَّنَةٍ وَالحُصُولُ عَلَى نَتِيجَةٍ مُحَدَدَةٍ نَتَلَقَّى بَعْضَ الأَشْيَاءِ الثَانَوِيَّةِ.

سُؤال ٣٩: هَلْ هَذَا يَعْنِي أَنَّهُ لا يُوجَدُ مُوسِيقَى فِي الكَابَالا؟

عَالِمُ الكَابَالا قَادِرٌ عَلَى إِظْهَارِ أَحَاسِيسِهِ مِنْ خِلالِ المُوسِيقَى، وَبِكِتَابَتِهَا يَسْتَطِيعُ خَلْقَ أُسْلُوبٍ جَدِيدٍ فِي الدِرَاسَةِ أَو يَسْتَطِيعُ إِضَافَةَ عُنْصُرٍ جَدِيدٍ لِمَرَاحِلِ الدِرَاسَةِ. لِذَلِكَ إِنَّ المُوسِيقَى وَالأَغَانِي فِي عِلْمِ حِكْمَةِ الكَابَالا هِيَ وَسَائِلٌ إِضَافِيَّةٌ لِلتَعْبِيرِ فَقَطْ. أَمَا إِحْرَازُ الإِنْسَانِ لِلعَالَمِ الرُوحِيِّ يَتِمُ فَقَطْ عَنْ طَرِيقِ دِرَاسَةِ حِكْمَةِ الكَابَالا.

سُؤال٤٠: هَلْ فِي الحَقِيقَةِ يُوجَدُ مَا يُدْعَى الحَاسَةُ السَادِسَةُ فِي عِلْمِ الكَابَالا؟

فَقَطْ مِنْ خِلالِ نِظَامِ عِلْمِ الكَابَالا يَسْتَطِيعُ الإِنْسَانُ إِحْرَازَ الحَاسَةِ السَادِسَةِ لِسَبَبِ أَنَّ كُلَّ النَظَرِيَّاتِ الأُخْرَى ذُو أَسَاسٍ مَحْدُودٍ. فَكُلُّ نِظَامٍ آخَرٍ مَبْنِيٌّ عَلَى نِظَامِ قَمْعٍ وَكَبْتِ الأَنَا أَوْ الرَغْبَةَ فِي التَقَبُّلِ عِنْدَ الإِنْسَانِ، فَنُلاحِظُ عَلَى سَبِيلِ المِثَالِ أَنَّنَا نُحَاوِلُ أَنْ نَأكُلَ الكَمَّ القَلِيلَ أَوْ نُرَكِزُ تَفْكِيرَنَا عَلَى فِكْرَةٍ وَاحِدَةٍ، نُغْلِقُ أَنْفُسنَا عَنْ الآخَرِينَ بِعُزْلَةٍ شَدِيدَةٍ وَنَعِيشُ فِي وِحْدَةٍ.

عِلْمُ حِكْمَةِ الكَابَالا يَنْهَجُ نَهْجاً مُخْتَلِفاً تَمَاماً إِذْ أَنَّهُ يُنَمِي الإِرَادَةَ فِي التَقَبُّلِ عِنْدَ الإِنْسَانِ وَيَزِيدُ مِنْ كَثَافَتِهَا إِلَى الحَدِّ المُسْتَطَاعِ إِذْ أَنَّهُ يَزِيدُ مِنْ أَنَانِيَّةِ الأَنَا لَدَى الإِنْسَانِ بَيْنَمَا جَمِيعُ النَظَرِيَّاتِ الأُخْرَى تَهْدِفُ تِجَاهَ التَقْيِيدِ وَالحَصْرِ وَالزُهْدِ وَالتَنَسُّكِ وَلِذَلِكَ السَبَبُ لا يُمْكِنُ اسْتِخْدَامَ هَذِهِ الطُرُقِ لِتَجْعَلَ الإِنْسَانَ قَادِراً عَلَى أَنْ يَتَقَبَّلَ وَاقِعاً شَامِلاً وَوَاسِعَ الإِدْرَاكِ يَسْتَطِيعُ العَمَلَ فِيهِ بِحُرِيَّةٍ.

هَؤُلاءُ الَذِينَ يَعْزِلُونَ وَيُقَيِّدُونَ أَنْفُسَهُمْ يَعْتَقِدُونَ بِأَنَّهُمْ قَادِرِينَ عَلَى الإِحْسَاسِ بِشَيءٍ مَا وَلَكِنْ فِي الوَاقِعِ كُلُّ مَا يَشْعُرُونَ بِهِ هُوَ إِضْمِحْلالُ وَزَوَالُ الأَنَا لا أَكْثَرْ. وَقَدْ يَشْعُرُونَ أَنَّهُمْ عَلَى حَالٍ أَفْضَلٍ مِنْ ذِي قَبْلٍ بِمَا أَنَّهُم أَلْغُوا بَلْ قَامُوا بِمَحْوِ كَافَةَ رَغَبَاتِهِمْ وَبِذَلِكَ يَبْدُو لَهُمْ بِأَنَّهُم إِرْتَقُوا فَوْقَهُمْ مِمَا يُشعِرَهُمْ بِالكَمَالِ. وَلَكِنْ فِي الحَقِيقَةِ هَذَا الشُّعُورُ لَيْسَ عَائِدٌ إِلَى إِرْتِقَائِهِمْ بَلْ أَنَّهُ نَتِيجَةَ النَقْصِ فِي حَاجَاتِهِمْ أَيْ رَغَبَاتِهِمْ. مِنَ المُمْكِنِ أَنْ يَبْدُوَ لَهُمْ الأَمْرُ عَلَى أَنَّهَا هَذِهِ هِيَ الرُوحِيَّةُ وَلَكِنْ لَيْسَ هكَذَا النُمُوُ الحَقِيقِيُّ بَلْ بِالأَحْرَى لَيْسَ هُوَ إِلاَّ تَرَاجُعٌ وَتَرَدِي وَنُكُوصٌ. فَإِنَّ الإِنْقَاصَ وَتَصْغِيرَ الذَاتِ يَتَنَاقَضُ مَعَ مَبْدَأ قَانُونِ الطَبِيعَةِ وَالمَبْنِيُّ عَلَى النُمو المُتَضَاعَفِ وَالَذِي يُؤَدِي إِلَى تَصْحِيحِ الطَبِيْعَةِ الإِنْسَانِيَّةِ مُنْتِجاً إِحْسَاساً بِالكَمَالِ وَالإِكْتِفَاءِ التَامِ فِي إِشْبَاعِ الرَغْبَةِ وَالَذِي لا يَزُولُ أَوْ يَتَلاشَى بَعْدَ إِحْرَازِه.

سُؤَال٤١: لِمَا يُوجَدُ الكَثِيرُ مِنَ المُيُولِ وَالنزَعَاتِ فِي الكَابَالا؟

نَحْنُ فِي زَمَنٍ سَنَرَى فِيهِ مِيزَةَ وَجَوْدَةَ وَتَفَوُقَ نَظَرِيَّةَ عِلْم الكَابَالا وَالنِظَامُ الَذِي وَضَعَهُ عَالِمُ الكَابَالا يَهُودَا أَشْلاغ فِي إِحْرَازِ العَالَمِ الرُوحِيِّ يَنْتَشِرُ بِشَكْلٍ وَاسِعٍ. يُوجَدُ الآنَ مَكَاناً لِكُلِ شَخْصٍ وَلِكُلِ النزَعَاتِ. فَإِنَّ كُلَّ مَا يُوجَدُ مِنْ مُخْتَلَفِ النَزَعَاتِ وُجِدَتْ لِهَدِفِ إِظْهَارِ أَصَالَةَ وَصُدْقَ حِكْمَةِ الكَابَالا. فَإِنَّ النُفُوسَ التِي تُوجَدُ فِي عَالَمِنَا عَلَى مُخْتَلَفِ دَرَجَاتِ نُمُوهَا مَا زَالَ البَعْضُ مِنْهَا لَمْ يَكْتَسِبْ رَغْبَةً حَقِيقِيَّةً لِعِلْم الكَابَالا وَمِنْ نَاحِيَةٍ أُخْرَى هُنَاكَ مِنَ الآخَرِينَ مِمَنْ يَأْتُوا إِلَيْنَا وَبَعْدَ فَتْرَةٍ يُغَادِرُونَا. أَنَا أُومِنُ بِأَنَّهُ يَجِبُ أَنْ تَكُونَ حُرِيَّةٌ لِلإِنْسَانِ أَنْ يَخْتَارَ طَرِيقَهُ بِنَفْسِه.

لَمَا أَتَيْتُ لِمُعَلِّمِي سَأَلْتُهُ قَائِلاً "لَقَدْ حَاوَلْتُ دِرَاسَةَ عِلْمِ الكَابَالا عَلَى يَدِ

مُعَلِّمِينَ آخرِينَ فَكَيْفَ بِإمْكَانِي أَنْ أَعْلَمَ بِأَنَّ هَذا هُوَ المَكَانُ الصَحِيحُ الَذِي أَتَلَقَّى فِيهِ العِلْمُ الحَقِيقِيُّ؟" فِي ذَلِكَ الوَقْتُ كَانَ لَدَيَّ الثَالِثَةَ وَالثَلاثِينَ مِنَ العُمْرِ وَكَانَ مُعَلِّمِي فِي الخَامِسَةِ وَالسَبْعِينَ مِنَ العُمْرِ. أَجَابَنِي قَائِلاً "لا يُوجَدُ عِنْدِي جَوَابٌ لَكَ فَهَذا شَيءٌ يَشْعُرُ بِهِ الإِنْسَانُ فِي قَلْبِهِ. يَجِبُ عَلَيْكَ أَنْ لا تُصَدِقَ أَحَداً. وَأَنَا أَنْصَحكَ وَأَقُوْلُ لَكَ بِأَنَّ مَا تَشْعُرُ بِهِ فِي قَلْبِكَ هُوَ الأَكْثَرُ قَوامٌ وَالأَكْثَرُ صِحَّةً وَهُوَ الَذِي سَيَقُوْدكَ إِلَى المَكَانِ الصَحِيح وَالَذِي تَرْغَبُ فِي الوُصُوْلِ إِلَيْهِ، وَلَكِنْ يَجِبُ عَلَيْكَ أَنْ لا تَتَوَافَقَ مُتَوَصِلاً إِلَى التَسْوِيَةِ مَعَ أَيِّ شَيءٍ، إِنْتَقِدْ وَاحْتَرِسْ مِنْ كُلِّ شَيءٍ فَالغَرَضُ الأَهَمُّ هُوَ أَنْ تَكُوْنَ مُتَحَرِراً مِنْ أَيِّ أَنْوَاعِ التَحيُّزِ وَمِنْ تَعْلِيمِ العَامَةِ وَمِنَ الرَأيِ العَامِ. إِجْعَلْ نَفْسكَ حُرَاً مِنْ أَيِّ شَيءٍ عَرَضِيٍّ وَغَيْرُ جَوْهَرِي وَحَاوِلْ أَنْ تَمْتَصَّ بِإسْتِيعَابِ الطَرِيقِ الَذِي تُمْلِيهِ عَلَيْكَ طَبِيْعَتَكَ إِذْ أَنَّ هَذا هُوَ الأَكْثَرُ صُدْقاً لأَنَّ أَيُّ ثَقَافَةٍ خَارِجِيَّةٍ وَأَيُّ آرَاءٍ خَارِجِيَّةٍ لَيْسَتْ إِلاَّ عِبَارَةً عَنْ إِكْرَاهٍ وَإِجْبَارٍ".

سُؤَال٤٢: أَلَيْسَتْ الكَابَالا نَوْعٌ مِنَ التَصوُّفِ مِثَالَ غَيْرِهَا فِي العَالَمِ؟

لا. إِنَّ الكَثِيرَ مِمْنْ يُرِيدُوْنَ تَصْنِيفَ عِلْمَ حِكْمَةِ الكَابَالا تَحْتَ وَسْمِ التَصوُّفِ أَوْ البَرَكَاتِ وَاللَعَنَاتِ أَوْ السِحْرِ وَالتَعْوِيذَاتِ وَإِلَى مَا غَيْرُهُ مِنْ هَذِهِ البِدَعِ، فَكُلُّ هَذِهِ إِرْتَبَطَتْ بِإِسْمِ الكَابَالا لِسَبَبِ أَنَّ عِلْمَ حِكْمَةِ الكَابَالا مُنِعَ عَنْ العَامَةِ وَحُرِّمَتْ دِرَاسَتَهُ. إِنَّ عَالِمَ الكَابَالا الآرِي كَتَبَ مُوَضِّحَاً أَنَّ اسْتِخْدَامَ التَعْوِيذَاتِ وَالبَرَكَاتِ وَجَمِيعُ أَنْوَاعِ السِحرِ مَمْنُوْعٌ إِذْ أَنَّه لَيْسَ لَهُ أَيُّ صِلَةٍ بِالكَابَالا.

حِكْمَةُ الكَابَالا هِيَ عِلْمٌ يُعَالِجُ وَيُعَلِّمُ قَانُوْنَ الوَاقِعِ وَالَذِي نَحْنُ جُزْءٌ مِنْهُ، فَمِنْ خِلالِهِ نَسْتَطِيعُ مَعْرِفَةَ قَوَانِينِ هَذَا الوَاقِعِ وَمَعْرِفَةَ قَوَانِينِ العَالَمِ الرُوْحِيِّ

وَالَذِي هُوَ مَصْدَرُ كُلِّ مَا يَأْخُذُ مَجْرَاهُ فِي عَالَمِنَا الَذِي نَعِيْشُ فِيهِ إِذْ أَنَّ هَذِهِ القَوَانِينِ هِيَ المَبَادِئُ المُشْتَرَكَةُ وَالَتِي تَشْتَمِلُ عَلَى جَمِيع قَوانِينِ العُلُوم المَوْجُودَةِ فِي العَالَمِ. فَالكَابَالا لَيسَتْ نَوْعٌ مِنْ أَنْوَاعِ الإِيمَانِ أَوْ مَنْظُورٍ تَصْوِيرِيٍّ لِحَيَاةٍ غَيْرُ مَرْئِيَّةٍ بَلْ عَلَى العَكْسِ تُقَدِمُ الكَابَالا القَوَانِينَ الصَحِيحَةَ وَالوَاضِحَةَ وَالَتِي تَصِفُ بُنْيَةَ العَالَمِ الأَعْلَى وَالوُجُودِ بِكَامِلِهِ.

عِنْدَ دِرَاسَةِ عِلْمُ حِكْمَةِ الكَابَالا نَبْدَأُ فِي اكْتِسَابِ المَعْرِفَةِ عَنْ الوُجُودِ بِكَامِلِهِ إِذْ نَكْتَشِفُ العَالَمَ الرُوحِيَّ وَنَسْتَطِيعُ إِحْرَازَهُ لِيَكُنْ بِإِمْكَانِنَا فَهْمَ الوَاقِعِ الشَامِلِ لِلْوُجُودِ. مِنْ هَذِهِ النُقْطَةِ نَبْدَأُ فِي العَمَلِ مِنْ دَاخِلِ نَفْسِنَا وَلَيْسَ مِنْ قُوَّةِ الجَسَدِ العَضَلِيَّةِ فَالإِنْسَانُ لَيْسَ هُوَ الجَسَدُ الزَائِلُ بَلْ أَنَّهُ النَفْسَ الَتِي مَا زَالَ يُحَاوِلُ مَعْرِفَتَهَا وَالإِحْسَاسَ بِهَا. إِنَّ هَدَفَ الخَلِيْقَةِ أَنْ نَعْمَلَ مِنْ دَاخِلِ كَيَانِنَا الحَقِيقِيِّ أَيْ النَفْسُ وَمِنْ العَالَمِ الأَعْلَى وَنَعِيشُ عَلَى دَرَجَةٍ عَالِيَةٍ وَرَاقِيَةٍ فِيهِ وَلَيْسَ كَمَا هُوَ الحَالُ عَلَيْهِ الآنَ فِي العَيْشِ بِالطَبِيْعَةِ الغَرِيزِيَّةِ وَحْدَهَا. فَفِي إِكْتِشَافِ الإِنْسَانِ لِنَفْسِهِ يَسْتَطِيعُ إِحْرَازَ العَالَمِ الرُوحِيِّ وَالوُصُولَ إِلَى الكَمَالِ وَالأَبَدِيَّةِ وَحَيَاةَ الهَنَاءِ وَالسَعَادَةِ.

سُؤَال٤٣: هَلْ تُعْتَبَرُ الكَابَالا تَجْرِبَةً تَصَوُّفِيَّةَ؟

لا. لَيسَتْ هِيَ تَجْرِبَةً تَصَوُّفِيَّةً أَوْ غَيْرَهَا. الكَابَالا نَظَرِيَّةٌ يَتَعَلَّمَهَا الطَالِبُ وَكَأَنَّهَا قَوَاعِدٌ أَسَاسِيَّةٌ يَتَوَجَّبُ عَلَيْهِ أَنْ يَتَقَيَّدَ بِهَا. عَلَى سَبِيلِ المِثَالِ إِذَا أَرَدْتَ دِرَاسَةَ اللُغَةِ العَرَبِيَّةِ يَجِبُ أَنْ تَتَقَيَّدَ بِقَوَاعِدَهَا لِتَسْتَطِيعَ فَهْمَهَا وَبِالتَالِي تُفْصِحُ فِي دِرَاسَتِهَا. فِي الكَابَالا هَذِهِ القَوَاعِدُ أَوْ القَوَانِينُ فَعَّالَةٌ عَلَى كَافَةِ دَرَجَاتِ الطَبِيْعَةِ وَمُسْتَوَيَتِهَا "الجَمَادُ- النَبَاتِيُّ-الحَيُّ-المُتَكَلِّمُ" .

سُؤَال ٤٤: هَلْ أَنَّ عِلْمَ حِكْمَةِ الكَابَالَا نَظَرِيَّةٌ بِشَكْلٍ بَحْتٍ أَمْ قَدْ تَمَّ إِخْتِبَارُهَا بِشَكْلٍ عَمَلِيٍّ؟

إِنَّ عِلْمَ الكَابَالَا لَيْسَ نَظَرِيَّةً كَمَفْهُومِنَا العَامِّ لِمَعْنَى النَظَرِيَّةِ. مَعَ الكَابَالَا يَكْتَسِبُ الشَّخْصُ المَعْرِفَةَ، نَعَمْ بِإِسْتِطَاعَتِكَ القَوْلُ بِأَنَّهَا تَحْتَوِي عَلَى الكَثِيرِ مِنْ عِلْمِ الرِيَاضِيَاتِ فِيهَا وَالقَوَاعِدِ وَالمَبَادِئِ الجَافَّةِ وَلَكِنْ لَيْسَ لَهَا أَيُّ عَلَاقَةٍ بِعِلْمِ النَفْسِ أَوْ بِأَيٍّ مِنَ البِدَعِ الخَيَالِيَّةِ الرَّائِجَةِ. فَإِنَّ الإِسْمَ يَحْمِلُ الكَثِيرَ مِنَ الدَّلَالَةِ لِمَضْمُونِهَا "عِلْمُ حِكْمَةِ الكَابَالَا" أَيْ حِكْمَةُ التَقَبُّلِ: أَيْ أَنَّهَا تُعَلِّمُ الإِنْسَانَ كَيْفَ يَتَقَبَّلُ بِالشَّكْلِ الصَحِيحِ.

فَهَؤُلَاءِ الَذِينَ يَكْتَسِبُونَ المَعْرِفَةَ فِي قَوَانِينِ الوَاقِعِ يَبْدَأُونَ بِإِسْتِخْدَامِ هَذِهِ القَوَانِينِ مِمَّا يُؤَدِّي إِلَى زِيَادَةِ رَغَبَاتِهِمُ الأَنَانِيَةِ. وَعَلَى خِلَافِ النَظَرِيَاتِ الأُخْرَى وَالأَدْيَانِ حِكْمَةُ الكَابَالَا لَا تُلْزِمُ أَحَداً عَلَى إِبْطَالِ أَوْ إِلْغَاءِ الأَنَا فِيهِ وَإِلْغَاءِ رَغَبَاتِهِ وَلَا تَتَضَمَّنُ أَيَّ شَرْطٍ لِلْإِجْبَارِ عَلَى الصَومِ أَوْ عَلَى التَنَسُّكِ فِي كَبْحِ الشَهْوَةِ أَوْ إِمَاتَتِ الجَسَدِ. فَلَيْسَ عَلَى الإِنْسَانِ التَخَلِّي عَنِ العَيْشِ اليَوْمِيِّ وَهَجْرِ عَائِلَتِهِ وَوَاجِبَاتِهِ تِجَاهَهُمْ، وَلَا الطَفْوَ فِي الهَوَاءِ أَوْ إِتِّبَاعَ تَمَارِينِ التَنَفُّسِ بِشَكْلٍ مُعَيَّنٍ لِيَحْصَلَ عَلَى الهُدُوءِ وَرَاحَةِ البَالِ. بَلْ عَلَى العَكْسِ، فَإِنَّ الإِنْسَانَ الَذِي يَتَعَلَّمُ الكَابَالَا يَتَعَلَّمُ كَيْفَ بِإِمْكَانِهِ أَنْ يَبْنِي الأَنَا فِيهِ أَيْ رَغَبَاتِهِ الأَنَانِيَةَ وَتَحْوِيلَهَا إِلَى إِنَاءٍ فِيهِ يَسْتَطِيعُ تَلَقِّي النُورَ لِمُسَاعَدَتِهِ فِي الوُصُولِ إِلَى هَدَفِ الخَلِيقَةِ النِهَائِيِّ. فَإِنَّ فِي دِرَاسَةِ الكَابَالَا يُدْرِكُ الإِنْسَانُ دَوْرَ العَالَمِ الرُوحِيِّ وَتَأْثِيرَهُ عَلَيْهِ وَيُدْرِكُ وُجُوبَ تَوَاجُدِهِ فِي نُقْطَةِ المَرْكَزِ لِيَتَفَاعَلَ مَعَ العَالَمِ الرُوحِيِّ. لِذَلِكَ يَتَوَجَّبُ عَلَى الإِنْسَانِ القِيَامُ بِوَاجِبَاتِهِ الدُنْيَوِيَّةِ جَمِيعِهَا، فَإِنَّ إِحْرَازَ العَالَمِ الرُوحِيِّ يَكُونُ مِنْ خِلَالِ الحَوَاسِ الخَمْسَةِ أَيْ عَنْ طَرِيقِ الإِدْرَاكِ الحِسِّيِّ لِلْإِنْسَانِ كَمَا أَنَّهَا مُرْتَبِطَةٌ بِحَيَاةِ الإِنْسَانِ العَادِيَةِ.

سُؤَال٤٥: هَلْ يَتَوَجَّبُ عَلَى الإِنْسَانِ أَنْ يَقْضِي حَيَاتَهُ فِي جَامِعَةِ الكَابَالا كَيْ يَتعَلَّمَ نَظَرِيَاتِهَا المُعقَّدَةِ؟

بِالرَغْمِ مِنْ أَنَّ الفِكْرَةَ جَيِدَةً وَلَكِنْ لَيسَ الأَمْرُ هَكَذَا. فَفِي دِرَاسَةِ عِلْمِ حِكْمَةِ الكَابَالا نَحْنُ نَتعَلَّمُ أَسَاسَ وَبُنْيَةَ الأَنَا فِينَا وَطَبِيعَةَ وَبُنْيَةَ الأَحَاسِيسِ فِينَا وَأَسَاسَ وَبُنْيَةَ نُفُوسِنَا. فَفِي دَاخِلِ الإِنْسَانِ يُوجَدُ المُفْتَاحُ لإِدْرَاكِ وَفَهْمِ هَذَا العِلْمِ؛ وَكُلُّ مَا يَتَوَجَّبُ عَلَيْهِ عَمَلَهُ هُوَ القِرَاءَةَ وَالبَحْثَ فِي كُتُبِ الكَابَالا الأَصْلِيَّةِ لِمَعْرِفَةِ طَبِيْعَتِهِ. وَحَتى لَوْ شَعَرَ بِأَنَّهُ لا يَسْتَطِيعُ فَهْم أَيِّ جُزْءٍ مِنْ هَذَا العِلْمِ وَلَكِنْ فِي اللَحْظَةِ التِي يَفْتَحُ فِيهَا الشَخْصُ أَيٍّ مِنْ هَذِهِ الكُتُبِ يُحِسُّ بِتَأْثِيرِهَا عَلى قَلْبِهِ وَنَفْسِهِ مِنَ النُورِ الَذِي تَحْتَوِيهِ الكَلِمَاتُ فِي طَيَّاتِهَا أَيْ أَنَّ فِي قِرَاءَتِهِ يَجْتَذِبُ الشَخْصُ النُورَ مِنَ الأَعْلَى وَيَشْعُرُ فِيْهِ فِي دَاخِلِ نَفْسِهِ. فَإِنَّنَا نَتَلَقَّى المَعْرِفَةَ الرُوحِيَّةَ طَبِيعِيَّاً بِمَعْنَى الإِحْسَاسُ بِهَا كَمَا نَشْعُرُ بِالفَرْقِ بَيْنَ الحُلوِ وَالمُرِّ، بَيْنَ البَارِدِ وَالحَرِّ وَأَنَّهُ مِنْ غَيْرِ الضَرُورِيِّ الذَهَابَ إِلَى المَدْرَسَةِ لِلإِحْسَاسِ بِهَذَا الشُعُورِ. فَهَدَفُ الدِرَاسَةِ هُوَ لإِيقَاظِ حُوَاسِنَا الرُوحِيَّةِ وَالتِي فِي حَالَةِ سُبَاتٍ، وَعِنْدَمَا يَنْفَتِحُ القَلْبَ وَالنَفْسَ تَتَحَرَّكُ المَشَاعِرُ فِي دَاخِلِنَا وَتَصْحُوُ فِينَا الرَغْبَةَ الطَبِيعِيَّةَ لِمَعْرِفَةِ الوَاقِعِ الَذِي نَعِيشُ فِيهِ.

أَنَا أَتكَلَّمُ عَنْ إِحْرَازٍ مَحْسُوسٍ وَالَذِي لا يَتَطَلَّبُ أَيَّ مَعْرِفَةٍ مُسْبَقَةٍ لِمَعْرِفَةِ الحِكْمَةِ. فَالكَابَالا هِيَ النَظَرِيَّةُ التِي تُنَمِي أَحَاسِيسَ القَلْبَ عِنْدَ الإِنْسَانِ فِي اكْتِشَافِ العَالَمِ الرُوحِيِّ وَقَوَانِينِ الطَبِيعَةِ وَتَأْثِيرِهَا عَلَيْنَا. وَلَكِنْ بِمَا أَنَّ الإِنْسَانَ فِي هَذِهِ الحَالَةِ لَمْ يَحْصَلَ عَلى أَيِّ تَفَاعُلٍ مَعَ القُوَاتِ الرُوحِيَّةِ فَهُوَ لا يَعِي مَدَى تَأْثِيرَهَا العَائِدُ عَلَيْهِ وَلا يَعِي إِذَا مَا كَانَ يَضُرُّ نَفْسَهُ أَوْ يَنْفَعُهَا. فَفِي دِرَاسَةِ الكَابَالا يَتعَلَّمُ الإِنْسَانُ كَيْفَ يُؤَثِرُ فِي سُلُوكِهِ عَلَى الوَاقِعِ الحَقِيقِيِّ

الفَقَرَةُ الثَانِيَةُ: الحِكْمَةُ الخَفِيَّةُ

لِصَالِحِهِ وَيَعْلَمُ هَذَا مِنَ الوَاقِعِ نَفْسِهِ وَفِي هَذَا العَالَمِ يَسْتَطِيعُ أَيُّ إِنْسَانٍ الوُصُولَ إِلَى هَذِهِ المَعْرِفَةِ.

الفَقَرَةُ الثَالِثَةُ : الهَدَفُ

سُؤال٤٦: لَمَا حَافَظَ عُلَمَاءُ الكَابَالا الآرِي وَصَاحِبُ السُلَّم عَلَى ضَرُوْرَةِ دِرَاسَةِ الكَابَالا لِكُلِ شَخْصٍ بِغَضِ النَظَرِ عَنْ عُمْرِ الإِنْسَانِ أَوْ جِنْسِيَتِهِ أَوْ جِنْسِهِ إِذَا مَا كَانَ رَجُلٌ أَوْ إِمْرَأَةٌ؟

إِنَّ دِرَاسَةَ عِلْمُ حِكْمَةِ الكَابَالا أَمْرٌ بَالِغُ الأَهَمِيَّةِ لِلجَمِيعِ لِسَبَبِ قُوَّةِ النُوْرِ الكَامِنَةِ فِيْهِ. رَغْبَةُ الإِنْسَانِ فِي الفَهْمِ وَالمَعْرِفَةِ لِلعَالَمِ الرُوحِيِّ تَعْمَلُ عَلَى إِيقَاظِ النُوْرِ الأَعْلَى لِمُسَاعَدَتِهِ وَتَوْجِيهِهِ. فَفِي سَعْيِنَا فِي التَقَرُّبِ مِنَ العَالَمِ الرُوحِيِّ وَمِنَ الخَالِقِ نَسْتَطِيعُ تَجَنُّبَ المُعَانَاةِ الَتِي يَمُرُ بِهَا الإِنْسَانُ فِي حَيَاتِهِ.

فَالنَفْسُ البَشَرِيَّةُ نَشَأَتْ فِي عَالَمِ إِينْ سُوْفْ وَإِنْحَدَرَتْ مِنْ خِلالِ العَوَالِمِ الخَمْسَةُ "أَدَمْ كَادْمُوْنْ- أَتْسِيلُوْتْ-بِرِيَا-يِتْزِيرَا-عَاسِيَا" ، وَفِي وُصُلِهَا إِلَى عَالَمِنَا الَذِي نَعِيشُ فِيْهِ أَلْبَسَهَا الخَالِقُ جَسَداً كَيْ تَسْتَطِيعَ العَيْشَ فِي العَالَمِ المَادِيِّ.

نَتِيجَةَ الإِنْحِدَارِ هَذَا نَحْنُ مُعْتَمِدِينَ بِالكَامِلِ عَلَى صِفَاتِ وَمِيزَاتِ وَالتَعْدَادِ البَيَانِيِّ لِهَذَا النِظَامِ الرُوحِيِّ لِذَلِكَ يَتَوَجَّبُ عَلَيْنَا دِرَاسَةَ تَرْكِيبَةَ هَذَا العَالَمِ وَهَذَا النِظَامِ كَيْ نَسْتَطِيعَ العَمَلَ تَمَاشِياً مَعَ قَوَانِينِهِ بَدَلاً مِنْ أَنْ نَتَلَوَى تَائِهِينَ فِيهِ كَالأَعْمَى الَذِي لا يَرَى السَبِيلَ يَتَصَارَعُ مُحَاوِلاً قَهْرَ الزَمَنِ مِنْ دُوْنِ مَعْرِفَةِ السَبَبِ.

إِنَّ القَانُوْنَ الأَسَاسِيَّ الَذِي يُشَكِلُ حَجَرَ الأَسَاسِ فِي هَذَا النِظَامِ هُوَ الغَيْرِيَّةُ

أَيْ مَا يَخُصُ الآخَرِينَ، أَيْ مَا هُوَ خَارِجُ حُدُوْدِ الأَنَا أَوْ الذَاتِ فِي الإِنْسَانِ وَمَا يُدْعَى فِي عِلْمِ الكَابَالا بِمَحبَّةِ الغَيْرِ. هَذَا القَانُوْنُ فَعَّالٌ فِي تَأْثِيرِهِ فِي إِدَارَةِ الكَوْنِ إِذَا أَدْرَكْنَاهُ أَوْ تجَاهَلْنَا حَقِيقَةَ وَاقِعِهِ، وَيَتوَجَّبُ عَلَيْنَا الخُضُوْعَ لَهُ إِنْ شِئْنَا أَوْ أَبَيْنَا. فَفِي عِصْيَانِنَا وَرَفْضِنَا لَهُ مَا يَجْلُبُ عَلَيْنَا الكَوَارِثَ وَالمِحَنَ وَالمَأْسَاةَ عَلَى مُسْتَوَى الحَيَاةِ الفَرْدِيَّةِ أَوْ الجَمَاعِيَّةِ. مَعْرِفَتُنَا وَإِدْرَاكُنَا لِهَذَا القَانُوْنِ وَكَيْفِيَّةَ العَمَلِ بِهِ يَتِمُ مِنْ خِلالِ دِرَاسَةُ الإِنْسَانِ لِعِلْمِ حِكْمَةِ الكَابَالا.

سُؤَال٤٧: مَنْ يَسْتَطِيعُ دِرَاسَةَ عِلْمِ الكَابَالا؟

كُلُّ مَنْ يُرَاوِدُهُ سُؤَالُ مَا هُوَ مَعْنَى الحَيَاةِ بِلا هَوَادَةٍ يَسْتَطِيعُ دِرَاسَةَ عِلْمِ الكَابَالا إِذْ أَنَّ الإِنْسَانَ قَادِرٌ عَلَى البَحْثِ وَالدِرَاسَةِ فِيْهِ بِنَاءً عَلَى الرَغْبَةِ فِي قَلْبِهِ وَلَيْسَ عَنْ طَرِيقِ القَسْرِ وَالإِجْبَارِ.

سُؤَال٤٨: أَمِنَ المَسْمُوْحِ لِلنِسَاءِ دِرَاسَةَ حِكْمَةِ الكَابَالا؟

قَالَ عَالِمُ الكَابَالا الشَهِيرُ الآرِي الطَاهِرُ إِذَا كَانَ لأَيِّ إِنْسَانٍ رَغْبَةً فَإِنَّهُ يَسْتَطِيعُ أَنْ يَدْرُسَ حِكْمَةِ الكَابَالا. الرَغْبَةُ هِيَ عِنْدَمَا يَشْعُرُ الشَخْصَ بِحَاجَةٍ فِي دَاخِلِهِ لإِيجَادِ جَوَابٍ عَنْ سَبَبِ وُجُودِهِ فِي هَذَا العَالَمِ. إِذَا كَانَتْ رَغْبَةٌ كَهَذِهِ تُرَاوِدُ الشَخْصَ وَتُسَبِبُ لَهُ القَلَقَ إِذاً يَتَوَجَّبُ عَلَيْهِ دِرَاسَةَ الكَابَالا إِذْ أَنَّهَا وُجِدَتْ لِهَذَا السَبَبِ بِالتَحْدِيدِ. لَقَدْ سُؤِلَ عَالِمُ الكَابَالا كُوُوكْ مَرَّةً "مَن يَسْتَطِيعُ دِرَاسَةَ حِكْمَةِ الكَابَالا؟" أَجَابَ بِبِسَاطَةٍ وَقَالَ: "كُلُّ إِنْسَانٍ تُوْجَدُ لَدَيْهِ الرَغْبَةَ". إِنَّ دَوْرُ المَرْأَةِ فِي التَصْحِيحِ الرُوحِيِّ مُهِمٌ جِداً، فَهِيَ تُمَثِلُ الرَغْبَةَ فِي التَقَبُّلِ وَمِنْ دُوْنِهَا لا يَسْتَطِيعُ الرَجُلُ عَمَلَ أَيِّ شَيءٍ لِذَلِكَ دُعِيَتْ "بِالنِصْفِ الآخَرِ". فَالمَرْأَةُ لَيْسَتْ جُزْءٌ أَسَاسِيٌّ مِنَ المُجْتَمَعِ فَحَسْب بَلْ هِيَ

القُوَّةُ وَراءَ الرَجُلِ لِتُسَاعِدَهُ فِي إِحْرَازِ العَالَمِ الرُوحِيِّ لِذَلِكَ مِنَ المُتوَجَّبِ عَلَى المَرْأَةِ أَنْ تَنْمُوَ رُوحِيّاً كَالرَجُلِ.

المَرْأَةُ هِيَ الإِنَاءُ الذِي يَحْتَاجُ إِلَيْهِ الرَجُلُ لِيَسْتَطِيعَ إِحْرَازَ العَالَمِ الرُوحِيِّ. فَالرَجُلُ هُوَ المَسَاخُ وَالمَرْأَةُ هِي الرَغْبَةُ العَمِيقَةُ فِي إِظْهَارِ الخَالِقِ، وَهِيَ قَادِرَةٌ عَلَى فَهْمِ نَظَرِيَّةِ التَصْحِيحِ بِدِقَّةٍ وَتَعْمَلُ بِجَهْدٍ عَلَى تَطْبِيقِهَا.

سُؤَال٤٩: هَلْ هِيَ إِرَادَةُ الخَالِقِ أَنْ تَدْرُس النِسَاءُ حِكْمَةَ الكَابَالا؟

يَجِبُ عَلَى كُلِّ نَفْسٍ أَنْ تَصِلَ إِلَى هَدَفِهَا. يَجِبُ عَلَى كُلِّ النُفُوسِ أَنْ تَصِلَ لِدَرَجَةِ التَوازُنِ الشَكْلِيِّ فِي السِمَاتِ مَعَ تِلْكَ التِي لِلْخَالِقِ مِنْ مَحَبَّةٍ وَعَطَاءٍ مُطْلَقٍ. النُفُوسُ بِأَجْمَعِهَا الرِجَالُ وَالنِسَاءُ عَلَى حَدٍ سَوَاءٍ.

سُؤَال٥٠: هَلْ أَنَّهُ مِنَ الكَافِي اسْتِخْدَامُ المَنْطِقِ لِيَصِلَ الإِنْسَانُ إِلَى المَعْرِفَةِ الصَحِيحَةِ لِمَفْهُومِ الوَرَعِ وَالصَلاحِ وَالتَقْوَى؟

لا يُوجَدُ أَيُّ مَنْطِقٍ فِي العَالَمِ يُسَاعِدُ الإِنْسَانَ عَلَى فَهْمِ أَيِّ الأُمُورِ الرُوحِيَّةِ وَذَلِكَ بِسَبَبِ أَنَّهَا فَوْقَ المَنْطِقِ الإِنْسَانِيِّ لَدَيْهِ وَقُدْرَتُهِ العَقْلِيَّةُ. وَلِهَذَا السَبَبِ لا نَسْتَطِيعُ الإِحْسَاسَ بِوُجُودِ العَالَمِ الرُوحِيِّ، فَحَوَاسِنَا الخَمْسَةُ قَادِرَةٌ عَلَى إِخْتِبَارِ وَالتَجَاوُبِ مَعَ الأَشْيَاءِ التِي بِإِسْتِطَاعَتِهَا الإِحْسَاسُ بِهَا وَتَحْلِيلُهَا فَقَطْ أَيْ بِإِمْكَانِهَا إِسْتِيعَابُ مَعْرِفَةَ العَالَمِ المَادِيِّ فَقَطْ. لأَجْلِ الإِحْسَاسِ بِالعَالَمِ الأَعْلَى يَتوَجَّبُ عَلَيْنَا اكْتِسَابُ حَوَاسٍ أُخْرَى وَهَذَا مَا يُدْعَى المَسَاخْ. فَمِنْ خِلالِ المَسَاخِ نَسْتَطِيعُ الشُعُورَ بِمَا هُوَ فَوْقَ المَنْطِقِ الإِنْسَانِيِّ أَيْ خَارِجَ إِطَارِ الأَنَا فِينَا. عِنْدَمَا نَكُونُ قَادِرِينَ عَلَى الإِحْسَاسِ

بِالعَالَمِ الرُوحِيِّ نَتَلَقَّى أَيْضاً فِكْرَاً جَدِيداً وَمَنْطِقاً آخَراً. فَفِي البِدَايَةِ نَحْصَلُ عَلَى حِكْمَةِ وَمَنْطِقِ العَالَمِ الأَعْلَى عِنْدَهَا نَسْتَطِيعُ الإِحْسَاسَ بِهِ، وَالطَرِيقَةُ الوَحِيْدَةُ لِإِكْتِسَابِ المَسَاخِ يَكُونُ مِنْ خِلالِ دِرَاسَةِ عِلْمُ الكَابَالا.

سُؤَال٥١: هُنَاكَ العَدِيدُ مِنَ النَاسِ الذِينَ لا يَدْرُسُونَ عِلْم الكَابَالا وَمَعْ هَذَا يَفْهَمُونَ أَهَمِيَّةَ العَطَاءِ وَهُمْ يَعْمَلُونَ عَلَى مُسَاعَدَةِ الآخَرِينَ وَإِعَالَتِهِمْ فِي الظُرُوفِ الصَعْبَةِ. هَلْ بِإِمْكَانِهِمْ إِظْهَارُ العَالَمِ الرُوحِيِّ فِي مُحَاوَلَتِهِمْ هَذِهِ فِي مُسَاعَدَةِ الآخَرِينَ عَلَى هَذَا النَحْوِ؟

لِمَاذَا يُرِيدُ شَخْصٌ مَا أَنْ يُسَاعِدَ إِنْسَانٌ غَرِيبٌ؟ فَإِنَّ الطَبِيْعَةَ الغَرِيزِيَّةَ لَدَى الإِنْسَانِ تُمْلُوُ عَلَيْهِ بِأَنَّ "يَعْتَنِي بِنَفْسِهِ أَوَلاً وَإِذَا كَانَ بِإِسْتِطَاعَتِهِ الإِسْتِفَادَةَ مِنَ الشَخْصِ الآخَرِ إِذاً يُعَامِلُهُ بِالحُسْنَةِ وَإِذَا كَانَ الأَمْرُ لا يَعُوْدُ عَلَيْهِ بِالفَائِدَةِ إِذاً لا دَاعِي لِلمُبَالَةِ". إِنَّ رَدَّ الفِعْلِ هَذَا طَبِيعِيٌّ وَيَتَمَاشَى مَعَ قَانُوْنِ الطَبِيْعَةِ.

المُشْكِلَةُ هِيَ فِي أَنَّ النَاسَ يَعْتَقِدُونَ بِأَنَّهُمْ غَيْرُ خَاضِعِينَ لِقَوَانِينِ الطَبِيْعَةِ وَذَلِكَ لِعَدَمِ مَعْرِفَتِهِمْ بِهَا، إِذْ قَدْ إِخْتَرَعُوا قَوَانِينَهُمُ الخَاصَةَ بِهِمْ وَالتِي تَزْعَمُ مُدَّعِيَةً ضَرُورَةَ تَطْبِيقِهَا عَلَى المُجْتَمَعِ وَالنَاسِ. الشُيُوعِيُونَ أَبَادُوا المَلايِينَ مِنَ النَاسِ فِي إِدْرَاكِهِم لِهَذَا المَبْدَأ التَجْرِيدِيِّ. يَجِبُ عَلَيْنَا أَنْ نَدْرُسَ وَنَفْهَمَ قَوَانِينَ الطَبِيْعَةِ وَالعَالَمِ الذِي نَعِيشُ فِيْهِ وَنَعْرِفُ كَيْفَ يَتَوَجَّبُ عَلَيْنَا السُلُوُكَ فِي هَذِهِ القَوَانِينِ بَدَلاً مِنْ مُحَاوَلَتِنَا إِخْتِرَاعَ قَوَانِينِ جَدِيدَةٍ لا أَسَاسَ لَهَا وَبِدُوْنِ أَيِّ مَبْدَأ عِلمِيٍّ تَسْتَنِدُ إِلَيْهِ وَإِلاَّ فَسَنَصِلُ إِلَى النَتِيجَةِ نَفْسِهَا التِي وَصَلَتْ إِلَيْهَا رُوسِيَا فِي مُحَاوَلَتِهَا فِي أَنْ تَكُوْنَ المِثَالَ السَامِيَّ لِلعَالَمِ أَجْمَعْ، هَكَذَا وَبِالنَتِيجَةِ كَانَتْ مِثَالاً وَلَكِنْ مِثَالَ مَا يَجِبُ عَلَيْنَا تَفَادِيهِ وَالإِبْتِعَادُ عَنْهُ.

مِنَ المُسْتَحِيلِ عَلَى أَيِّ شَخْصٍ أَنْ يَعْمَلَ حَسَناً تجاهَ الآخَرِينِ هَكَذَا فَقَطْ وَمِنْ دُوْنِ أَيِّ مُقَابِلٍ لأَنَّ هَذَا يَتَمَاشَى بِشَكْلٍ عَكْسِيٍّ مَعَ قَانُوْنِ الطَبِيْعَةِ. فَطَبِيْعَتُنَا تُحَكِّمُ عَلَيْنَا جَنْيَّ الرِبْحِ الوَفِيرِ مُقَابِلَ تَقْدِيمِ أَقَلَّ قَدْرٍ مُمْكِنٍ مِنَ الجُهْدِ وَمِنَ المَصَادِرِ الَتِي فِي حَوْزَتِنَا. فَهَذَا هُوَ القَانُوْنُ. إِسْأَلْ أَيَّ عَالِمٍ فِي عِلْمِ النَفْسِ أَوْ عِلْمِ الإِجْتِمَاعِ أَوْ عَالِمِ البِيُوْلُوْجِيَا "المُتَخَصِصِ فِي عِلْمِ الأَحْيَاءِ". فَإِنَّ تَارِيخَنَا وَطَبِيعَتَنَا يَشْهَدَانَ بِأَنَّنَا غَيْرُ قَادِرِينَ عَلَى أَنْ نَتَوَاجَدَ مَعاً وَنَتَحِدَ فِي نِيَّةٍ صَافِيَةٍ مِنْ تِلْقَاءِ أَنْفُسِنَا وَلَكِنَ البِيئَةَ الَتِي نَعِيشُ فِيهَا هِيَ سَتُجْبِرُنَا عَلَى ذَلِكَ فَإِنَّ كُلَّ الذِينَ يُحَاوِلُوْنَ أَنْ يَتَحِدُوا فِي رِبَاطِ الوَحْدَةِ فِيمَا بَيْنَهُم هُمُ الذِينَ يُسَبِبُوْنَ الحُرُوْبَ فِي العَالَمِ.

فِي الوَقْتِ الَذِي يَأْخُذُ العَالَمُ فِيْهِ بِالشُعُوْرِ بِالإِحْبَاطِ وَاليَأْسِ مِنْ وُصُوْلِهِ إِلَى نُقْطَةٍ لا يَعُوْدُ بِإِسْتِطَاعَتِهِ إِحْرَازَ أَيِّ نَوْعٍ مِنَ التَقَدُّمِ أَوْ الوُصُوْلِ إِلَى أَيِّ إِخْتِرَاعَاتٍ جَدِيدَةٍ تَظْهَرُ مَعْرِفَةُ عِلْمِ الكَابَالا لِيُقَدِمَ لِلْبَشَرِيَّةِ الطَرِيقَةَ فِي إِرْتِبَاطِ الإِنْسَانِ بِجُذُوْرِهِ التِي نَشَأَ مِنْهَا فِي العَالَمِ الرُوْحِيِّ كَيْ يَتَمَكَّنَ مِنْ تَصْحِيحِ طَبِيْعَتِهِ الأَنَانِيَّةِ وَلِتُعْطِي الإِنْسَانَ الإِحْسَاسِ بِالإِكْتِفَاءِ الذَاتِي التَامِ. فِي البِدَايَةِ يَبْدُوْ هَذَا الحَلُ عَلَى أَنَّهُ حَلٌّ غَيْرُ وَاقِعِيٌّ، وَلَكِنْ إِنَّ مَوْضُوْعَ تَغْيِيرِ الطَبِيْعَةِ الإِنْسَانِيَّةِ مَوْضُوْعٌ غَيْرُ مَنْطِقِيٍّ وَلا وَاقِعِي بِحَدِ ذَاتِهِ إِلاَّ أَنَّهُ أَمْرٌ مُحَتَّمٌ لِبَقَائِنَا. لِهَذَا السَبَبُ فِي النِهَايَةِ سَتَقْبَلُ البَشَرِيَّةُ أُسْلُوْبَ وَمَنْهَجَ عِلْمِ الكَابَالا عَلَى أَنَّهُ الطَرِيقَةَ الوَحِيْدَةَ لإِنْقَاذِ العَالَمِ. السُؤَالُ الوَحِيْدُ الَذِي يَبْقَى هُنَا هُوَ كَمْ مِنَ الوَقْتِ وَكَمْ مِنَ المُعَانَاةِ يَكُوْنُ كَافِياً لِلْوُصُوْلِ إِلَى هَذَا القَرَارِ.

سُؤَال ٥٢: كَيْفَ يَكُوْنُ بِإِمْكَانِ البَشَرِيَّةِ أَنْ تَتَحِدَّ كَجَسَدٍ وَاحِدٍ؟

إِنَّ الخَالِقَ هُوَ الَذِي يُنْجِزُ وَيُتَمِمُ العَمَلَ بِكَامِلِهِ مِنْ دُوْنِ مُسَاعَدَةِ أَيِّ

إنْسَانٍ، فَهُوَ الَذِي يَمْلَئُ الوُجُودَ وَكُلَّ ذَرَّةٍ فِيْهِ، فَهَلْ يُمْكِنَكَ الآنَ أَنْ تَتخَيَّلَ كَمْ مِنَ الصَعْبِ عَلَيْنَا المُحَاوَلَةَ فِي الإتِحَادِ فِيمَا بَيْنَنَا كَمُبَادَرَةٍ مِنْ تِلْقَاءِ أَنْفُسِنَا. الأَزْمَةُ العَالَمِيَّةُ قَدْ أَصْبَحَتِ اليَوْمَ وَاضِحَةً لِلْجَمِيعِ، وَنَحْنُ نَجِدُ أَنْفُسَنَا مُقَيَّدِينَ لا نَسْتَطِيعُ الفَرَارَ فِي أَيِّ إتِجَاهٍ إذْ نَحْنُ نَشْهَدُ مَعاً ظُهُورَ إعْلانِ العَالَمِ الرُوحِيِّ وَنِظَامِهُ وَظُهُورَ نَوْعِيَّةِ الرِبَاطِ الَذِي يَجْمَعُ بَيْنَنَا نَحْنُ البَشَرُ. فَقَدْ حَاوَلْتِ البَشَرِيَّةُ عَبْرَ التَارِيخِ أَنْ تَصِلَ إلَى نَوْعٍ مِنَ الوَحْدَةِ أَوْ مُحَاوَلَةَ إيجَادِ أَيِّ مِنْ أَنْوَاعِ الإرْتِبَاطِ عَلَى هَذَا المُسْتَوَى وَلَكِنْ بِدُونِ أَيِّ جَدْوَى. فَقَدْ كَانَ مُمْكِناً الوُصُولَ إلَى أَيِّ نَوْعٍ مِنَ التَسْوِيَةِ لِلوَضْعِ أَوْ إيجَادُ حَلٍ وَسَطٍ لإصْلاحِ أَزْمَةِ العَالَمِ فِي المَاضِي وَأَمَا اليَوْمُ فَمُحَاوَلاتِنَا سَتَبُؤُ بِالفَشَلِ لا مُحَالَةَ.

لِذَلِكَ مِنَ الضَرُورِيِّ مَعْرِفَةَ الَذِي يَمْلءُ الوُجُودَ كُلَّهُ حَتَى الفَرَاغَ الَذِي يَفْصِلُ بَيْنَ الإنْسَانِ وَالآخَرِ. فَإنَّهُ فِي عَدَمِ تَوَاجُدِ "الخَطِ الوَسَطِ" وَمُسَاعَدَةَ الخَالِقِ لَنْ يَسْتَطِيعَ أَيٌّ مِنَا تَأْسِيسَ أَيَّ نَوْعٍ مِنَ الإرْتِبَاطِ بَيْنَهُ وَبَيْنَ أَيِّ إنْسَانٍ آخَرٍ. إلَى أَنْ نَصِلَ إلَى إدْرَاكِ ضَرُورَةَ هَذِهِ المَعْرِفَةَ سَنَبْقَى نُوَاجِهُ المَشَاكِلَ فِي العَلاقَاتِ العَائِلِيَّةِ وَعَلاقَاتِنَا مَعَ أَوْلادِنَا وَأَقَارِبِنَا وَمَعَ كُلِّ إنْسَانٍ آخَرٍ. وَهَذِهِ المَشَاكِلُ سَتَتَضَاخَمُ حَتَى يُصْبِحَ مِنَ المُسْتَحِيلِ إحْتِمَالَهَا.

سُؤَال٥٣: أَنْتَ تَقُولُ دَائِماً أَنَّهُ مِنَ الأَكْثَرِ أَهَمِيَّةٍ بِالنِسْبَةِ لِلإنْسَانِ هُوَ اكْتِسَابُ المَسَاخِ، وَأَنَا حَاوَلْتُ كُلَّ مَا بِوِسْعِي الحُصُولَ عَلَيْهِ وَقَدْ وَصَلْتُ إلَى نُقْطَةٍ لَمْ أَعُدْ أُبَالِي بِالأَلَمِ وَلَكِنِي مَا زِلْتُ أُعَانِي؟

دَعْنِي فِي البِدَايَةِ أَتَطَرَّقُ إلَى الجُزْءِ الأَوَلِ مِنَ السُؤَالِ بِالنِسْبَةِ لِمُحَاوَلَتِكَ الحُصُولُ عَلَى المَسَاخِ بِنَفْسِكَ. يُولَدُ المَسَاخُ وَيَنْمُو فِينَا مِنْ دُونِ أَيِّ عَزْمٍ أَوْ تَصْمِيمٍ مِنْ نَاحِيَتِنَا لِسَبَبِ أَنَّنَا لا نَعِي مَا هُوَ المَسَاخُ. إنَّ كُلَّ مَا يَظْهَرُ فِي

دَاخِلِنَا فَقَط نَتِيجَةَ الدِّرَاسَةِ لَا غَيْر. فَنَحْنُ لَا نَعْلَمُ مَا الَّذِي سَنَحْصُلُ عَلَيْهِ فِي اللَّحْظَةِ التَّالِيَةِ إِذْ أَنَّهُ يَكُونُ دَائِماً شَيْءٌ جَدِيدٌ وَغَيْرُ مَأْلُوفٍ بِالنِّسْبَةِ لَنَا فَكَيْفَ إِذاً نَسْتَطِيعُ مَعْرِفَتَهُ سَلَفاً أَوْ تَوَقُّعَهُ.

كَلِمَةُ جَدِيدٍ تَعْنِي شَيْءٌ مِنْ دَرَجَةٍ أَعْلَى مِنَ الَّتِي نَتَوَاجَدُ فِيهَا لِذَلِكَ لَا يُمْكِنُ أَنْ يَكُونَ المَسَاخُ شَيْءٌ مِنْ صُنْعِنَا عَمْداً.

إِنَّ عَدَمَ شُعُورِكَ بِالفَرَحِ فِي مُحِيطِكَ لَيْسَ إِلَّا شُعُورٌ مُؤَقَّتٌ، وَفِي مُتَابَعَتِكَ لِلدِّرَاسَةِ سَتُدْرِكُ المَلَذَّاتِ وَالمَسَرَّاتَ مِنْ حَوْلَكَ أَكْثَرَ مِنْ قَبْلُ، وَمِنْ ثَمَّ تَكْتَشِفُ فِي دَاخِلِكَ إِرَادَةً فِي التَّقَبُّلِ أَكْبَرَ مِنَ الَّتِي كَانَتْ لَدَيْكَ مِنْ قَبْلُ لِأَجْلِ إِظْهَارِ المَزِيدِ لَكَ مِنَ الَّذِي تَحْتَاجُ تَصْحِيحَهُ. نَصِيحَتِي لَكَ هُوَ قِرَاءَةُ نُصُوصِ المَصَادِرِ وَخَاصَةً فِي الصَّبَاحِ وَقَبْلَ أَنْ تَرْقُدَ لِلنَّوْمِ. وَأَيْضاً سَتُلَاحِظُ بِأَنَّ مَزَاجَكَ سَيَتَغَيَّرُ بِشَكْلٍ مُتَكَرِّرٍ بَيْنَ الحِينِ وَالآخَرِ وَهَذَا مِنَ الطَّبِيعِيِّ إِذْ أَنَّهُ يَدُلُّ عَلَى مَرَاحِلِ تَقَدُّمِكَ. مَا يَزَالُ هُنَاكَ الكَثِيرُ مِنَ الأَحَاسِيسِ المُخْتَلِفَةِ أَمَامَكَ وَأَنْتَ تَسْلُكُ فِي بِدَايَةٍ صَحِيحَةٍ وَسَتَعِي هَذَا مِنْ خِلَالِ القِرَاءَةِ.

الفقرة الرابعة: العمل الروحي

سُؤال٥٤: إعْتَقَدْتُ فِي البِدَايَةِ أَنَّ المَوَاقِفَ أَوْ الظُرُوفَ السَيئَةَ تَأْتِي عَلَى الإِنْسَانِ لِيُحَاوِلَ التَغَلُّبَ عَلَيْهَا وَلَكِنْ يَظْهَرُ أَنَّهُ هُنَاكَ نَوْعٌ خَاصٌ مِن "الظُرُوفِ الصَعْبَةِ أَوْ السَيئَةِ" وَالَتِي هَدَفُهَا إِظْهَارُ مَفْهُوم حَقِيقَةَ الوَاقِعِ لَنَا بِأَنَّ لا يُوْجَدُ أَيُّ شَيءٍ يَتَوَقَّفُ أَوْ يَعْتَمِدُ عَلَيْنَا وَأَنَّ النَتِيجَةَ هِيَ فِي يَدِ الخَالِقِ فَقَطْ. هَلْ بِإِمْكَانِكَ تَفْسِيرَ هَذَا مِنْ فَضْلِكَ؟

لا يُوجَدُ هُنَاكَ مَا يُدْعَى بِالسَيءِ، فَالخَالِقُ يُعْطِينَا كُلَّ شَيءٍ لِهَدَفِ تَصْحِيحِنَا. فَالخَالِقُ يُرِي الإِنْسَانَ ضَعْفَهُ وَعُبُودِيَّتَهُ لِلأَنَا فَقَطْ لِلْحَدِ الذِي يَسْتَطِيعُ الإِنْسَانُ إِدْرَاكَهُ. وَكُلَّمَا تَقَدَمْنَا فِي التَصْحِيحِ كُلَّمَا أَصْبَحَ مِنَ الوَاضِحِ بِأَنَّنَا مُعَاكِسِينَ تَمَاماً فِي سِمَاتِنَا مَعَ تِلْكَ التِي لِلْخَالِقِ. يَظْهَرُ لَنَا هَذَا مِنْ أَجْلِ أَنْ نَقُوُمَ بِتَصْحِيحِ أَنْفُسِنَا مِنْ خِلالِ إِدْرَاكِ طَبِيعَتِنَا الأَنَانِيَّةِ وَرَفْضِهَا.

أَنْتَ الآنَ تَخْتَبِرُ بِدَايَةَ عَلاقَتِكَ مَعَ الخَالِقِ وَكُلَّمَا تَابَعْتَ فِي الدِرَاسَةِ وَالبَحْثِ سَتُدْرِكُ بِعُمْقٍ مَنْ أَنْتَ وَمَنْ هُوَ الخَالِقُ.

سُؤال٥٥: إنَّ الطَرِيقَ الرُوحِيَّ يَبْدَأُ بِتَشْكِيلِ المَسَاخِ فِي دَاخِلِي مِنْ خِلالِ التَقْيِيدِ أَوْ الحَصْرِ فِي تَقَبُلِي لِلْمَلَذَّاتِ. أَلا يُعْتَبَرُ هَذَا قَمْعٌ ذَاتِيٌّ؟ فَإِذَا تَخَلَّيْتُ

عَنْ المَلَذَّاتِ فِي الحَيَاةِ كَيفَ لا يَقُودَنِي هَذَا لِلزُهْدِ وَالتَنَسُّكِ؟

بِخِلافِ جَمِيعِ مَا تَنُصُّ عَلَيْهِ جَمِيعُ الأَدْيَانِ وَالفَلْسَفَةِ وَعُلُومِهَا، عِلْمُ الكَابَالا يَذْكُرُ مُؤَكِداً وَبِوُضُوحٍ إِنَّ إِحْرَازَ الإِنْسَانِ الرُوحِيِّ يَعْنِي إِزْدِيَادُ المَلَذَّاتِ لَدَيْهِ. فَفِي بِدَايَةِ الطَرِيقِ وَبَيْنَمَا يُتَابِعُ الإِنْسَانُ فِي العَيْشِ حَيَاةً عَادِيَّةً وَمِنْ دُونِ أَيِّ تَغْيِيرٍ يَصِلُ إِلَى مَرْحَلَةٍ يَرَى أَنَّ رَغَبَاتِهِ تُؤَثِرُ عَلَى نَمَطِ وَأُسْلُوبِ تَصَرُفَاتِهِ وَسُلُوكِهِ وَيَجِبُ عَلَيْهِ السُلُوكَ بِالتَوَافُقِ مَعَهَا إِذَا أَرَدَ تَحْقِيقَ وَبُلُوغَ مَا يَرْغَبُ فِي الوُصُولِ إِلَيْهِ.

وبناءً عَلَى هَذَا نَجِدُ أَنَّ التَصْحِيحَ هُوَ نَتِيجَةَ مَرَاحِلَ تَأْثِيرَاتِ النُورِ السَامِي عَلَى الإِنْسَانِ وَلَيْسَ نَتِيجَةَ أَيِّ حَصْرٍ جَبْرِيٍّ يَضَعَهُ الإِنْسَانُ عَلَى ذَاتِهِ بِالإِكْرَاهِ. وَهَذَا هُوَ بِالذَاتِ الفَارِقُ بَيْنَ عِلْمِ حِكْمَةِ الكَابَالا وَالدِينِ. عِلْمُ الكَابَالا يَقُومُ بِتَفْعِيلِ قُوَّةِ نُورِ الخَالِقِ وَهِيَ قُوَّةٌ مُفْعَمَةٌ بِالمَحَبَّةِ وَلَيْسَتِ بِالإِضْطِهَادِ وَالعُنْفِ. وَلِذَلِكَ كُلَّمَا تَلَقَيْنَا القُوَّةَ مِنَ العَالَمِ الأَعْلَى كُلَّمَا إِزْدَادَتِ الرَغَبَاتُ فِي دَاخِلِنَا وَعِنْدَهَا نَسْتَطِيعُ تَصْحِيحَهَا وَاسْتِخْدَامَهَا بِشَكْلٍ صَحِيحٍ.

نَحْنُ لا نَسْتَطِيعُ العَيْشَ مِنْ دُونِ التَلَقِّي وَالتَمَتُّعِ بِالمَلَذَّاتِ لأَنَّ جَوْهَرَنَا هُوَ الإِرَدَاةُ فِي التَقَبُّلِ أَيْ تَقَبُلِ المَسَرَّاتِ وَالمَلَذَّاتِ كَمَا أَنَّ هَدَفَ الخَلِيْقَةِ هُوَ فِي إِحْرَازِ الإِنْسَانِ لِلْمَسَرَّاتِ وَالمَلَذَّاتِ الكَامِلَةِ. لا يُوجَدُ أَيُّ عِلَّةٍ فِي المَلَذَّةِ نِفْسَهَا إِذْ أَنَّ عَمَلَنَا مَحْصُورٌ لَيْسَ فِي تَصْحِيحِ الرَغْبَةِ نَفْسَهَا وَلَكِنَ النِيَّةُ الَتِي نَسْتَخْدِمُ هَذِهِ الرَغْبَةَ مِنْ خِلالَهَا.

سُؤَال٥٦: لَيْسَ لَدَيَ رَغْبَةٌ فِي القِيَامِ بِأَيِّ عَمَلٍ أَو أَيِّ شَيءٍ آخَرٍ فِي هَذِهِ المَرْحَلَةِ مِنْ حَيَاتِي، فَالأَشْيَاءُ الَتِي كَانَتْ مَصْدَرُ المَلَذَّاتِ بِالنِسْبَةِ لِي كَصُحْبَةِ

الأَصْدِقَاءِ وَالمَسْرَحِ وَالرَّحَلَاتِ لَمْ تَعُدْ تُعْطِيني أَيَّ إِكْتِفَاءٍ وَبَدَأْتُ بِفَقْدِ الإِتِّصَالِ بِأَصْدِقَائِي. مَا يُؤْلِمُنِي الآنَ هُوَ عَجْزِي عَنْ فَهْمِ بُنْيَةِ العَالَمِ بِشَكْلٍ كَامِلٍ. سُؤَالِي هُوَ بِالرَّغْمِ أَنَّنِي أَشْعُرُ بِفُقْدَانِ شُعُورِ الفَرَحِ وَالحَمَاسِ فِي الحَيَاةِ فَلَا بُدَّ لِي مُتَابَعَةِ العَيْشِ وَالعَمَلِ فِي هَذَا العَالَمِ. كَيْفَ يَكُونُ بِإِسْتِطَاعَتِي أَنْ أَسْتَخْدِمُ العَالَمَ الخَارِجِيَّ لِأَجْلِ دِرَاسَةِ الكَابَالَا؟

مَا تَشْعُرُ بِهِ هُوَ بِدَايَةَ تَلَقِّيكِ لِقِيَمٍ وَمَبَادِئَ جَدِيدَةٍ فِي الحَيَاةِ وَرَدَّتُ فِعْلِكَ لِمَا يَحْدُثُ مَعَكَ. وَهَذِهِ الفَتْرَةُ سَتَسْتَغْرِقُ بَعْضَ الوَقْتِ وَهَذَا يَعُودُ لِعَدَمِ قُدْرَتِنَا عَلَى القِيَامِ بِعِدَّةِ تَغْيِيرَاتٍ فِي فَتْرَةٍ وَاحِدَةٍ مِنَ الزَّمَنِ وَذَلِكَ لِسَبَبِ أَنَّ جِهَازَنَا العَصَبِيَّ وَالعَقْلَ لَدَيْنَا وَالَّذِينَ هُمَا الأَسَاسُ وَالعَامِلُ الجَوْهَرِيُّ لِنِظَامِ الأَنَا فِينَا، بِالإِضَافَةِ إِلَى العَلَاقَاتِ المُتَبَادَلَةِ مَعَ البِيئَةِ الَّتِي تُحِيطُ بِنَا، كُلُّ هَذَا يَجْعَلُهُ مِنَ الصَّعْبِ عَلَيْكَ إِجْتِيَازَ هَذِهِ المَرْحَلَةِ بِسُهُولَةٍ وَبِسُرْعَةٍ. غَيْرَ أَنَّ الخَبَرَ الجَيِّدَ هُوَ أَنَّكَ بَدَأْتَ خَوْضَ مَرَاحِلِ التَّغْيِيرِ الدَّاخِلِيِّ. فَتَابِعْ فِي الدِّرَاسَةِ وَطَرْحِ الأَسْئِلَةِ فَأَنْتَ تَشْعُرُ بِتَأْثِيرِ أُسْلُوبِ الدِّرَاسَةِ الصَّحِيحِ عَلَيْكَ فَلَا يُوجَدُ أَيُّ سَبَبٍ لِلإِكْتِئَابِ وَاليَأْسِ.

فَكُلُّ مَا كَانَ مَصْدَرَ السَّعَادَةِ فِي المَاضِي فَجْأَةً أَصْبَحَ غَيْرَ مُهِمٍّ وَأَمْرٍ ثَانَوِيٍّ وَهَذَا أَمْرٌ طَبِيعِيٌّ فَإِنَّ نَظْرَتَكَ إِلَى كُلِّ شَيْءٍ تَخْتَلِفُ الآنَ عَنَّمَا قَبْلَ لِذَلِكَ أَنْتَ تَشْعُرُ بِفُقْدَانِ الرَّغْبَةِ الَّتِي كُنْتَ تَحْصُلُ مِنْهَا عَلَى المَلَذَّاتِ، وَمَا تَشْعُرُ بِهِ مِنْ كُلِّ مَا ذَكَرْتَ لَيْسَ إِلَّا عِبَارَةً عَنْ تَعْبِيرَاتٍ خَارِجِيَّةٍ لِلتَّغْيِيرِ الدَّاخِلِيِّ الَّذِي تَمُرُّ بِهِ. طَبْعاً يَتَوَجَّبُ عَلَيْكَ أَنْ تُتَابِعَ عَمَلَكَ كَالعَادَةِ إِذْ يَجِبُ عَلَيْكَ أَنْ تُتَابِعَ وَاجِبَاتِكَ وَعَلَاقَاتِكَ مَعَ العَائِلَةِ وَالأَصْدِقَاءِ وَالتَّمَتُّعَ بِالمَسْرَحِ وَالرَّحَلَاتِ وَالأَشْيَاءِ الأُخْرَى الَّتِي ذَكَرْتَ فَإِنَّ التَّخَلِّي عَنِ الحَيَاةِ الخَارِجِيَّةِ بِإِمْكَانِهِ إِعَاقَةَ تَقَدُّمِكَ الرُّوحِيَّ وَبِمَا أَنَّهُ مِنَ المُتَوَجَّبِ عَلَيْكَ أَنْ

تُحَافِظَ عَلَى عَلاقَتِكَ بِأَقْرِبَائِكَ إِلاَّ أَنَّكَ تَنْفَصِلُ عَنْ أَصْدِقَائِكَ بِشَكْلٍ تَدْرِيجِيٍّ وَهَذَا يَحْدُثُ بِشَكْلٍ طَبِيعِيٍّ.

هُنَاكَ قَانُونٌ يُدْعَى "التَوازُنِ الشَكْلِيِّ" فِي الطَبِيعَةِ، يَعْمَلُ هَذَا القَانُونُ عَلى تَقارُبِ الأَشْيَاءِ التِي تَسْتَحْوِذُ عَلَى السِمَاتِ نَفْسِهَا وَتَبَاعُدِ تِلْكَ التِي لا تَتَشَابَهُ فِي سِمَاتِهَا. وَعِنْدَمَا تَأْخُذُ السِمَاتُ الرُوحِيَّةَ فِي الظُهُورِ فِي حَيَاةِ الإِنْسَانِ يَأْخُذُ هَذَا القَانُونُ بِالعَمَلِ مُؤَثِراً عَلَيْنَا بِحَسْبِ دَرَجَةِ إِحْرَازِنَا لِهَذِهِ السِمَاتِ.

سُؤَال٥٧: لِمَاذَا أَشْعُرُ بِضَعْفٍ جَسَدِي وَكَأَنَّنِي مَرِيضٌ عِنْدَمَا أَشْرَعُ بِالتَكَلُّمِ عَنْ الكَابَالا، فَهَلْ هَذَا رَدُّ فِعْلٍ طَبِيعِيٍّ لِلْجَسَدِ فِي التَجَاوُبِ فِي هَذَا الأُسْلُوبِ؟

إِنَّ إِعْطَاءَ وَمُشَارَكَةَ المَعْرِفَةَ دَائِماً لَهُ فَوَائِدُهُ وَنَتَائِجُهُ الإِيجَابِيَّةِ عَلَى الآخَرِينَ، الَذِي يَجِبُ أَنْ تَتَحَايَدَهُ هُوَ التَكَلُّمَ عَنْ الأَحَاسِيسِ وَالإِنْطِبَاعَاتِ وَتَجَارُبِكَ فِي عَمَلِ نُورِ الخَالِقِ فِي تَصْحِيحِ نَفْسِكَ، تَكَلَّمْ فَقَطْ عَنْ مَعْرِفَتِكَ. فَإِنَّهُ بِالتَكَلُّمِ عَنْ أَحَاسِيسَكَ وَشُعُورَكَ الدَاخِلِي تَفْتَحُ المَجَالَ أَمَامَهُم لِلْدُخُولِ إِلَى مَوْقِفَكَ أَوْ مَرْحَلَتَكَ التِي تَمُرُّ بِهَا وَهَذَا مِمَا يُؤَدِي إِلَى إِلْحَاقِ الأَذَى بِكَ وَلَكِنْ بِإِمْكَانِكَ تَعْلِيمِ الآخَرِينَ وَهَذَا لا يَعُودُ عَلَيْكَ إِلاَّ بِالخَيْرِ. أَنْتَ إِنْسَانٌ ذَكِيٌّ وَحَسَاسٌ، وَتَشْعُرُ بِالحَمَاسِ خِلالَ التَدْرِيسِ وَمِنْ الصَعْبِ عَلَيْكَ أَنْ تَتَخَلَّى عَنْ هَذَا الإِحْسَاسِ بَعْدَ إِنْهَاءِ الدَرْسَ وَلَكِنْ هَذَا عِبَارَةٌ عَنْ حَالَةٍ نَفْسِيَّةٍ وَلَيْسَ لَهُ أَيَّ عَلاقَةٍ بِالرُوحِيَّةِ.

سُؤَال٥٨: فِي يَوْمٍ مِنَ الأَيَامِ أَحْسَسْتُ بِالسُوءِ، لَجَأْتُ لِلصَلاةِ وَهَذَا سَاعَدَنِي قَلِيلاً وَلَكِنْ وَبَعْدَ بُضْعِ دَقَائِقٍ رَجَعْتُ إِلَى نَفْسِ الحَالَةِ. فَشَارَكْتُ مَعَ صَدِيقِي

سَبَبَ أَلَمِي فَأَحْسَسْتُ بِالتَحَسُّنِ وَلَكِنْ فِي اليَوْمِ التَالِي أَصْبَحَ هُوَ فِي عَذَابٍ فَأَحْسَسْتُ بِأَنَّهُ كَانَ مِنَ الأَفْضَلِ لَوْ تَأَلَّمْتُ وَحِيداً؟

لا يَجِبُ عَلَيْكَ أَبَداً مُشَارَكَةَ مَشَاعِرَكَ وَأَحَاسِيسَكَ الدَاخِلِيَّةِ مَعَ أَحَدٍ إِلاَّ مَعَ الخَالِقِ وَعَالِمِ الكَابَالا مُعَلِّمُكَ وَهَذَا بِسَبَبِ أَنَّ الآخَرِينَ مِنَ النَاسِ لَيسُوا عَلَى مُسْتَوَى رُوحِيٍّ أَعْلَى مِنَ الَذِي أَنْتَ فِيهِ وَلَيْسَ هُمْ الَذِينَ يَقُودُنَكَ وَيُوَجِّهُونَكَ فِي البَحْثِ وَالدِرَاسَةِ وَالتَصْحِيحِ لِذَلِكَ وَحَتَى عَنْ غَيْرِ تَعَمُّدٍ وَقَصْدٍ فِي نَصِيحَتِهِمْ لِكَ يَعْكِسُونَ رَأْيَهُم الذَاتِي النَابِعَ مِنَ الأَنَا وَالَتِي هِيَ مَرْكَزُ الأَنَانِيَّةِ وَالغُرُورِ فِي الإِنْسَانِ مِمَا يُؤَدِي بِكَ إِلَى فُقْدَانِ قُوَاكَ العَقْلِيَّةِ فِي التَرْكِيزِ لِفَتْرَةٍ مُعَيَّنَةٍ. وَبِالرَغْمِ مِنْ شُعُورِكَ بِالإِنْفِرَاجِ المُؤَقَتِ تَفْقِدُ قُدْرَتَكَ عَلَى الإِرْتِقَاءِ إِلَى دَرَجَةٍ أَعْلَى بِشَكْلٍ مُؤَقَتٍ.

سُؤَال٥٩: أَنْتَ تَقُولُ فِي كُتُبِكَ "أَنَّهُ مِنَ المَحْظُورِ مُنَاقَشَةَ الأُمُورِ الرُوحِيَّةِ التِي يَمُرُ بِهَا الإِنْسَانُ فِي أَحَاسِيسِهِ بِمَا يَخْتَبِرَهُ فِي مَرَاحِلِ تَصْحِيحِ النَفْسِ مَعَ أَحَدٍ مِنْ أَصْدِقَاءِهِ إِذْ أَنَّ هَذَا يَجْلِبُ الأَذَى عَلَى كُلٍّ مِنْهُمَا". أَنَا أَذْكُرُ بِأَنَّكَ قُلْتَ بِأَنَّ هَذَا يَجْلِبُ الأَذَى لِي أَنَا وَلَكِنْ مَا هُوَ تَأْثِيرُهُ عَلَى صَدِيقِي؟

الخَطَرُ هُوَ أَنَّكَ تَطَفَلْتَ وَفَرَضْتَ أَحَاسِيسَكَ عَلَى صَدِيقِكَ وَهَذَا يَتَضَمَّنُ إِنْطِبَاعَاتِكَ الرُوحِيَّةِ الدَاخِلِيَّةِ وَعَلاقَتِكَ مَعَ الخَالِقِ. هَذِهِ الإِنْطِبَاعَاتِ وَالأَحَاسِيسِ يَتَوَجَّبُ عَلَى الصَدِيقِ أَنْ يَحْصَلَ عَلَيْهَا وَيَكْتَسِبَهَا بِشَكْلٍ مُسْتَقِلٍ وَمِنَ الخَالِقِ وَالكُتُبِ فَقَطْ وَلَيْسَ مِنْكَ أَنْتَ.

سُؤَال٦٠: أَنَا أُرِيدُ مَعْرِفَةَ مَا أَسْتَطِيعُ وَمَا لا أَسْتَطِيعُ مُشَارَكَتُهُ مَعَ أَصْدِقَائِي. فَكُلَّمَا حَاوَلْتُ فَهْمَ هَذِهِ النُقْطَةِ كُلَّمَا وَجَدْتُ نَفْسِي زَادَ التَشْوِيشِ فِي رَأْسِي

فِي عَدَمِ الفَهْمِ إِذْ يَبْدُو أَنَّ كُل مَا يَقُولُهُ الشَخْصُ يَحْتَوِي عَلَى نَوْعٌ مِنَ الإِحْسَاسِ تِجَاهَ الخَالِقِ، وَحَتَى فِي حَالِ مُنَاقَشَةِ أَيُّ نَصٍ مِنَ النُصُوصِ يُشَارِكُ الطَرَفَيْنِ الأَفْكَارَ نَفْسَهَا. إِذاً فَكَيْفَ بِإِمْكَانِ هَؤُلاءِ الذِينَ يَدْرُسُونَ مَعاً فِي التَقَرُّبِ الوَاحِدِ مَعَ الآخَرِ؟

مِنَ الطَبِيعِيِّ أَنَّهُ عِنْدَمَا نَتَكَلَّمُ أَنَّ كُلَّ مَا نَقُولَهُ مِنْ كَلِمَاتٍ وَمَا نُعَبِّرُ عَنْهُ بِأَحَاسِيسِ خَارِجٌ مِنَ الأَنَا. فَالشَيْءُ الأَهَمُّ هُوَ أَنْ لا نَتَكَلَّمَ عَنْ أَحَاسِيسَنَا الرُوحِيَّةِ تِجَاهَ الخَالِقِ. بِإِمْكَانِكَ التَكَلُّم عَنْ السَفِيرَاتِ وَالعَوَالِمِ وَجَمِيعَ مَوَادِ الدِرَاسَةِ وَالبَحْثِ فِي عِلْمِ الكَابَالا وَلَكِنْ لا تُشَارِكَ شُعُورَكَ وَأَحَاسِيسَكَ الَتِي تَخْتَبِرَهَا وَتَشْعُرُ بِهَا لأَنَّكَ بِذَلِكَ تُؤْذِي نَفْسَكَ وَصَدِيقَكَ. وَهَذَا سَارِ المَفْعُولِ عَلَى الجَمِيعِ. أُدْرُسْ وَابْحَثْ فِي الكُتُبِ وَلَكِنْ لا تَتَكَلَّمَ عَنْ أَحَاسِيسَكَ أَبَداً.

سُؤَال٦١: بَيْنَ الحِينِ وَالأَخرْ يَظْهَرُ فِيَّ فِطْنَةٌ أَوْ بَصِيرَةٌ جَدِيدَةٌ فِي الدِرَاسَةِ، كَيْفَ يَتِمُّ هَذَا الأَمْرُ؟

حِينَمَا يَتَعَلَّقُ الأَمْرَ بِإِحْرَازِ العَالَمِ الرُوحِيِّ يُصْبِحُ عُنْصُرُ الزَمَنِ عَامِلٌ مُهِمٌ وَحَاسِمٌ وَذَلِكَ بِسَبَبِ نُمُوِ الإِنْسَانِ رُوحِيّاً تَمَاشِيّاً مَعَ المَفَاهِيمِ الرُوحِيَّةِ لِتُصْبِحَ أُسْلُوبَ حَيَاةٍ طَبِيعِيَّةٍ لَهُ. إِنَّ المَقْصُودَ بِكَلِمَةِ "الزَمَنِ" مَا يُشِيرُ إِلَى التَغَيُّرَاتِ الَتِي تَحْصَلُ فِي دَاخِلِنَا بِشَكْلٍ مُسْتَمِرٍ وَفِي سُرْعَةٍ عَظِيمَةٍ، وَبِسَبَبِ السُرْعَةِ الفَائِقَةِ نَحْنُ غَيْرُ قَادِرِينَ عَلَى إِدْرَاكِ التَغْيِيرَاتِ الَتِي تَأْخُذُ مَكَانَهَا فِينَا بَلْ عَلَى العَكْسِ نَحْنُ نَشْعُرُ وَكَأَنَّ لا جَدِيداً يَحْدُثُ وَلا نَشْعُرُ بِأَيِّ تَغْيِيرٍ. وَلَكِنْ بَعْدَئِذٍ وَفَجْأَةً نُلاحِظُ عُمْقَ التَغْيِيرِ الَذِي أَخَذَ مَكَانَهُ.

هَذَا نَتِيجَةً لِلْتَغْيِيرَاتِ الصَغِيرَةِ الدَاخِلِيَّةِ وَالَتِي لَمْ نَشْعُرُ بِهَا. فِي بِدَايَةِ التَغْيِيرِ تَكُونُ دَرَجَةُ الحَسَاسِيَّةِ لَدَيْنَا عَالِيَةٌ جِداً، وَفَقَطْ ومِنْ دَرَجَةٍ مُعَيَنَةٍ نَكُونُ قَادِرِينَ عَلَى الإِحْسَاسِ بِالتَغْيِيرِ الَذِي يَأْخُذُ مَجْرَاهُ فِي دَاخِلِنَا. فَإِنَّ كُلَّ مَا يَحْصَلُ لَنَا وَكُلُّ مَا يَدُورُ مِنْ حَوْلِنَا يَتْرُكُ أَثَرَهُ عَلَى النَفْسِ فِينَا وَبَعْدَ حِينٍ يَظْهَرُ التَغْيِيرُ فَجْأَةً. لِذَلِكَ مِنَ المُهِمِ جِداً قِرَاءَةَ النُصُوصِ وَفِي كُلِ الأَوْقَاتِ مَهْمَا كَانَتْ دَرَجَةُ إِسْتِيعَابِ الشَخْصِ لِمَا يَقْرَائَهُ.

سُؤَال ٦٢: إِذَا قُمتُ بِقِرَاءَةِ أَوْ دِرَاسَةِ النُصُوصِ فِي المَسَاءِ وَتَابَعْتُ التَفْكِيرَ بِهَا أَثْنَاء النَوْمِ فَهَلْ يُعْتَبَرُ هَذَا جُزْءً مِنَ العَمَلِ وَالتَقَدُّمِ الرُوحِيِّ أَيْضاً؟

الحَالَةُ الَتِي تَصِفَهَا لَيْسَتْ ظَاهِرَةً رُوحِيَّةً بَلْ نَفْسِيَّةً. فَإِنَّ نَفْسُ الشَيءِ يَحْصَلُ إِذَا قَرَأَتَ أَيُّ نَوْعٍ مِنَ النُصُوصِ بِغَضِ النَظَرِ عَنْ مَوْضُوعَهَا قَبْلَ أَنْ تَرْقُدَ لِلْنَوْمِ. مَعَ ذَلِكَ فَإِنَّ الدِرَاسَةَ قَبْلَ ذَهَابَكَ لِلْنَوْمِ وَالإِسْتِمْرَارُ فِي الإِحْسَاسِ بِالنَصِ خِلالَ النَوْمِ يُعْتَبَرُ شَيءٌ مُفِيدٌ جِداً. فَنَحْنُ بِالعَادَةِ نَقُوْمُ بِالدِرَاسَةِ فِي الصَبَاحِ وَقَبْلَ الفَجْرِ قَبْلَ الذَهَابِ إِلَى العَمَلِ فِي الصَبَاحِ. نَصِيحَتِي لَكَ هُوَ فِي الدِرَاسَةِ سَاعَةً فِي الصَبَاحِ وَأَنْ تُتَابعَ قِرَاءَةَ النُصُوصِ وَالمَقَالاتِ فِي المَسَاءِ.

سُؤَال ٦٣: إِذَا كَانَ الشَخْصُ تَعِبٌ جِداً وَالشَيءُ الوَحِيدُ الَذِي يَرْغَبُ بِهِ هُوَ النَوْمُ، فَهَلْ هُنَاكَ عَمَلٌ رَوحِيٌّ فِي هَذَا المَوْقِفِ أَمْ أَنَّهُ مِنَ الكَافِي أَنْ يَذْهَبَ إِلَى النَوْمِ؟

فِي هَذَا المَوْقِفِ يَتوَجَّبُ عَلَيْكَ الذَهَابَ لِلنَوْمِ وَلَكِنْ مِنَ المُفَضَّلِ قِرَاءَةَ بَعْضِ السُطُورِ مِنْ كِتَابِ شَامَعْتِي لِصَاحِبِ السُلَّمِ.

سُؤَال٦٤: أَشْعُرُ بِالخَجَلِ فِي القَوْلِ أَنَّنِي كُلَّمَا بَادَرْتُ فِي قِرَاءَةِ النُصُوصِ التِي تُشِيرُ إِلَيْهَا يَغْلُبُنِي النُعَاسُ وَهَذَا لَيسَ بِسَبَبِ أَنَّنِي لا أَمْلِكُ الرَغْبَةَ أَوْ لَيْسَ لَدَيَّ إِهْتِمَامٌ وَلَكِنْ هَذَا يَحْصَلُ لِي ضِدَّ رَغْبَتِي. حَتَى لَوْ أَنَّنِي لا أَرْغَبُ فِي النَوْمِ أَشْعُرُ وَكَأَنَّنِي تَحْتَ تَأْثِيرُ مُنَوِّمٍ. مَا الذِي أَحْتَاجُ عَمَلَهُ؟ وَلِمَاذَا هَذَا يَحْصَلُ لِي؟

فِي البِدَايَةِ، أُرِيدُ أَنْ أُوَضِحَ أَنَّ هَذَا هُوَ تَأْثِيرُ النُورِ المُحِيطِ عَلَى الإِنْسَانِ. فَعِنْدَمَا يَأْتِي الإِنْسَانُ إِلَى الدِرَاسَةِ بِالرَغْمِ مِنْ إِحْسَاسِهِ بِالتَعَبِ وَالإِرْهَاقِ أَفْضَلُ بِكَثِيرٍ مِنْ كَوْنِهِ مُرْتَاحاً جَسَدِيَّاً وَلَكِنْ مُرْهَقٌ فِكْرِيَّاً. فَإِنَّ نُورَ الكَابَالا يَتَأَثَّرُ بِكَمِيَةِ الجُهْدِ الذِي يَبْذُلَهُ الشَخْصُ فِي الدِرَاسَةِ وَالبَحْثِ وَلَيْسَ بِعَدَدِ الصَفَحَاتِ وَالمَقَالاتِ التِي يَقْرَائَهَا. بِإِمْكَانِكَ أَنْ تَتَصَفَّحَ كِتَابَ دِرَاسَةِ السَفِيرَاتِ العَشْرِ بِكَامِلِهِ وَبِشَكْلٍ تَامٍ وَمَعَ هَذَا لَنْ يَكُونَ بِإِمْكَانِكَ فَهْمَ أَيِّ شَيءٍ عَلَى الإِطْلاقِ، وَبِالمُقَابِلِ بِإِمْكَانِكَ دُخُولُ العَالَمَ الرُوحِيِّ وَإِحْرَازَ هَدَفَ الخَلِيقَةِ بِالرَغْمِ مِنْ عَدَمِ مَعْرِفَتِكَ لِدِرَاسَةِ السَفِيرَاتِ العَشْرِ.

فِي دِرَاسَتِكَ بِالطَرِيقَةِ الصَحِيْحَةِ لِلنُصُوصِ مُتَتَبِعاً التَعْلِيمَاتُ التِي أُعْطِيكَ إِيَاهَا بِإِمْكَانِكَ أَنْ تَتَأَكَّدَ أَكْثَرَ فَأَكْثَرَ بِأَنَّ كُلَّ شَيءٍ يَسِيرُ بِحَسْبِ الخُطَةِ الإِلَهِيَّةِ لِوُصُولِكَ إِلَى الهَدَفِ النِهَائِي. وَعِنْدَمَا تَصِلُ إِلَى مَرْحَلَةٍ لا تَرْغَبُ فِيهَا النَوْمَ تَعْلَمُ بِأَنَّ الفَتَرَاتَ التِي كُنْتَ تَسْتَسْلِمُ فِيهَا لِلنَوْمِ بِعَدَمِ الرَغْبَةِ سَاهَمَتَ فِي نُمُوكَ الرُوحِيَّ الذِي تَوَصَّلْتَ إِلَيْهِ. الخَالِقُ هُوَ الذِي يُمَهِدُ السَبِيلَ أَمَامَنَا وَكُلَّ مَا نَحْتَاجُ إِلَيْهِ هُوَ أَنْ نَتْرُكَ عَنَانَ أَنْفُسِنَا لَهُ وَهُوَ يَقُوْدُنَا فِي الطَرِيقِ الصَحِيحِ.

سُؤَال٦٥: لِمَاذَا يَحْدُثُ أَنَّهُ فِي كُلِ مَرَّةٍ أُحَاوِلُ قِرَاءَةَ أَيٍّ مِنْ كُتُبِ الكَابَالا تَأْخُذُ الأَفْكَارُ الغَرِيبَةُ وَالتِي لا قِيمَةَ لَهَا تَفِيضُ دَاخِلَ فِكْرِي حَتَى لا أَسْتَطِيعُ

تَحمُّلِهَا لِدَرَجَةِ أَنَّنِي أَشْعُرُ بِأَنَّنِي أَرْغَبُ فِي تَرْكِ الكِتَابِ وَالدِرَاسَةِ، وَلَكِنْ حَالَمَا أَجِدُ نَفْسِي فِي مَوْقِفٍ مُؤْلِمٍ، أَجْلِسُ وَكِتَابُ الكَابَالا فِي يَدِي مِنْ دُونِ أَيِّ مُشْكِلَةٍ فِي تَرْكِيزِ إِنْتِبَاهِي؟

كُلُّ مَا خَلَقَهُ الخَالِقُ هُوَ الإِرَادَةَ فِي التَقَبُّلِ. دُوْنَ الحَيَوَانِ تَتَطَوَّرُ هَذِهِ الرَغْبَةَ فِي الإِنْسَانِ فَقَطْ. إِنَّ هَدَفَ الخَالِقُ هُوَ فِي أَنْ يُصْبِحَ الإِنْسَانُ عَلَى دَرَجَتِهِ فِي التَمَاثُلِ بِسِمَةِ العَطَاءِ المُطْلَقِ بِشَكْلٍ كَامِلٍ وَأَبَدِي. وَلَكِنْ يَسْتَحِيلُ الوُصُوْلَ إِلَى هَذَا الهَدَفِ إِلاَّ تَحْتَ تَأْثِيرِ الأَلَمِ وَالمَلَذَّةِ.

بِمَا أَنَّ المَادَةَ التِي عُمِلْنَا مِنْهَا هِيَ الإِرَادَةُ فِي تَقَبُّلِ المَلَذَاتِ وَالمَسَرَّاتِ، فَإِنَّ إِحْسَاسَنَا بِأَيِّ شَيءٍ مَحْصُورٌ بِمِيزَتَيْنِ إِمَا بِالإِكْتِفَاءِ مِنَ الحُصُوْلِ عَلَى المَلَذَّةِ أَوْ مِنْ نَقْصِ المَلَذَّةِ وَالَذِي نَشْعُرُ بِهِ كَأَلَمٍ وَعَذَابٌ وَكَرْبٌ. فَعِنْدَ حُصُوْلِنَا عَلَى المَلَذَّةِ نَتَقَبَّلَهَا بِشَكْلٍ طَبِيعِيٍّ عَلَى أَنَهَّا هِبَّةٌ أَوْ حَظٌ مُفْتَكِرِينَ "أَنَّنِي مُسْتَحِقٌ لَهَا" وَعِنْدَمَا نَشْعُرُ بِالأَلَمِ فَإِنَّنَا نَسْتَاءُ لأَنَّنَا نَشْعُرُ بِأَنَّنَا لا نَسْتَحِقُّهُ وَهَذَا طَبْعاً يَعُوْدُ إِلَى طَبِيعَةِ الإِرَادَةِ فِي التَقَبُّلِ فِينَا.

بِمَا أَنَّ الخَالِقَ يَمْلِكُ رَغْبَةً فِي العَطَاءِ، أَرَادَ خَلْقَ كَائِنٌ يَسْتَطِيعُ إِغْدَاقَ كُلَّ الخَيْرِ عَلَيْهِ وَلَكِنْ هَذَا لَنْ يَكُوْنَ بِإِشْبَاعِ الرَغْبَةِ مِنْ خِلالِ المَلَذَّاتِ فَقَطْ وَإِلاَّ يُصْبِحُ الإِنْسَانُ مَغْرُوْراً إِلَى دَرَجَةِ الغَبَاءِ. لِذَلِكَ مِنْ خِلالِ البَحْثِ عَنْ المَسَرَّاتِ وَالمَلَذَّاتِ فِي الحَيَاةِ يَسْتَطِيعُ الإِنْسَانُ النُمُوَ رُوُحِيّاً. وَلِكَيْ يَرْتَقِي الإِنْسَانُ لِدَرَجَةِ الخَالِقِ فِي التَشَابُهِ بِالسِمَاتِ يَجِبُ عَلَى الإِنْسَانِ أَنْ يُحْرِزَ سِمَةَ العَطَاءِ. فَعِنْدَمَا نَشْعُرُ بِالمَلَذَّةِ نَأْخُذَهَا عَلَى أَنَّنَا مُسْتَحِقِينَ لَهَا، أَمَّا عِنْدَمَا نَشْعُرُ بِالأَلَمِ فَنَأْخُذُ فِي البَحْثِ عَنِ المَصْدَرِ وَهَكَذَا نَأْتِي إِلَى الخَالِقِ وَالَذِي هُوَ مَصْدَرُ المَلَذَّةِ وَالأَلَمِ.

يَخْلِقُ الأَلَمُ رَغْبَةً فِي دَاخِلِ الإِنْسَانِ لإِيجَادِ مَصْدَرَ هَذَا الأَلَمِ الَذِي يَشْعُرُ بِهِ

وَفِي مَعْرِفَةِ الخَالِقِ. فَمِنْ دُوُنِ الأَلَمِ وَالمُعَانَاةِ فِي حَيَاةِ الإِنْسَانِ لَنْ يَسْتَطِعَ مَعْرِفَةَ الخَالِقِ وَإِحْرَازَ العَالَمِ الرُوحِيِّ. يُرْسِلُ الخَالِقُ الأَلَمَ لَنَا لِكَيْ نَتعَلَّمَ التَغَلُّبَ عَلَيْهِ وَالإِقْتِرَابَ مِنْهُ، وَإِذَا لَمْ يُحْثِنَا الأَلَمُ الصَغِيرُ لِلسَعيِ إِلَيْهِ، يُرْسِلُ لَنَا مُعَانَاةً أَكْبَرَ لإِجْبَارِنَا عَلَى بَذْلِ الجُهْدِ فِي التَغَلُّبِ عَلَيْهَا. فِي هَذِهِ المَرْحَلَةِ لَمْ تَعُدْ المُعَانَاةُ وَالأَلَمُ مَصْدَرَ خَوْفٍ لَنَا لأَنَّهَا أَصْبَحتْ قُوَّةٌ تَدْفَعُنَا لِنَبْقَى عَلَى يَقْظَةٍ دَائِمَةٍ. وَهَذَا هُوَ السَبِيلُ.

وَأَنْتَ، بِمَا أَنَّكَ تُرِيدُ إِحْرَازَ أَعْظَمَ مَا فِي الوُجُوُدِ بِكَامِلِهِ وَالوُصُوُلُ إِلَى دَرَجَةِ الكَمَالِ يَتوَجَّبُ عَلَيْكَ مُتَابَعَةَ بَذْلِ الجُهُوُدِ وَالنَجَاحُ سَيَكُوُنُ حَلِيفُكَ.

سُؤَال٦٦: فِي بَعْضِ الأَحْيَانِ أَجِدُ أَنَّ فِي تَسَاؤُلِي تَتوَفَّرُ لِي الأَجْوِبَةَ بِسُهُوُلَةٍ وَأَحْيَاناً فِي عَدَمِ إِرَادَتِي بِالحُصُوُلِ عَلَيْهَا. لِمَا يُعْطِينِي الخَالِقُ أَجْوِبَةً عَنمَا أَبْحَثُ عَنْهُ مِنْ دُوُنِ إِعْطَائِي المَجَالَ لِبَذْلِ أَيِّ جُهْدٍ؟ هَلْ أَنَّهُ لاَ يَوَدُّ لِي أَنْ أَدْرُسَ الكَابَالا؟

سُؤَالَكَ صَحِيحٌ. هَذَا هُوَ المَوْقِفُ الوَحِيْدُ الَذِي يُحَتِّمُ عَلَى الإِنْسَانِ الإِصْرَارَ فِي رَغْبَتِهِ عَلَى العَمَلِ فِي البَقَاءِ فِي المَوْقِفِ الَذِي وَضَعَهُ الخَالِقُ بِهِ وَأَنْ يَرْفُضَ الخُرُوُجَ مِنْهُ بِالرَغْمِ مِنَ السَبِيلِ السَهْلِ الَذِي جَعلَهُ أَمَامَهُ. فِي رَفْضِهِ هَذَا يَطْلُبُ التَحدِّي وَهَذَا مَا يَزِيدُ مِنْ قُوَّةِ رَغْبَتِهِ نَحوَ الخَالِقُ وَنَحْوَ إِحْرَازِ العَالَمِ الرُوحِيِّ، وَهَذَا هُوَ هَدَفُ الخَالِقُ بِالتَحْدِيْدِ فِي مُحَاوَلَتِهِ تَوْفِيرَ مَخْرَجٍ مِنَ المَوْقِفِ الَذِي وَضَعَكَ بِهِ. فَهَذَا يُوَضِحُ لَكَ حَقِيقَةَ وَصِحَّةَ رَغْبَتِكَ.

سُؤَال٦٧: مَا الفَائِدَةُ التِي أَجْنِيهَا مِنْ دِرَاسَةِ عِلْمِ حِكْمَةِ الكَابَالا بِمَا أَنَّ دِرَاسَتَهَا تُؤَثِّرُ عَلَى القَلْبِ وَلَيْسَ عَلَى فِكْرِ الإِنْسَانِ؟

أَثْنَاءَ مُرُورِنَا فِي المَرَاحِلِ المُخْتَلِفَةِ مِنْ دِرَاسَتِنَا نَحْنُ نَجْتَذِبُ النُورَ المُحِيطَ وَالَذِي يُطَهِرُ قُلُوبَنَا وَيَقُودُنَا تجاهَ الخَالِقِ.

سُؤَال٦٨: فِي بَعْضِ الأَحْيَانِ أَشْعُرُ بِأَنَّنِي أَتَقدمُ بِشَكْلٍ مَلْحُوظٍ، فَإِنَّ مَعْرِفَتِي تَزْدَادُ وَلَكِنَنِي لا أَجِدُ أَيَّ نَوْعٍ مِنَ المَسَرَّةِ فِي هَذَا بَلْ عَلَى العَكْسِ أَشْعُرُ وَكَأَنَّنِي أُرَاوِحُ فِي مَكَانِي أَو أَنَّنِي أَذْهَبُ فِي الإِتجاهِ المُعَاكِسِ، هَلْ أَنَّ هَذَا الشُعُورَ طَبِيعِيٌّ؟ هَلْ أَنَّ الإِحْسَاسَ بِإِكْتِسَابِ المَعْرِفَةِ وَالتَقَدُّمِ هُوَ المَلَذَّةُ وَالمَسَرَّةُ التِي يَحْصَلُ عَلَيْهَا الإِنْسَانُ؟

فِي البِدَايَةِ أُرِيدُ أَنْ أَلْفِتَ إِنْتِبَاهِكَ إِلَى نُقْطَةٍ مُهِمَةٍ جِداً، إِنَّ الجَوَابَ الحَقِيقِيَّ لَيْسَ الذِي يُعْطِيكَ إِيَّاهُ المُعَلِّمُ بَلْ الَذِي تَتَلَقَاهُ مِنَ الأَعْلَى مِنْ عِنْدِ الخَالِقِ فِي قَلْبِكَ. إِنَّ الأَجْوِبَةَ التِي حَصَلْتَ عَلَيْهَا مِنْ خِلالِ تَصْحِيحِ النُورِ لِرَغَبَاتِكَ هِيَ الأَجْوِبَةُ الوَحِيدَةُ الحَقَّةَ. فَفِي عَمَلِيَّةِ التَصْحِيحِ يدْخُلُ النُورُ إِلَى الإِنَاءِ الرُوحِيِّ عِنْدَ الإِنْسَانِ أَيْ إِلَى الرَغَبَاتِ المُصَحِحَةِ لَدَيْهِ وَيَمْلَئهَا مِنْ مِيِّزَاتِهِ وَخِصَالِهِ وَبِالتَالِي يَشْعُرُ الإِنَاءُ بِهَا وَكَأَنَّهَا خَاصِيَتَهُ وَيَفْهَمُ أَنَّ هَذَا هُوَ الجَوَابُ الَذِي كَانَ فِي إِنْتِظَارِ مَعْرِفَتِهِ. بِالإِضَافَةِ إِلَى ذَلِكَ بِإِسْتِطَاعَتِكَ أَنْ تَرَى أَنَّ بَعْضَ التَعَارِيفِ التِي كُنْتَ تَسْتَخْدِمُهَا فِي البِدَايَةِ قَدْ طَرَأَ عَلَيْهَا بَعْضُ التَغْيِيرَاتِ. فَإِذَا كَانَ الإِحْسَاسُ الحُلْوُ فِي المَاضِي مَا تَعْتَبِرَهُ مَلَذَّةً تجدُ أَنَّهُ تَغَيَّرَ الآنَ إِذْ أَصْبَحَتِ المَعْرِفَةُ وَالإِنْتِمَاءُ إِلَى الهَدَفِ المَلَذَّةُ الحَقَّةُ. وَهَكَذَا يَسْتَمِرُ التَغْيِيرُ عَلَى مَرَاحِلٍ مُخْتَلِفَةٍ إِلَى أَنْ تَصِلَ إِلَى مَرْحَلَةِ التَصْحِيحِ النِهَائِيِّ. عِنْدَهَا سَتَشْعُرُ بِنُورِ الخَالِقِ مِنْ دُونِ أَيِّ حَوَاجِزٍ وَسَتَائِرٍ أَيْ أَنَّ نُورَ الخَالِقِ سَيَمْلأُ جَمِيعَ رَغَبَاتِنَا بِشَكْلٍ كَامِلٍ.

وَلرغبتي فِي أَنْ أَكُونَ أَكْثَرَ وُضُوحاً فِيمَا أُرِيدُ التَعْبِيرَ عَنْهُ. أُرِيدُ أَنْ أُضِيفَ

أَنَّهُ عِنْدَمَا نَتَكَلَّمُ عَنْ إِحْرَازِ الخَالِقِ نَحْنُ نَقْصِدُ أَنَّنَا نُحْرِزُ الإِحْسَاسَ النَابِعَ مِنْهُ بَيْنَمَا يَمْلأُ هُوَ رَغَبَاتِنَا فِي دَاخِلِنَا. وَلَكِنْ وَمِنْ النَاحِيَةِ الأُخْرَى فَإِنَّ العَكْسَ صَحِيحٌ أَيْضاً أَنَّنَا نُوجَدُ فِيهِ إِذْ أَنَّهُ يَمْلأُ الوُجُودَ مِنْ حَوْلِنَا.

سُؤَال٦٨: مَا المَقْصُودُ بِكَلِمَةِ "خِدْمَةُ الخَالِقِ"؟ كَيْفَ يَتَعَلَّمُ الإِنْسَانُ أَنْ يَخْدُمَ الخَالِقَ وَكَيْفَ يُصْبِحُ جَدِيراً وَيَسْتَحِقُ أَنْ يَنَالَ هَذَا العَمَلُ العَظِيمُ؟

يُقَدِمُ عِلْمُ حِكْمَةِ الكَابَالا الطَرِيقَةَ التَفْسِيرِيَّةَ بِوُضُوحٍ لِهَذِهِ النُقْطَةِ بِالذَاتِ وَلِذَلِكَ يُخَاطِبُ كُلَّ مَنْ لَدَيْهِ "النُقْطَةُ فِي القَلْبِ" صَاحِيَةٌ. وَكَمَا شَرَحْنَا فِي الدُرُوسِ أَنَّ النُقْطَةَ فِي القَلْبِ هِيَ جُزْءٌ وَشَرَارَةٌ مِنْ نُورِ الخَالِقِ فِي الإِنْسَانِ وَالتِي وَصَفْنَاهَا بِالحَالَةِ الجَنِينِيَّةِ لِلْنَفْسِ الإِنْسَانِيَّةِ.

عِلْمُ الكَابَالا يُزَوِدَنَا بِالتَعْلِيمَاتِ عَنْ كَيْفِيَّةِ عَمَلِنَا فِي تَنْمِيَةِ هَذِهِ النُقْطَةِ وَمِلْئُهَا بِنُورِ الخَالِقِ. وَعِنْدَمَا يَمْتَلِئُ الإِنْسَانُ بِنُورِ الخَالِقِ يُصْبِحُ عَلَى دَرَجَةِ "وَخَلَقَ الرَبُّ أَدَم عَلَى صُورَتِهِ" أَيْ أَنْ يَتَحَلَّ الإِنْسَانُ بِسِمَاتِ وَصِفَاتِ الخَالِقِ مِنْ عَطَاءٍ مُطْلَقٍ فِي نِيَّةِ المَحَبَّةِ الطَاهِرَةِ. فَكَمَا يُغْدِقُ الخَالِقُ عَلَيَّ بِسَخَاءٍ مُطْلَقٍ هَكَذَا أُغْدِقُ عَلَيْهِ بِمَحَبَّةٍ وَسَخَاءٍ. وَهَذَا هُوَ المَقْصُودُ بِالقَوْلِ "خِدْمَةُ الخَالِقِ".

سُؤَال٦٩: كَيْفَ يَتَمَكَّنُ الإِنْسَانُ مِنَ الوُصُولِ إِلَى أَوَّلِ دَرَجَةٍ رُوحِيَّةٍ وَلأَوَّلِ مَرَةٍ فِي حَيَاتِهِ؟

عِنْدَمَا يَصِلُ الإِنْسَانُ إِلَى مَرْحَلَةٍ يَسْتَطِيعُ فِيهَا تَغْيِيرَ هَدَفِهِ مِنَ التَلَقِّي لإِشْبَاعِ ذَاتِهِ إِلَى التَلَقّي مِنْ أَجْلِ إِرْضَاءِ الخَالِقِ عِنْدَهَا يَسْتَطِيعُ إِحْسَاسَ مُحِيطِهِ وَالَذِي كَانَ مَخْفِيَاً عَنْهُ مِنْ قَبْلٍ بِسَبَبِ أَنَّنَا كُنَّا مَحْصُورِينَ دَاخِلَ إِطَارِ طَبِيعَتِنَا

الأَنَانِيَّةِ أَيْ دَاخِلَ إِطَارِ الأَنَا. الإِحْسَاسُ الجَدِيدُ هُوَ مَا يُدْعَى بِالإِحْسَاسِ بِالعَالَمِ الأَعْلَى، أَيْ خَارِجَ إِطَارِ الأَنَا وَمَكَانُ تَواجُدِ الخَالِقِ. قُوَّةُ شُعُورِ الإِنْسَانِ تَعْتَمِدُ عَلَى قُوَّةِ رَغْبَتِهِ فِي العَمَلِ مِنْ أَجْلِ الخَالِقِ. هَذَا الكَمُّ يُعْتَبَرُ الدَرَجَةَ الرُوحِيَّةَ الأُولَى وَهُوَ أَيْضاً الدَرَجَةُ الجَذْرِيَّةُ وَالأَسَاسِيَّةُ.

بَعْدَ تَخَطِي الدَرَجَةُ الأُولَى نَحْصَلُ عَلَى رَغْبَةٍ أُخْرَى مُوَجَّهَةٍ لإِشْبَاعِ الذَاتِ لَدَيْنَا وَهَذَا مَا يُعْطِينَا الشُعُورَ بِالإِنْحِدَارِ وَالسُقُوطِ مِنْ هَذِهِ الدَرَجَةِ، وَهَذَا الإِحْسَاسُ بِسَبَبِ أَنَّ الخَالِقَ قَدْ أَظْهَرَ لَنَا جُزْءً آخَراً مِنْ رَغْبَتِنَا الأَنَانِيَّةِ وَالَتِي بِحَاجَةٍ إِلَى تَصْحِيحٍ. إِذاً الشُعُورُ "بِالإِنْحِدَارِ أَوْ السُقُوطِ" هُوَ الإِحْسَاسُ بِالدَرَجَةِ التَالِيَةِ. فِي كُلِ مَرَةٍ يُصَحِّحُ الإِنْسَانُ نِيَّتَهُ نَحْوَ الهَدَفِ لِلْتَلَقّي مِنْ أَجْلِ إِرْضَاءِ الخَالِقِ وَلَيْسَ لإِشْبَاعِ ذَاتِهِ يَتِمُ تَعْدِيلُ وَتَحْسِينُ هَذَا السُقُوطِ لِيَرْتَقِي الإِنْسَانُ إِلَى دَرَجَةٍ جَدِيدَةٍ.

الحَقِيقَةُ يَتَوَجَّبُ عَلَى الإِنْسَانِ فِي أَنْ يَتُوقُ وَيَطْلُبُ مُلْتَمِساً التَصْحِيحَ وَإِنَّ العَمَلَ بِكَامِلِهِ هُوَ عَمَلُ الخَالِقِ وَحْدَهُ.

سؤال ٧٠: هَلْ مِنَ المُمْكِنِ جَلْبُ الرِضَا وَالإِكْتِفَاءُ لِلخَالِقِ مِنْ دُونِ أَنْ أَتَخَلَّى عَنْ أَيِّ شَيءٍ فِي الحَيَاةِ أَوْ حِرْمَانُ نَفْسِي مِنْ مُتَعِهَا، أَيْ مِنْ دُونِ أَنْ أَقُومَ بِالتَسُومْتَسُومْ وَلَكِنْ يَكْفِي أَنْ أُغَيْرَ نِيَّتِي وَهَدَفِي مِنْ إِشْبَاعِ ذَاتِي إِلَى إِرْضَاءِ الخَالِقِ؟

عِنْدَمَا تَصِلُ إِلَى مَرْحَلَةٍ فِيهَا تَسْتَطِيعُ التَعَمُّقَ فِي إِحْسَاسِ طَبِيعَتِكَ الأَنَانِيَّةِ بِوَعْيٍ وَإِدْرَاكٍ حَادٍ عِنْدَهَا تَسْتَطِيعُ أَنْ تَعِي كَيْفَ أَنَّهُ مِنَ الطَبِيعِيِّ أَنْ تُؤْخَذَ بِمَتَاهَاتِهَا وَتَنْخَدِعُ بِهَا. فَإِنَّنَا نَمْلُكُ طَبِيعَةً مُحَنَّكَةً وَحَاذِقَةً وَإِنَّ كُلَّ عَمَلٍ

يَظْهَرُ مِنْهَا يَبْدُو لَنَا بِأَنَّهُ عَمَلٌ حَقِيقِيٌّ وَصَالِحٌ وَصَادِقٌ وَمَرْغُوبٌ بِهِ، إِذْ أَنَّهُ مِنَ المُسْتَحِيلِ إِدْرَاكُ أَنَّ جَمِيعَ الأَعْمَالِ الَّتِي نَقُومُ بِهَا وَالجُهُودُ الَّتِي نَبْذُلُهَا مُوَجَّهَةً نَحْوَ هَدَفٍ وَاحِدٍ وَهُوَ إِشْبَاعُ ذَوَاتِنَا فَقَطْ. لِذَلِكَ يَجِبُ عَلَيْنَا الحِرْصُ مِنَ الإِنْجِرَافِ وَرَاءَ شَهَوَاتِنَا، فَهَذَا هُوَ الحَصْرُ "التْسُوْمْتْسُوْمْ" الَّذِي تَتَكَلَّمُ عَنْهُ الكَابَالَا، أَيِ القَرَارُ فِي عَدَمِ الإِنْسِيَاقِ وَرَاءَ شَهَوَتِنَا الدُّنْيَوِيَّةِ. لَكِنْ وَبَعْدَ حِينٍ نَصِلُ إِلَى دَرَجَةٍ أَوْ مَرْحَلَةٍ مِنَ التَّصْحِيحِ لِرَغَبَاتِنَا الأَنَانِيَّةِ يُصْبِحُ لَدَيْنَا القُوَّةَ فِي عَدَمِ المُبَالَاةِ بِهَا.

فَقَطْ بَعْدَ الوُصُولِ إِلَى هَذِهِ المَرْحَلَةِ مِنَ الوَعْيِ وَالإِدْرَاكِ وَبِحَسَبِ دَرَجَةِ التَّصْحِيحِ الَّتِي نَصِلُ إِلَيْهَا نَبْدَأُ فِي التَّفْكِيرِ فِي أَفْعَالِنَا وَالتَّحَكُّمِ بِهَا مَا إِذَا كَانَتْ لِهَدَفِ إِشْبَاعِ الذَّاتِ أَوْ مِنْ أَجْلِ إِرْضَاءِ الخَالِقِ. وَهَكَذَا نَحْنُ نَرَى أَنَّ التَّصْحِيحَ يَتِمُّ عَلَى عِدَّةِ مَرَاحِلَ مُتَتَابِعَةٍ وَالَّتِي تَبْدَأُ بِعَمَلِيَّةِ الحَصْرِ "التْسُوْمْتْسُوْمْ" وَهِيَ ضَرُورِيَّةٌ وَلَا بُدَّ مِنْ خَوْضِهَا.

الفَقَرَةُ الخَامِسَةُ: الرَغْبَةُ إكْتِشَافُهَا وَتَصْحِيحُهَا

سُؤَال٧١: كَيْفَ يَتَمَكَّنُ عالِمُ الكَابَالا مِنْ مَعْرِفَةِ أَيٍّ مِنَ الرَغَبَاتِ بِحَاجَةٍ إِلَى تَصْحِيحٍ؟ وَهَلْ مُوضُوعُ الإِخْتِيَارِ بَيْنَ الرَغَبَاتِ أَمْرٌ ذُو أَهَمِيَّةٍ وإِعْتِبَارٍ أَمْ أَنَّ كُلَّ شَيءٍ يَأْتِي نَتِيجَةَ الإِحْرَازِ لِلعَالَمِ الرُوحِيِّ والخِبْرَةِ التِي يَكْتَسِبُهَا مَعَ السِنِينِ؟

عَمِلَ الخَالِقُ الإِرَادَةَ فِي التَقَبُّلِ أَوْ المَخْلُوقِ بِسَبَبِ رَغْبَتِهِ فِي وُجُودِ أَحَدٍ يَسْتَمْتِعُ بِعَطَاءِهِ. وَبِمَا أَنَّ هَذِهِ الإِرَادَةَ هِيَ لِتَلَقِّي المَسَرَّاتِ فَقَطْ لا تَمْلِكُ حُرِيَّةَ الإِخْتِيَارِ فِي ذَاتِهَا، وَإِذَا لَمْ تَشْعُرْ بِأَنَّ إِرادَتَهَا نابِعَةً مِنْ صَمِيمِهَا لَنْ يَكُنْ بِإِسْتِطَاعَتِهَا إِيجَادُ المَلَذَّةِ وَالإِسْتِمْتَاعِ بِأَيِّ شَيءٍ عَلَى الإِطْلاقِ لِذَلِكَ يَتَوَجَّبُ تَصْحِيحُ هَذِهِ الإِرَادَةِ. فَبِالرَغْمِ مِنْ أَنَّ الإِرَادَةَ فِي التَقَبُّلِ نَشَأَتْ مِنَ الخَالِقِ لَكِنْ لأَجْلِ الإِحْسَاسِ بِالمَسَرَّاتِ مِنْهُ يَجِبُ عَلَيْهَا أَنْ تَشْعُرَ بِغِيَابِهِ. مَا هِيَ المَسَرَّةُ النَابِعَةُ مِنَ الخَالِقِ؟ ذُرْوَةُ المَسَرَّةِ هِيَ فِي إِدْرَاكِ الإِنْسَانِ لِكَمَالِ وَعَظَمَةِ الخَالِقِ وَمَكَانَتِهِ وَهَذِهِ دَرَجَةٌ سَامِيَةٌ وَرَفِيعَةٌ. وَلِيَتَمَكَّنَ الإِنْسَانُ مِنْ إِحْرَازِ هَذِهِ المَنْزِلَةِ أَوْ الوُصُولُ إِلَى هَذِهِ الدَرَجَةِ وَالَتِي هِيَ دَرَجَةُ الخَالِقِ يَجِبُ أَنْ يَتَوَافَقَ مَعَهُ فِي السِمَاتِ وَالرَغَبَاتِ وَالأَفْكَارِ.

وَلَكِنْ بِمَا أَنَّ المَخْلُوقَ هُوَ إِرَادَةٌ فِي تَقَبُّلِ المَسَرَّاتِ فِي ذَاتِهِ كَيْفَ يَكُونُ قَادِراً

إكتِشَافُ أَسْرَارِ الوُجُودِ - سُؤَال وَجَوَاب

عَلَى جَلْبِ البَهْجَةَ وَالسُرُورَ لِلخَالِقِ وَهُوَ الكَامِلُ فِي مَقَامِهِ وَعَظَمَتِهِ؟ كَيْفَ يجِدُ الإِنْسَانُ الرَغْبَةَ فِي ذَاتِهِ لِلعَطَاءِ؟لِهَذَا الهَدَفُ بِعَيْنِهِ يَتَوارَى الخَالِقُ عَنْ الإِنْسَانِ. فَفِي فَصْلِ الإِنْسَانِ عَنْهُ خَلَقَ العَوَالِمَ الخَمْسَةَ بِدَرَجَاتِهَا لِتَكُونَ السِتَارَ الَذِي يَتَوَارَى خَلْفَهُ. كُلُّ دَرَجَةٍ مِنْ دَرَجَاتِ هَذِهِ العَوَالِمِ تحْجبُ نُورَ الخَالِقِ عَنْ الإِنْسَانِ، وَفِي أَسْفَلِ جَمِيعِ دَرَجَاتِ هَذِهِ العَوَالِمِ يُوجَدُ عَالَمُنَا وَالَذِي فِيهِ إِحْسَاسُ المَخْلُوقِ بِخَالِقِهِ مَعْدُومٌ. فَإِنَّ الطَبِيعَةَ بِكَامِلِهَا أَيْ بِدَرَجَاتِهَا الجَمَادُ وَالنَبَاتِيُّ وَالحَيُّ يَشْعُرُ فِيهَا الإِنْسَانُ بِنَفْسِهِ فَقَطْ وَيَبْقَى فِي هَذَا الشُعُورِ حَتى النِهَايَةِ. أَمَا عِنْدَمَا يُوجَدُ الإِنْسَانُ عَلَى مُسْتَوى دَرَجَةِ المُتَكَلِّمِ يَسْتَطِيعُ فَصْلَ كَيَانِهِ عَنْ الإِحْسَاسِ بِذَاتِهِ وَإِرَادَتِهِ فِي تَقَبُلِ المَلَذَّاتِ لِذَاتِهِ وَيَأْخُذُ يَصْبُوُ لِمَا هُوَ أَعْلَى وَأَسْمَى مِنْ وُجُودِهِ الغَرِيزِيِّ.

بِمَا أَنَّ الخَالِقَ مَوْجُودٌ فِي حَالَةِ تَوَارٍ تَام لا يَسْتَطِيعُ المَخْلُوقُ الإِحْسَاسَ بِوُجُودِهِ وَفِي أَنَّهُ مُتَوارٍ عَنْهُ، وَلَكِنَ الشُعُورَ بِالقَلَقِ وَالعَوزِ عِنْدَهُ وَالنَابِعُ مِنْ تَوارِ الخَالِقِ وَإِحْتِجَابِهِ يُثْبِتُ لَهُ وُجُودَ الخَالِقِ وَبِأَنَّهُ يَسْتَطِيعُ الإِحْسَاسَ بِهِ. إِنَّ إِمْكَانِيَّةَ تَوقَانُ وَطُمُوحُ الإِنْسَانِ نَحوَ الخَالِقِ تَصْحُوُ فِيهِ بِسَبَبِ بَرِيقُ الشَرَارَةِ النَاتِجَةِ عَنْ تحَطُمِ نَفْسُ أَدَم وَالمَوْجُودَةُ فِي الإِرَادَةِ فِي التَقَبُّلِ. وَضَعَ الخَالِقُ بَرِيقَ شَرَارَةِ النَفْسِ هِذِهِ فِي الإِنْسَانِ لِكَيْ تَكُونَ لَهُ بِمَثَابَةِ سِرَاجٍ يَقُودُهُ مِنْ خِلالِهَا فِي طَرِيقِ الحَيَاةِ. فَمِنْ أَجْلِ أَنْ تَتَواجَدَ القُدْرَةُ عِنْدَ الإِنْسَانِ فِي إِسْتِطَاعَتِهِ بِالإِحْسَاسِ بِطَبِيعَةِ الخَالِقِ وَسِمَةِ العَطَاءِ المُطْلَقِ فِي دَاخِلِ رَغَبَاتِهِ الأَنَانِيَّةِ كَانَ لا بُدَّ مِنْ تحَطِمِ نَفْسِ أَدَم، وَهُوَ الحَدَثُ الَذِي يُشِيرُ إِلَيْهِ عِلْمُ الكَابَالا "بِتحَطُّمِ الإِنَاءِ"، الإِنَاءُ أَيْ الرَغْبَةُ. نَتِيجَةَ التَحَطُّمِ هَذَا وُجِدَتْ الإِمْكَانِيَّةُ فِي دَمْجِ سِمَةِ التَقَبُّلِ التِي فِي المَخْلُوقِ مَعَ سِمَةِ العَطَاءِ التِي لِلْخَالِقِ. وَبِسَبَبِ هَذَا الدَمْجُ حَازَ الإِنْسَانُ عَلَى القُدْرَةِ فِي الإِخْتِيَارِ بَيْنَ

الصَالِحِ وَالطَالِحِ. مَرَاحِلُ الإِخْتِيَارِ الَتِي يَمُرُ فِيهَا الإِنْسَانُ فِي أَدْوَارِ حَيَاتِهِ المُخْتَلِفَةِ مَا يُدْعَى "بِتَصْحِيحِ الإِنَاءِ". وَتَأْخُذُ عَمَلِيَّةُ التَصْحِيحِ هَذِهِ مَجْرَاهَا تَحْتَ سُلْطَةِ العِنَايَةِ الإِلَهِيَّةِ الخَاصَةِ وَالَتِي تُدْعَى "بِعَالَمْ أَتْسِيلُوتْ".

عِنْدَ الوُصُولِ إِلَى نِهَايَةِ التَصْحِيحِ يَرْتَقِي الإِنْسَانُ إِلَى أَعْلَى دَرَجَاتِ النُورِ وَالَتِي يَحْصَلُ فِيهَا عَلَى التَوَازُنِ الشَكْلِيِّ التَامِ لِسِمَاتِهِ مَعَ سِمَاتِ الخَالِقِ مِنْ عَطَاءٍ مُطْلَقٍ. فِي مَرْحَلَةِ التَمَاثُلِ فِي السِمَاتِ يَتَوَصَّلُ الإِنْسَانُ إِلَى الشُعُورِ بِالخَالِقِ وَلِلإِلْتِصَاقِ بِهِ. بِالمُخْتَصَرِ المُفِيدِ، هَذِهِ هِيَ القِصَّةُ بِكَامِلِهَا، أَمَا التَفَاصِيلُ فَيَجِبُ عَلَيْكَ اكْتِشَافَهَا بِنَفْسِكَ.

سُؤَال ٧٢: مِنْ أَيْنَ تَأْتِي قُوَةُ التَصْحِيحِ؟ وَمَا هِيَ طَرِيقَةُ عَمَلِهَا؟

مِنْ أَجْلِ أَنْ يَسْتَطِيعَ الإِنْسَانُ التَسَلُّقَ وَالصُعُودَ إِلَى الدَرَجَةِ التَالِيَةِ عَلَى سُلَّمِ العَالَمِ الرُوحِيِّ، تَنْحَدِرُ الدَرَجَةُ العُلْيَا قَلِيلاً تِجَاهَ الإِنْسَانِ لِكَيْ يَتَمَكَّنَ مِنْ إِدْرَاكِ التَغْيِيرِ الَذِي يَتَوَجَّبُ عَلَيْهِ القِيَامَ بِهِ وَكَيْفَ يَقُومُ بِهِ وَكَيْفَ يَحْصَلُ عَلَى القُوَةِ الَتِي يَحْتَاجُهَا.

إِنَّ التَصْحِيحَ يَجْرِي بِوَاسِطَةِ النُورِ المُحِيطِ بِمَا أَنَّ الإِنَاءَ لا يَمْتَلِكُ عَلَى المَسَاحِ لِإِحْتِوَاءِ النُورِ فِيهِ. فَكِرْ فِي المَوْضُوعِ قَلِيلاً، لَوْ كَانَ بِإِسْتِطَاعَةِ الإِنَاءَ أَخْذَ النُورَ فِيهِ لَمَا كَانَ لَهُ الحَاجَةَ فِي التَصْحِيحِ، أَلَيْسَ هَذَا صَحِيْحاً؟ إِذاً إِنَّ التَصْحِيحَ يَأْتِي دَائِماً مِنَ الدَرَجَةِ العُلْيَا مِنْ تِلْكَ الَتِي يَتَوَاجَدُ عَلَيْهَا الإِنْسَانُ وَالَتِي يَتَوَجَّبُ عَلَيْهِ الإِرْتِقَاءُ إِلَيْهَا فِي حَالِ عَدَمِ تَصْحِيحَهَا. لِذَلِكَ يَأْخُذُ التَصْحِيحُ مَجْرَاهُ بِتَأْثِيرِ القُوَةُ العُلْيَا المَوْجُودَةُ خَارِجَ مَجَالِ تَوَاجُدِ الإِنَاءِ وَالَتِي تَعْمَلُ بِمَثَابَةِ النُورِ المُحِيطِ.

سُؤَال٧٣: كَيْفَ نَسْتَطِيعُ الحُصُولَ عَلَى مَساخٍ إذَا لَمْ يَكُنْ فِينَا نُورٌ؟

هُنَاكَ تَأْثِيرٌ خَفِيٌ لِلْنُورِ عَلَينَا وَيَنْشَأُ هَذَا التَأْثِيرَ مِنْ خِلالِ دِرَاسَةِ نُصُوصِ عِلْمُ حِكْمَةِ الكَابَالا الأَصْلِيَّةِ. إذاً يَتِمُ اكْتِسَابُ المَساخ عَنْ طَرِيقِ الدِرَاسَةِ وَالإِسْتِيعَابِ الجَيدِ لِلنُصُوصِ وَالمَقَالاتِ وَتَرْشِيدَاتِ المُعَلِّمِ وَتَوْجِيهَاتِهِ. لِذَلِكَ مِنَ الضَرُورِيِّ بَلْ مِنَ المُهِم جِداً قِرَاءَةَ النُصُوصِ حَتَى لَوْ كَانَ يَصْعُبُ عَلَيْنَا فَهمَهَا إذْ أَنَّهُ مِنْ خِلالِ قِرَاءَتِها نَسْتَطِيعُ التَقَدُّمَ فِي طَرِيقِ النُورِ بِتَأْثِيرِ النُورِ الَذِي تَحْتَوِيهِ هَذِهِ النُصُوصِ.

لَقَدْ قِيلَ فِي المُقَدِمَةِ فِي دِرَاسَةِ السَفِيرَاتِ العَشْرِ لِصَاحِبِ السُلَّم: "كُلَ مَا تَجِدُهُ يَدكَ لِتَفْعَلَهُ فَافعَلَهُ بِقُوَتِكَ". فَإِنَّهُ عَنْ طَرِيقِ بَذْلِ الجُهْدِ الشَدِيدِ فَقَطْ يَسْتَطِيعُ الإِنْسَانُ إِحْرَازَ تَأْثِيرِ النُورِ الأَعْلَى الخَفِيِّ وَالَذِي يُعْطِيهِ القُوَة لِيَسْتَطِيعَ دُخُولَ العَالَمِ الرُوحِيِّ وَلِيَخْتَبِرَ وَاقِعُ الإِحْسَاسِ بِنُورِالخَالِقِ. عِنْدَهَا يَتَلَقَّى الإِنْسَانُ المَسَاخَ الأَوَلَ وَيَبْدَأُ يَتَصَرَّفُ بِسُلُوكٍ لِهَدَفِ جَلْبِ الرِضَا لِلْخَالِقِ وَلَيْسَ لإِرْضَاءِ ذَاتِهِ فَقَطْ.

سُؤَال٧٤: هَلْ أَسْتَطِيعُ تَغْيِيرَ نَفْسِي مِنْ دُونِ دِرَاسَةِ عِلْمُ حِكْمَةِ الكَابَالا؟

لاَ. فَالتَغْيِيرُ يَعْنِي تَغْيِيرُ النِيَّةِ فِي الرَغَبَاتِ الأَنَانِيَّةِ لَدَيْنَا وَهَذَا التَغْيِيرُ يَتِمُ عَنْ طَرِيقِ إِحْرَازِ سِمَاتِ النُورِ الأَعْلَى. وَلِهَذَا السَبَبُ فَإِنَّ التَصْحِيحَ يَأْخُذُ مَكَانَهُ فِي الإِنْسَانِ مِنْ خِلالِ نُورِ الخَالِقِ أَيْ النُورُ الأَعْلَى إِذْ أَنَّهُ الوَحِيْدُ القَادِرُ عَلَى تَصْحِيحِ الأَنَا فِي الإِنْسَانِ. لِذَلِكَ هَذِهِ هِيَ الطَرِيقَةُ الوَحِيْدَةُ الَتِي يُمْكِنُكَ تَغْيِيرُ نَفْسِكَ مِنْ خِلالِهَا، فَفِي دِرَاسَتِكَ لِعِلْمِ الكَابَالا تَجْتَذِبُ النُورَ الأَعْلَى وَالَذِي يَقُودَكَ فِي طَرِيقِ التَصْحِيحِ.

سُؤَال ٧٥: لِمَاذَا تَقُولُ بِأَنَّهُ مِنَ المُسْتَحِيلِ عَلَى الشَّخْصِ تَحْسِينُ مَعَالِمِ شَخْصِيَّتِهِ؟ فَأَنَا أَعْتَقِدُ بِأَنَّهُ مِنَ المُمْكِنِ أَنْ يُحَسِّنَ الشَّخْصُ نَفْسَهُ مِنْ خِلَالِ مُسَاعَدَةِ عِلْمِ النَّفْسِ بَعْضَ الشَّيْءِ بِالرَّغْمِ مِنْ أَنَّنِي فِي الأَغْلَبِ أَجِدُ الكَثِيرَ فِيهِ لَيْسَ إِلَّا مَضْيَعَةً لِلْوَقْتِ. وَلَكِنْ إِذَا وُجِدَ أَيُّ شَيْءٍ سَلْبِيٍّ فِي الشَّخْصِ فَلَا بُدَّ أَنْ يَكُونَ هَذَا الأَفْضَلُ لِجَلْبِ التَّصْحِيحِ، هَلْ هَذَا صَحِيحٌ؟

إِنَّهُ مِنَ الصَّحِيحِ عَدَمُ وُجُودِ أَيِّ شَيْءٍ مِمَّا تَلَقَّيْنَاهُ مُنْذُ وِلَادَتِنَا قَابِلٍ لِلتَّصْحِيحِ. فَإِنَّ الخَالِقَ عَمَلَ المَادَّةَ "المَخْلُوقِ" مِنَ الأَسَاسِ ذُو طَبِيعَةٍ صَلْبَةٍ وَقَاسِيَةٍ وَغَيْرِ قَابِلَةٍ لِلتَّغْيِيرِ إِذْ أَنَّهَا وُجِدَتْ مِنَ الجَمَادِ أَيِ الشَّيْءِ الثَّابِتِ أَوِ الخَامِدِ هَذِهِ هِيَ المَادَّةُ "الخَلِيقَةُ"؛ وَالشَّيْءُ الوَحِيدُ الَّذِي يَتَغَيَّرُ هُوَ النِّيَّةُ المَوْجُودَةُ وَرَاءَ الرَّغْبَةِ عِنْدَ الإِنْسَانِ وَبِالتَّحْدِيدِ الرَّغْبَةُ الرُّوحِيَّةُ عِنْدَهُ أَيْ سُلُوكُنَا نَحْوَ الخَالِقِ. فَإِنَّ النِّيَّةَ مِنْ أَجْلِ إِرْضَاءِ الخَالِقِ هِيَ الَّتِي تُوَلِّدُ فِينَا نَتِيجَةَ الجُهُودِ الَّتِي نَبْذُلُهَا، وَهَذَا هُوَ الشَّيْءُ الوَحِيدُ الجَدِيدُ وَأَمَّا مَا تَبَقَّى لَا يُمْكِنُ تَغْيِيرُهُ.

يَكُونُ بِالإِمْكَانِ إِظْهَارُ هَذَا فَقَطْ فِي حِينِ ظُهُورِ الحَاجَةِ فِي خَلْقِ نِيَّةٍ جَدِيدَةٍ. فَلَا يُوجَدُ هُنَاكَ إِلَّا الإِنَاءُ وَالنُّورُ وَالمَسَاخُ الَّذِي نَصْنَعُهُ بِأَنْفُسِنَا.

سُؤَال ٧٦: هَلْ يَصِحُّ القَوْلُ بِأَنَّ التَّغْيِيرَاتِ الَّتِي تَطْرَأُ عَلَى شَخْصِيَّةِ الإِنْسَانِ هُوَ فِي الحَقِيقَةِ تَعْبِيرٌ وَإِبَانَةٌ مَا هُوَ كَائِنٌ مِنَ الأَسَاسِ فِي طَبِيعَةِ الإِنْسَانِ؟ وَبِمَا أَنَّ هَذِهِ الخِصَالَ أَوِ المَيِّزَاتِ مُخْفِيَّةٌ ضِمْنَ مَعَالِمِ الشَّخْصِيَّةِ وَتَبْدُو جَدِيدَةً حِينَ ظُهُورِهَا فَهَلْ بِالحَقِيقَةِ هُنَاكَ "تَغْيِيرٌ فِي الشَّخْصِيَّةِ" كَامِنٌ دَاخِلَ الشَّخْصِ وَالآنَ يَبْدُو لِلْعِيَانِ؟

نَجِدُهُ مِنَ المُفَاجِئِ جِدّاً إِذَا رَأَيْنَا رَجُلاً مُحْتَفِظاً وَمُحْتَشِماً فِي طَبِيعَتِهِ

يَتحَوَّلُ فِي لَحْظَةٍ إِلَى قَاتِلٍ هَمَجِيٍّ بَرْبَرِيٍّ، فَكَيْفَ يَكُونُ مِنَ المُمْكِنِ تَوَاجُدُ هَذَا النَوْعُ مِنَ التَحْوِيلِ المُتَنَاقِضِ كَامِنٌ فِي شَخْصٍ وَاحِدٍ. دَعُونَا نُوَضِّحُ هَذِهِ الظَاهِرَةُ مِنْ خِلالِ قِصَةِ رَجُلٍ أَرَادَ أَنْ يُقْنِعَ عَالِمٍ كَابَالا كَيْفَ أَنَّهُ مِنَ المُمْكِنِ لِطَبِيعَةِ الإِنْسَانِ أَنْ تَتَغَيَّرَ. فَقَالَ الرَجُلُ لِعَالِمِ الكَابَالا مِنَ المُمْكِنِ تَرْوِيضُ الهِرَرَةَ وَتَعْلِيمَهَا عَلَى الإِطَاعَةِ وَبِذَلِكَ يَكُونُ مُمْكِناً تَغْيِيرُ طَبِيعَتِهَا وَدَعَاهُ لِكَيْ يَرَى هَذَا بِنَفْسِهِ. فَأَتَى عَالِمُ الكَابَالا مُلَبِياً الدَعْوَةَ. وَعِنْدَ دُخُولِهِ وَجَدَ عَالِمُ الكَابَالا الهِرَرَةَ فِي لِبَاسِ القَائِمِ عَلَى الخِدْمَةِ وَأَخَذُوا بِجَلْبِ الصُحُونِ وَخِدْمَةِ الضُيُوفِ، فَإِنْدَهَشَ الجَمِيعُ مِنْ بَرَاعَةِ الرَجُلِ الَذِي قَامَ عَلَى تَحْوِيلِ هَذَا الحَيَوَانِ إِلَى مَا يَرَوْنَ مُثْنِينَ عَلَيْهِ فِي عَمَلِهِ الرَائِعِ وَالَذِي تَجَاوَزَ الطَبِيعَةَ وَقَوَانِينِهَا، وَلَكِنْ وَفِي حِينِ لَمْ يُلاحِظْهُ أَحَدٌ، أَخَذَ عَالِمُ الكَابَالا الفَأْرَ الَذِي كَانَ بِحَوْزَتِهِ وَأَطْلَقَهُ حُراً. فَفِي اللَحْظَةِ التِي رَأَتِ الهِرَرَةُ الفَأْرَ عَلَى الأَرْضِ نَسَوْا كُلَّ مَا تَلَقَوْنَهُ فِي سِنِينِ تَدْرِيبِهُمْ وَرَكَضُوا جَمِيعاً خَلْفَ الفَأْرِ.

نَحْنُ البَشَرُ حَبِيسِيَّ طَبِيعَتِنَا، وَتَصْحِيحُ هَذِهِ الطَبِيعَةِ مُمْكِنٌ فَقَطْ عَنْ طَرِيقِ تَلَقِّي القُوَّةُ مِنْ خَارِجِ إِطَارِ الأَنَا الَذِي نَحْنُ مَأْسُورِينَ فِيهِ. فَأَيُّ قُوَّةٍ دَاخِلِيَّةٍ هِيَ جُزْءٌ مِنْ طَبِيعَتِنَا وَلِذَلِكَ لا يُمْكِنُ لَهَا تَصْحِيحَنَا بَلْ كُلُّ مَا تَسْتَطِيعُ تَقْدِيمَهُ لَنَا هُوَ وَضْعُ قِنَاعِ تَمْوِيهٍ عَلَى طَبِيعَتِنَا.

سُؤَال٧٧: مَا المَقْصُودُ بِالقِيَامِ بِالأَعْمَالِ الحَسَنَةِ مِنْ خِلالِ جُهُودِنَا الدَاخِلِيَّةِ التِي نَبْذُلُهَا فِي التَصْحِيحِ؟

الأَعْمَالُ الحَسَنَةِ هِيَ الأَعْمَالُ التِي تَهْدُفُ نَحْوَ تَحْقِيقِ هَدَفِ الخَلِيْقَةِ وَنَحْوَ إِلْتِصَاقَنَا بِالخَالِقِ مِنْ خِلالِ التَوازُنِ الشَكْلِيِّ فِي السِمَاتِ. فَإِنَّ كُلَّ عَمَلِ تَصْحِيحٍ لِنُفُوسِنَا وَمُسَاعَدَةُ الآخَرِينَ فِي التَصْحِيحِ بِمَا أَنَّنَا جُزْءٌ مِنَ النَفْسِ

الوَاحِدَةِ مَا يُدْعَى "العَمَلُ الحَسَنُ" إِذْ أَنَّ كُلَّ عَمَلٍ مِنَ الأَعْمَالِ الحَسَنَةِ يُظْهِرُ حُسْنَ الخَالِقِ وَجُودَهُ إِذْ أَنَّهُ "الجَيِّدُ وَالذِي يُغْدِقُ الخَيْرَ عَلَى الجَمِيعِ".

سُؤَال ٧٨: كَيْفَ يَطْمَحُ الإِنْسَانُ إِلَى عَمَلِ الخَيْرِ مَعَ العِلْمِ أَنَّهُ مِنَ المُسْتَحِيلِ إِنْجَازَهُ مِنْ خِلالِ طَبِيعَتِنَا الأَنَانِيَّةِ؟

يَجِبُ عَلَى الإِنْسَانِ أَنْ يُحَاوِلَ جَهْدَهُ لِيَرَى بِنَفْسِهِ كَمْ أَنَّهُ مِنَ الصَعْبِ تَخَطِي العَقَبَاتِ فِي العَمَلِ بِعَكْسِ طَبِيعَتِهِ البَشَرِيَّةِ، فَكَيْفَ بِإِمْكَانِهِ المَعْرِفَةَ مِنْ دُونِ أَنْ يَخُوضَ التَجْرِبَةَ بِنَفْسِهِ؟

إِنَّ حُصُولَنَا عَلَى النُورِ يَأْتِي فَقَطْ مِنْ خِلالِ الجُهُودِ التِي نَبْذُلُهَا، عِنْدَهَا إِذَا وَضَعْنَا كُلَّ تَرْكِيزِنَا نَحْوَ الخَيْرِ نَسْتَطِيعُ إِدْرَاكَ وَفَهْمَ شَرَّ طَبِيعَتَنَا البَشَرِيَّةَ. فَإِذَا ظَنَنَّا أَنَّنَا أُنَاسٌ جَيِدُونَ وَخَيِّرُونَ وَنَشْهَدُ لِهَذَا عِنْدَهَا بِالتَحْدِيدِ نَسْتَطِيعُ إِظْهَارَ المَرْحَلَةِ التِي تَوَصَّلْنَا إِلَيْهَا فِي نُمُونَا الرُوحِيِّ.

إِنَّ الشَيءَ المُهِمَ الذِي يَجِبُ أَنْ نَتَذَكَرَهُ هُوَ قِرَاءَةَ النُصُوصِ عَلَى قَدْرِ المُسْتَطَاعِ، فَكُلَّمَا أَكْثَرْنَا مِنَ القِرَاءَةِ كُلَّمَا إِزْدَادَتْ مَعْرِفَتَنَا لِطَبِيعَتِنَا بِشَكْلٍ أَسْرَع.

سُؤَال٧٩: كَيْفَ أَسْتَطِيعُ تَفَادِي الأَلَمِ وَالمُعَانَاةِ؟

إِنَّ الخَالِقَ هُوَ الذِي يُدِيرُ وَيُسَيِّرُ العَالَمَ وَهُوَ صَاحِبُ السَيْطَرَةِ الكُلِيَّةِ وَالكَامِلَةِ فِي كُلِ مَا يَحْدُثُ فِيهِ. فَلا يُوجَدُ أَحَدٌ آخَرٌ فِي الوُجُودِ إِلاَّ الخَالِقُ وَحْدَهُ. فَالخَلِيْقَةُ مَوْجُودَةٌ أَدْنَاهُ وَهُوَ الوَحِيْدُ صَاحِبُ السُلْطَةِ وَالسُلْطَانُ فَوْقَهَا إِذْ لا يُوجَدُ قِوَى أُخْرَى إِلَى جَانِبِهِ. نَسْتَطِيعُ إِسْتِيعَابَ هَذِهِ الحَقِيقَةِ عَلَى أَنَّهُ لا يُوجَدُ أَيُّ قُوَى فِي العَالَمِ بَلْ فِي الوُجُودِ بِكَامِلِهِ إِلاَّ الخَالِقُ وَحْدَهُ عِنْدَمَا

نُصْبحُ مِنْ دَارِسِيِّ عِلْم الكَابَالا لأَنَّهُ كُلَّمَا بَحَثْنَا فِي عِلْم الكَابَالا كُلَّمَا تَأَثَرْنَا بِنُورِ الخَالِقِ وَتَأَقْلَمْنَا وَتلائَمْنَا مَعَ فِكْرِهِ وَسِمَاتِهِ وَهَذَا مَا يُحَدِّدُ مَا نَسْتَطِيعُ تَلَقِيهِ مِنَ الخَالِقِ.

فَكُلَّمَا قَلَّ مُسْتَوى تلائُمِنَا مَعَ النُورِ كُلَّمَا زَادَتِ نِسْبَةُ الأَلَمِ وَالمُعَانَاةِ لَدَيْنَا. إِنَّ هَدَفَ الخَالِقُ وَبِشَكْلٍ دَائِمٍ هُوَ فِي إِعْطَاءِنَا الأَفْضَلُ وَلَكِنَ حَوَاسُنَا وَالمَنْطِقُ الإِنْسَانِيُّ لَدَيْنَا هُوَ مَا يُغَيِيرُ مَا يُغْدِقُهُ الخَالِقُ عَلَيْنَا مِنَ الجَيدِ وَالخَيْرِ وَيُحولُهُ إِلَى شُعُورٍ بِالكَرْبِ وَالأَلَمِ وَالمُعَانَاةِ وَذَلِكَ بِسَبَبِ عَدَمِ التَطَابُقِ وَالتَنَاسُقِ أَوْ التَكَافُؤِ فِي السِمَاتِ بَيْنَنَا وَبَيْنَ النُورِ. كُلُّ شَيءٍ يَعْتَمِدُ عَلَى التَكَافُؤِ فِي السِمَاتِ، فَإِذَا وُجِدَ التَنَاسُقُ سَنَشْعُرُ وَنَرَى بِأَنَّ كُلَّ مَا نَتَلَقَّاهُ مِنَ الخَالِقِ هُوَ جَيْدٌ وَسَنَشْعُرُ بِنِيَّةِ الخَالِقِ الحَقِيقِيَّةِ تِجَاهَنَا. يُظْهِرُ لَنَا عِلْمُ حِكْمَةِ الكَابَالا كَيْفِيَّةَ تَعْدِيلِ وَتَغْيِيرِ سِمَاتَنَا إِلَى أَنْ نَصِلَ إِلَى دَرَجَةِ التَوازُنِ الشَكْلِيِّ الكَامِلِ فِي السِمَاتِ لِنَصِلَ فِي النِهَايَةِ إِلَى القُدْرَةِ عَلَى الإِحْسَاسِ بِالخَيْرِ الأَبَدِيِّ.

عِلْمُ حِكْمَةِ الكَابَالا يُعَلِّمُ الإِنْسَانُ كَيْفَ يَتَقَبَّلُ عَطَاءَ الخَالِقِ بِشَكْلٍ صَحِيحٍ وَإِدْرَاكِ مَا يَأْتِينَا مِنْهُ.

سُؤَال ٨٠: مُنْذُ أَنْ بَدَأْتُ بِالقِرَاءَةِ وَالبَحْثِ فِي عِلْمِ حِكْمَةِ الكَابَالا أَشْعُرُ وَكَأَنَّه قَدْ أَصْبَحَ لَدَيَّ وُجْهَةُ نَظَرٍ جَدِيدَةٍ وَمَنْظُورٍ جَدِيدٍ لِلحَيَاةِ كَمَا وَأَشْعُرُ بِأَنَّ القِيَمَ وَالمَبَادِئَ عِنْدِي تَبْدُو وَكَأَنَّهَا إِنْقَلَبَتْ رَأْساً عَلَى عَقْبٍ وَهَا أَنَا أَجِدُ نَفْسِي مَا زِلْتُ أُفَكِّرُ بِالكَثِيرِ الكَثِيرِ مِنَ الأَسْئِلَةِ البَسِيطَةِ وَالتِي كُنْتُ أَفْتَكِرُ بِأَنَّنِي أَعْرِفُ الإِجَابَةَ لَهَا. هَلْ بِإِمْكَانِكَ تَفْسِيرِ الذِي يَحْصَلُ مَعِي؟

إِنَّ الذِي تَخْتَبِرَهُ هُوَ بِدَايَةَ إِدْرَاكِ وَوَعْيٍ لِمَبَادِئِ جَدِيدَةٍ وَتَقْدِيرٍ جَدِيدٍ

لِلعَالَمِ المُحِيطِ بِكَ وَأُسْلُوبٌ وَمَنْهجٌ رَاشِدٌ فِي التَعَامُلِ مَعَ الحَيَاةِ. عَادَةً هَذِهِ التَغْيِيرَاتُ تَحْتَاجُ إِلَى وَقْتٍ طَوِيلٍ مِنَ الزَمَنِ قَبْلَ أَنْ تَتَجلَّى فِي أَرْضِ وَاقِعِنَا لأَنَّهُ مِنَ المُسْتَحِيلِ عَمَلُ كُلَّ هَذِهِ التَغْيِيرَاتِ وَالتَعْدِيلاتِ عَلَى الفَوْرِ لِتَصِلَ بِالإِنْسَانِ مِنْ هَذَا العَالَمِ إِلَى العَالَمِ الأَعْلَى وَذَلِكَ بِسَبَبِ أَنَّ قُدْرَةَ الإِنْسَانِ العَقْلِيَّةِ وَالعَصَبِيَّةِ وَالنَفْسِيَّةِ لا تَتَحَمَّلُ التَغْيِيرَ المُفَاجِئَ وَالسَرِيعِ. وَلَكِنْ أَنْتَ بَدَأْتَ تَشْعُرُ بِالتَغْيِيرَاتِ فِي نَفْسِكَ. تَابعْ فِي البَحْثِ وَالدِرَاسَةِ وَطَرْحِ الأَسْئِلَةِ، فَأَنْتَ عَلَى الطَرِيقِ الصَحِيحِ فِيمَا تَشْعُرُ بِهِ إِذْ أَنَّكَ تَخْتَبِرُ نَتَائِجَ الشُعُورِ الأَوَلِ لِتَأْثِيرَاتِ الدِرَاسَةِ عَلَى عَالَمِكَ الدَاخِلِيِّ.

سُؤَال٨١: حِيْنَمَا أَكُونُ فِي مَرْحَلَةِ إِحْرَازِ دَرجَةٍ جَدِيدَةٍ فِي العَالَمِ الرُوحِيِّ وَأَشْعُرُ بِهدَفِ العَمَلِ الرُوحِيِّ الذِي أَقُوْمُ بِهِ، هَلْ يَتَوَجَّبُ عَلَيَّ أَنْ أُذَكِّرَ نَفْسِي بِأَنَّ ظُهُوْرَ نُوْرَ الخَالِقِ يَتِمُ فِي الإِنَاءِ الرُوحِيِّ "الرَغَبَاتِ المُصَحَّحَةِ" لِذَلِكَ يَتَحَتَّمُ عَلَيَّ البَحْثَ عَنْ رَغَبَاتٍ جَدِيدَةٍ فِي هَذِهِ المَرْحَلَةِ كَيْ أَتَجَنَّبَ السُقُوْطَ مِنْ الدَرجَةِ التِي أَنَا فِيْهَا؟

إِنَّ الإِحْرَازَ هُوَ بِمَثَابَةِ مِنَصَّةِ القَفْزِ إِذَا صَحَ التَعْبِيرِ لِيُسَاعِدَكَ عَلَى الوَثْبِ إِلَى الأَعْلَى وَلَيْسَ العَكْسُ. تَابعْ فِي القِرَاءَةِ المُكَثَّفَةِ وَبِشَكْلٍ مُنَظَّمٍ لِتَجِدَ فِي النُصُوصِ مَا لَمْ تَرَهُ قَبْلاً. وَتَحْتَ أَيِّ نَوْعٍ مِنَ الظُرُوُفِ تَفَادِي التَمَتُّعَ بِالشُعُورِ بِالإِحْرَازِ نَفْسَهُ بَلْ إِقْبِضْ زِمَامَ نَفْسِكَ، وَمَعَ الإِحْسَاسِ بِالإِحْرَازِ تَذْكُرُ سَبَبَ الإِحْرَازِ الَذِي أَدْرَكْتَهُ وَمَا قَرَأْتَهُ فِي الكُتُبِ. إِذْ أَنَّ الفَرْقَ بَيْنَ الشَرْطِ الأَوَلِ وَالأَخِيرِ لِلخَلِيْقَةِ يَكْمُنُ فِي قُدْرَةِ الإِنْسَانِ عَلَى الإِحْسَاسِ بِنُوْرِ الخَالِقِ. وَهَذَا يَتَجلَّى بِمِثَالِ الضَيْفِ وَالمُضِيفِ، فَإِنَّ الضَيْفَ يَأْخُذُ مَا قُدِّمَ لَهُ بِعَدَمِ مَعْرِفَةِ مَنْ قَدَّمَهُ لَهُ، إِذْ أَنَّ إِحْسَاسَ المُعْطِي مَا يُمَيزُ بَيْنَ الإِثْنَيْنِ فِي هَذَا

المَوْقِفِ. لِذَلِكَ يَجِبُ عَلَيْنَا المُحَاوَلَةَ بِجُهْدٍ فِي أَنْ نُحَافِظَ عَلَى إِرْتِبَاطِ أَفْكَارِنَا بِالخَالِقِ عِنْدَمَا تُصَادِفُنَا العَوَائِقُ وَالعَقَبَاتُ لِتُعَوِّقَ طَرِيقَ تَقَدُمِنَا. فَإِنَّ جَمِيعَ هَذِهِ الإِضْطِرَابَاتِ وَالتَشْوِيشِ الَذِي يُرْسِلُهَا الخَالِقُ لَنَا هِيَ مِنْ أَجْلِ تَقْوِيَةِ عَلاقَتِنَا بِهِ. فَفِي اللَحْظَةِ التِي تَنْسَى فِيهَا الخَالِقُ وَتُرَكِّزَ تَفْكِيرَكَ عَلَى إِحْسَاسِ اللَذَّةِ التِي تَشْعُرُ بِهِ تَبْدَأُ فِي الإِحْسَاسِ بِالتَرَاجُعِ وَكَأَنَّكَ تَسْقُطُ مِنَ الدَرَجَةِ التِي أَنْتَ فِيْهَا لأَنَّ اللَذَّةَ التِي تَشْعُرُ بِهَا أَصْبَحَتْ مِنْ أَجْلِ التَمَتُّعِ الذَاتِي وَلَيْسَ لِسَبَبِ تَقَدُّمِكَ. لا يُعَدُّ هَذَا بِمَثَابَةِ مُصِيبَةٍ أَوْ مِحْنَةٍ ذَاتِيَّةٍ بَلْ عَلَى الأَصَحِ مَرْحَلَةٌ تَعْلِيمِيَّةٌ هَدَفُهَا تَعْلِيمَكَ إِدْرَاكُ الرَابِطِ بَيْنَ السَبَبِ وَالنَتِيجَةِ. وَأَنْتَ تَسْتَطِيعُ مَعْرِفَةَ تَفَاصِيلٍ أَكْثَرَ مِنْ المَقَالِ "لَيْسَ هُنَالِكَ سِوَاهُ".

سُؤَال ٨٢: إِنَّ العَالَمَ الرُوحِيَّ عِبَارَةٌ عَنْ عَالَمِ الرَغَبَاتِ التِي تَتَحَلَّى بِالعَطَاءِ. عَالَمُنَا هُوَ عَالَمُ الرَغَبَاتِ الأَنَانِيَّةِ وَالذِي يَنْجَحُ فِي وَضْعِ المَسَاخِ فَوْقَ رَغَبَاتِهِ وَيَكْتَسِبُ الرَغَبَاتَ ذَاتَ طَابِعِ العَطَاءِ مِنْ عَالَمِ عَاسِيَا فَلَنْ يَكُوْنَ فِي إِمْكَانِهِ بَعْدَ إِحْتِيَاجُ الرَغْبَةَ "مِنْ أَجْلِ إِشْبَاعِ ذَاتِهِ". فَإِذَا كَانَ الأَمْرُ هَكَذَا فَكَيْفَ نَسْتَطِيعُ إِحْرَازَ دَرَجَةٍ أَعْلَى؟

كُلُّ شَخْصٍ مِنَا قَدْ أُعْطِيَ رَغَبَاتً مُخْتَلِفَةً مِنَ الخَالِقِ مِنْ أَجْلِ الإِحْسَاسِ بِهَا فِي هَذَا العَالَمَ. مِنَ المُسْتَطَاعِ قِيَاسُ هَذِهِ الرَغَبَاتِ مِنْ نَاحِيَةِ النَوْعِيَّةِ وَالكَمِيَّةِ. عِنْدَمَا نَحُدُّ مِنْ هَذِهِ الرَغَبَاتِ أَيْ تَفَادِي إِسْتِخْدَامِهَا مِنْ أَجْلِ إِشْبَاعِ الذَاتِ، نَسْتَطِيعُ تَخَطِّي الحَاجِزَ الفَاصِلَ بَيْنَ عَالَمِنَا وَالعَالَمُ الأَعْلَى وَالذِي يُعَدُّ بِمَثَابَةِ المَدْخَلِ أَوْ البَوَابَةِ بَيْنَ العَالَمَ المَادِيِّ وَالعَالَمِ الرُوحِيِّ. إِنَّ الإِرْتِقَاءَ إِلَى دَرَجَةٍ أَعْلَى يَتَطَلَّبُ مِنَا الحُصُولُ عَلَى مَسَاخِ أَيْ بَعْدَ تَصْحِيحِنَا لِلنِيَّةِ مِنْ أَجْلِ الأَخْذِ لإِشْبَاعِ الذَاتِ فَوْقَ الرَغَبَاتِ الجَدِيدَةِ لِلتَمَتُّعِ. بَعْدَ ذَلِكَ

نَسْتَطِيعُ اسْتِخْدَامَ هَذِهِ الرَغَبَاتِ بِقَدَرِ مَا نَسْتَطِيعُ لَطَالَمَا نَمْلِكُ النِيَّةَ فِيهَا لِجَلْبِ الرِضَى لِلخَالِقِ. فَفِي عَمَلِنَا هَذَا نُصْبِحُ قَادِرِينَ عَلَى جَلْبِ الرِضَى إِلَيْهِ مِثْلَمَا يُغْدِقُ هُوَ عَلَيْنَا بِمَحبَّةٍ. أَنْتَ عَلَى حَقٍ فِي قَوْلِكَ، فَعِنْدَمَا لا يَكُوْنُ هُنَاكَ أَيُّ شَيءٍ عِنْدَ الإِنْسَانِ لِتَصْحِيحِهِ فَلا يَسْتَطِيعُ الإِرْتِقَاءَ أَكْثَرَ إِلَى الأَعْلَى. فَإِذَا أَبْدَلَ الإِنْسَانُ غَايَتَهُ أَوْ قَصْدَهُ مِنَ "الأَخْذِ لِنَفْسِهِ لإِشْبَاعِ ذَاتِهِ" إِلَى "مِنْ أَجْلِ إِرْضَاءِ الخَالِقِ" عِنْدَهَا فَقَطْ يَسْتَطِيعُ إِحْرَازَ دَرَجَةٍ أَعْلَى مِنَ التِي يَتَوَاجَدُ عَلَيْهَا. فَالإِحْرَازُ هُوَ عِبَارَةٌ عَنْ تَلَقِّي رَغَبَاتٍ أَنَانِيَّةٍ جَدِيدَةٍ وَطَرِيقَةِ تَصْحِيحِهَا أَيْ تَعْدِيلُ النِيَّةِ كَمَا شَرَحْتُ سَابِقاً، فَإِنَّ قِيَاسَ مَدَى الإِحْرَازِ يَتَوَافَقُ مَعَ حِدَةِ وَقُوَةِ الرَغْبَةِ المُصَححَةِ. فَعِنْدَمَا يُعْطَى الإِنْسَانُ رَغْبَةً مَعَ النِيَّةِ لِلذَاتِ وَيَقُوْمُ بِتَصْحِيحِهَا لِيَجْلُبَ مِنْ خِلالِهَا الرِضَى لِلْخَالِقِ، بِعَمَلِهِ هَذَا يَرْتَقِي إِلَى دَرَجَةٍ رُوحِيَّةٍ أَعلَى. وَبِذَلِكَ قَدْ أُبْدِلَتِ الرَغْبَةُ القَدِيمَةُ بِرَغْبَةٍ جَدِيدَةٍ أَعْظَمَ مِنْهَا تَتَحلَّى بِصِفَةِ إِشْبَاعِ الذَاتِ، وَبَعْدَهَا يَتَطَلَّبُ مِنَ الإِنْسَانِ تَصْحِيحُ النِيَّةِ لِهَذِهِ الرَغْبَةِ. فَهَذِهِ هِيَ الطَرِيقَةُ التِي نَتَقَدَّمُ مِنْ خِلالِهَا.

سُؤَال٨٣: كَيْفَ أَسْتَطِيعُ خَلْقَ النِيَّةِ الصَحِيحَةِ فِي دَاخِلِي؟

لِيَتَمَكَّنَ الإِنْسَانُ مِنَ الإِحْسَاسِ بِالخَالِقِ وَنُوْرِهِ لا بُدَّ أَنْ يَبْنِي فِي دَاخِلِهِ النِيَّةَ فِي تَلَقِّي المَلَذَّاتِ مِنْ أَجْلِ إِرْضَاءِ الخَالِقِ وَلَيْسَ ذَاتِهِ، كَمَا الضَيْفُ الذِي يَتَلَقَّى مِنَ المُضِيفِ مَا يُقَدِّمُهُ لَهُ مِنْ أَجْلِ جَلْبِ السُرُوْرِ لَهُ وَلَيْسَ لِسَبَبِ أَنَّهُ بِحَاجَةٍ لَهُ، وَلِهَذَا يَجِبُ عَلَى الإِنْسَانِ قِرَاءَةَ النُصُوْصِ وَالمَقَالاتِ الصَحِيحَةِ. يُوْجَدُ هُنَاكَ قُوَى وَاحِدَةً لا غَيرْ وَالتِي بِإِمْكَانِهَا تَحْرِيرَنَا مِنْ طَبِيعَتِنَا الأَنَانِيَّةِ لِتَضَعَنَا عَلَى الطَرِيقِ الصَحِيحِ نَحْوَ الهَدَفِ الصَحِيحِ، هَذِهِ القُوَى هِيَ قُوَى النُوْرُ المُحِيطُ وَالذِي يَجْتَذِبُهُ الإِنْسَانُ مِنْ خِلالِ دِرَاسَةِ عِلْمِ

حِكْمَةِ الكَابَالا. خُصِصَتْ كُتُبُ عِلْمِ الكَابالا وَالَتِي تَحْتَوِي عَلَى الكَمِّ الكَافِي مِنَ النُّورِ لِتَصْحِيحِ طَبِيعَةِ الإِنْسَانِ الأَنَانِيَّةِ، وَخَاصَةً مِنْهَا كِتَابَاتُ صَاحِبِ السُلَّمِ وَالرَابَاشِ وَكِتَابَاتُ الآرِي وَكِتَابُ الزُوهَارِ لِعَالِمِ الكَابَالا الرَاشْبِي.

سُؤَال٨٤: هَلْ تَسْتَطِيعُ القَوْلَ أَنَّ التَخَلِّي عَنْ المَلَذَّاتِ العَالَمِيَّةِ دَلِيلٌ عَلَى وُجُودِ الرَغْبَةِ عِنْدَ هَذَا الشَخْصِ لِلعَالَمِ الرُوحِيِّ أَوْ أَنَّ هَذَا لَيسَ كَافِياً بِحَدِ ذَاتِهِ؟

إِنَّ العَالَمَ الأَعلَى وَالَذِي يَعْنِي إِحْسَاسُ الإِنْسَانِ بِالخَالِقِ هُوَ دَرَجَةٌ أَوْ عَالَمٌ أَفْضَلُ مِنَ العَالَمِ المَادِيِّ الَذِي نَتَواجَدُ بِهِ وَلِذَلِكَ يَجِبُ أَنْ نَتُوقَ وَنَطْمَحُ إِلَيْهِ لَيْسَ بِسَبَبِ خَوْفِنَا مِنَ العِقَابِ بَلْ وَكَأَنَّنَا نَطْمَحُ نَحْوَ شَيءٍ حَسَنٌ وَمِثَالِيٍّ نَوَدُ الحُصُولَ عَلَيْهِ. أَيْضاً وَقَبْلَ إِحْرَازِنَا لِلعَالَمِ الأَعْلَى وَكَأَنَّهُ شَيءٌ سَامٍ وَعَظِيمٍ، نَحْنُ نَتَلَذَّذُ فِي إِشْبَاعِ رَغَبَاتِنَا هُنَا فِي هَذَا العَالَمِ. فِي الوَاقِعِ إِشْبَاعُ رَغَبَاتِنَا فِي هَذَا العَالَمِ هُوَ شَيءٌ ضَرُورِيٌّ لِلنُمُو الرُوحِيِّ لَدَيْنَا وَلِبِنَاءِ الرَابِطِ الصَحِيحِ مَعَ الخَالِقِ. فَإِنَّ الإِنْسَانَ الَذِي يُبْطِلُ وَيُلْغِي رَغْبَتِهِ عَنْ تَلَقِّي المَلَذَّةِ لا يَسْتَطِيعُ الإِسْتِمْرَارَ فِي النُمُوِ وَالتَقَدُّمِ. وَلِهَذَا السَبَبُ أَنَّهُ مِنْ غَيْرِ المَعْقُولِ نَبْذُ وَرَذْلُ هَذَا العَالَمَ بَلْ وَبِبَسَاطَةٍ يَجِبُ أَنْ نَتَعَلَّمَ قُبُولَ هَذَا العَالَمِ مِنْ أَجلِ أَنْ نَنْعَمَ بِهِ بِشَكْلٍ كَامِلٍ وَأَبَدِيٍّ. هُنَا بِإِمْكَانِنَا الإِسْتِفَادَةُ مِنْ حِكْمَةِ الكَابَالا وَلِهَذَا السَبَبُ نَحْنُ نَنْصَحُ بِإِتِبَاعِ مَا يَلِي:

١- الإِحْسَاسُ بِالعَالَمِ الأَعْلَى يَعْنِي الإِحْسَاسُ بِالخَالِقِ.

٢- كُنْ مُقْتَنِعاً بِأَنَّ العَالَمَ الأَعْلَى أَفْضَلُ بِكَثِيرٍ مِنْ عَالَمِنَا نَحْنُ.

٣- فَهْمُ نَظَرِيَّةِ تَعْدِيلِ أَنْفُسِنَا فِي الدَرَجَةِ أَوْ المَرْحَلَةِ الَتِي نَتَوَاجَدُ فِيهَا.

٤- إِدْرَاكُ وَفَهْمُ المَوْقِفِ الَذِي نَحْنُ فِيهِ لِنَكُنْ كَامِلِينَ فِي كُلِّ شَيءٍ.

سُؤَال٨٥: إنَّ الخَوْفَ مِنْ خَيْبَةِ الأَمَلِ هُوَ الشَيءُ الَذِي يَحُولُ بَيْنَنا وَبَيْنَ السَعادَةِ فِي الحَاضِرِ الَذِي نَعِيشُ فِيهِ فَهَلْ هَذا يُؤَخِرُ مِنْ مَراحِلِ نُمُوُنَا وَتَقَدُمِنا؟

الخَوْفُ هُوَ نَتِيجَةُ عَدَمِ القُدْرَةِ عِنْدَ الإِنْسَانِ مِنَ الإِحْسَاسِ بِالهَدَفِ. إنَّ الإِحْسَاسَ بِالهَدَفِ مَا يُدْعَى "إِيمَانٌ" وَالإِيمَانُ هُوَ الَذِي يَمْنَحكَ الثِقَةَ لِمَواجَهَةِ الأَلَمِ وَهَكَذَا يُصْبِحُ التِلْمِيذُ مَخْلُوقاً مُتَشَبِثاً وَمُتَعَلِّقاً بِمَغْزَى الحَياةِ لِلْحدِ الَذِي يَسْتَطِيعُ فِيْهِ أَنْ يُقَدِّرَ جَلالَ عَظَمَةِ هَدَفِ الخَلِيْقَةِ. وَبِذَلِكَ يَكُونُ تَرْكِيزَهُ نَحْوَ رَفْعِ الهَدَفِ الَذِي يَصْبُوُ إِلَيْهِ وَهَذَا مَا يُلْغِي أَيَّ نَوْعٍ مِنَ الخَوْفِ عِنْدَهُ.

بِالإِضَافَةِ إِلَى هَذَا، إِنَّ الشَيءَ المُهِمَ بِالنِسْبَةِ إِلَى الهَدَفِ أَنَّهُ مُرْتَبِطٌ بِالخَالِقِ، فَالخَالِقُ نَفْسَهُ هُوَ الهَدَفُ. وَإِذَا كُنْتَ تَسْعَى بِجُهْدٍ لِلوُصُولِ إِلَى الهَدَفِ رَابِطاً كُلَّ مَا يَحْدُثُ مَعَكَ بِالخَالِقِ عَلَى أَنَّهُ مَصْدَرُ كُلِّ مَا يَأْتِيكَ فِي الحَيَاةِ عِنْدَهَا تَسْتَطِيعُ عَمَلَ أَيَّ شَيءٍ. إِذْ أَنَّكَ تَكْتَسِبُ الثِقَةَ وَيَتلاشَى الخَوْفُ مِنْكَ. فَلا يُوجَدُ أَيُّ إِحْبَاطٍ أَوْ شُعُورٍ بِخَيْبَةِ الأَمَلِ إِذَا كَانَ الخَالِقُ هُوَ الَذِي يُوَّجِهُ خُطُوَاتِكَ فِي كُلِّ شَيءٍ وَيَقُودَكَ إِلَيْهِ. فَأَنَّ كُلَّ مَا تَحْتَاجَهُ هُوَ أَنْ تَطْلُبَ مِنْهُ القُدْرَةَ عَلَى الإِحْسَاسِ بِهِ.

سُؤَال٨٦: هَلْ يُوجَدُ هُنَاكَ مَا تُنْهِي عَنْهُ بَيْنَما أَنَا مُنْشَغِلٌ فِي تَطْبِيقِ مَا أَتَعلَّمَهُ عَلَى نَفْسِي لأَنْمُوُ بِالشَكْلِ الصَحِيحِ؟

أَكَادُ لا أَفْهَمُ الخَوْفَ وَالقَلَقَ الَذِي يَنْتَابُ البَعْضَ فِي إِعْتِقَادِهِم بِأَنَّ مِنْ خِلالِ دِرَاسَةِ عِلْمِ الكَابَالا يَسْتَطِيعُونَ التَوَرُّطَ فِيمَا هُوَ مَحْفُوفٌ بِالخَطَرِ أَوْ بِشَيءٍ غَامِضٍ وَيَفُوقُ قُدْرَةَ الإِدْرَاكِ لَدَيْنَا أَوْ فِي إِمْكَانِيَّةِ الإِنْتِهَاءِ أَوْ السُقُوطِ بِمَكَانٍ خَطَرٍ.

هَذِهِ المَخَاوِفُ لا أَسَاسَ لَهَا مِنَ الصِحَةِ، وَالإِظْهَارُ الكَامِلُ لِلْوُجُودِ هُوَ الشَيءُ الوَحِيْدُ القَادِرُ عَلَى تَغْيِيرِ عَالَمِنَا الدَاخِلِيِّ، إِذْ أَنَّهُ يَدْفَعُ بِنَا نَحْوَ التَغْيِيرِ لِسَبَبِ أَنَّنَا لَمْ نَعُدْ نَحْتَمِلُ خِدَاعَ أَنْفُسِنَا، وَإِنَّ أَيَّ نَوْعٍ مِنَ الكَتْمِ أَوْ التَمْوِيهِ المُتَعَمَّدُ مِنْ نَاحِيَتِنَا يُنْشِئَ نَوْعَاً مِنَ التَسْوِيَةِ فِي دَاخِلِنَا وَالَتِي تَتَسَبَّبُ فِي إِعَاقَةِ مَرَاحِلِ التَغْيِيرِ التِي يَتَوَجَّبُ المُرُوْرُ بِهَا كَمَا وَتُعِيقُ نُمُوْنَا الرُوحِيَّ.

عِنْدَمَا بَدَأْتُ أَنَا فِي دِرَاسَةِ الكَابَالا وَفِي المُرُوْرِ بِمَرَاحِلِ التَغْيِيرِ هَذِهِ إِنْدَهَشْتُ إِلَى دَرَجَةِ الذُهُوْلِ مِنْ عُمْقِ المَدَى الَذِي يَتَوَجَّبُ عَلَى الإِنْسَانِ الإِبْحَارُ فِيهِ لِيَتَمَكَّنَ مِنْ إِظْهَارِ كُلِّ شَيءٍ فِي طَبِيعَتِهِ الأَنَانِيَّةِ لِلنُوْرِ. عَلَى الرَغْمِ مِنْ أَنَّ خَوْضُ هَذِهِ المَرَاحِلِ مُزْعِجٌ وَكَرِيهٌ فِي كَثِيرٍ مِنَ الأَحْيَانِ لَكِنْ لا تَخَفْ مِنْ أَيِّ شَيءٍ، بَلْ مِنَ الأَجْدَرِ سُؤَالُ الخَالِقِ فِي السَمَاحِ لَكَ فِي التَعَمُقِ أَكْثَرَ وَأَكْثَر.

سُؤَال٨٧: عِنْدَمَا يَأْتِي شُعُورُ الإِحْبَاطِ مِنَ السُقُوطِ مِنَ الدَرَجَةِ الرُوحِيَّةِ التِي أَتَوَاجَدُ بِهَا أَبْدَأُ فِي لَعْنِ العَالَمِ كُلِّهُ وَأَحْسُرُ رَغْبَتِي فِي كَرَاهَةِ العَيْشِ، وَبَعْدَمَا أَقْرَاءُ مَقَالاتِكَ أَشْعُرُ بِالخَجَلِ. وَلَكِنْ يُعَاوِدُنِي السُقُوطُ مَرَةً أُخْرَى وَعَلَى شَكْلٍ أَعْمَقَ مِنْ ذِي قَبْلٍ وَأَنَا لا أَسْتَطِيعُ إِقْنَاعَ نَفْسِي بِأَنَّ مَا أَشْعُرُ بِهِ هُوَ لُعْبَةُ الخَالِقِ مَعِي كِيْ يَحُثَنِي عَلَى التَقَدُّمِ. هَلْ لَدَيْكَ نَصِيحَةٌ فِي هَذَا الأَمْرُ؟

الخِبْرَةُ هِيَ الَتِي تُحَوِّلُ الإِحْسَاسَ إِلَى حِكْمَةٍ مِمَا يَجْعَلُكَ قَادِراً عَلَى تَقْيِيمِ وَتَقْدِيرِ المَرْحَلَةِ أَوْ الدَرَجَةِ التِي تَتَوَاجَدُ فِيهَا وَلَيْسَ فَقَطْ مِنْ خِلالِ أَحَاسِيسِكَ بَلْ مِنْ خِلالِ تَفْكِيرِكَ أَيْضاً مِنْ نَاحِيَةِ قِيَاسَاتِكَ الَتِي تُحَدِدُ مَسَافَةَ بُعْدِكَ أَوْ قُرْبِكَ مِنَ الهَدَفِ وَالتَغْيِيرَاتُ التِي تَمُرُ بِهَا وَمُقَارَنَتِهَا مَعَاً وَإِدْرَاكُ الإِرْتِبَاطِ بَيْنَهَا.

كُلُّ شَيءٍ يَأْتِي مَعَ الوَقْتِ. فَإِنَّ الوَقْتَ الذِي تَسْتَغْرِقُهُ فِي الوُصُولِ إِلَى تَحْصِيلِ التَوَازُنِ بَيْنَ أَحَاسِيسَكَ وَبَيْنَ فِكْرِكَ فِي رَغْبَتِكَ وَتَوَقَانِكَ لِلخَالِقِ لَيْسَ فَقَطْ فِي أَحَاسِيسَكَ بَلْ فِي إِدْرَاكِكَ يَعْتَمِدُ عَلَى جُهُودِكَ التِي تَبْذُلَهَا.

سُؤَال٨٨: لَقَدْ أَدْرَكْتُ مِقْدَارَ أَنَانِيَّتِي تِجَاهَ الذِينَ حَوْلِي، وَهَذَا شَيءٌ مُرِيعٌ وَفَظِيعٌ! أَنَا أَرْغَبُ فِي التَغْيِيرِ لِدَرَجَةِ أَنَّنِي أَحْلَمُ بِهِ. فَهَلْ هَذِهِ طُلْبَةٌ صَحِيحَةٌ وَهَلْ هَذِهِ هِيَ الصَلاةُ التِي يَنْتَظِرَهَا الخَالِقُ مِنِّي؟ أَلَيْسَ الأَهَمُ هُوَ تَصْحِيحُ عَلاقَتِي مَعَ الآخَرِينَ وَلَيْسَ عَلاقَتِي بِالخَالِقِ؟

أَجَدْتَ فِي شَرْحِ وَتَفْسِيرِ مَوْقِفِكَ بِشَكْلٍ صَحِيحٍ. وَأَنْتَ عَلَى حَقْ. إِنَّ النُورَ يُظْهِرُ لَكَ طَبِيعَةَ سِمَاتِكَ الأَنَانِيَّةِ وَالسَيئَةِ وَلَكِنْ إِلَى الآنَ لَمْ تُعْطَى أَنْ تَرَى وَتَخْتَبِرَ شُعُورَهَا بِالمُقَارَنَةِ مَعَ سِمَاتِ الخَالِقِ. فَالخَالِقُ لا يَزَالُ مُتَوَارٍ عَنْكَ وَأَنْتَ لاَ تَشْعُرُ بِهِ. وَلَكِنْ مِنْ خِلالِ المُقَارَنَةِ لِسِمَاتِكَ مَعَ سِمَاتِ الخَالِقِ وَمِنْ خِلالِ الإِكْتِشَافِ المُتَتَالِي وَبِالتَدْرِيجِ لِسِمَاتِكَ الأَنَانِيَّةِ، فَمِنْ نَاحِيَةٍ تَبْدَأُ بِالشُعُورِ بِالخَالِقِ وَتَشْعُرُ بِطَبِيعَتِهِ المُتَنَاقِضَةُ مَعَ طَبِيعَتِكَ، وَمِنْ نَاحِيَةٍ أُخْرَى تَشْعُرُ بِلُطْفِهِ وَعُذُوبَتِهِ وَبِقُرْبِهِ مِنْكَ. عِنْدَهَا تَبْدَأُ بِفَهْمِ المَبْدَأ الذِي تَكَلَّمَ بِهِ حَكِيمُ الحُكَمَاءِ المَلِكُ سُلَيْمَانُ قَائِلاً: "إِنَّ لِلنُورِ مَنْفَعَةً أَكْثَرَ مِنَ الظُلْمَةِ".

كُلُّ وَاحِدٍ مِنَا هُوَ عِبَارَةٌ عَنْ إِنَاءٍ لِلْنُورِ لِذَلِكَ نَحْنُ قَادِرِينَ فَقَطْ عَلَى إِدْرَاكِهِ وَمَعْرِفَتِهِ وَكَأَنَّهُ شَيءٌ مُعَاكِسٌ لَنَا، بِخِلافِ ذَلِكَ نَشْعُرُ بِهِ عَلَى أَنَّهُ لِذَةً لا أَكْثَرَ وَلا أَقَلْ.

سُؤَال٨٩: كَيفَ بِإِمْكَانِي خَوْضُ كُلِ هَذِهِ المَصَاعِبِ وَالأَوْقَاتِ العَصِيبَةِ؟

إِذَا كَانَ يَنْتَابَنِي إِحْسَاسٌ سَلْبِيٌّ فِي نَفْسِي، فِي البِدَايَةِ أَنَا أَحْتَدُّ وَأَحْيَانَاً

لِدَرَجَةٍ أَنَّنِي أُرِيدُ أَنْ أَصْرُخَ بِصَوْتٍ عَالٍ رَاغِباً فِي تَحْرِيرِ نَفْسِي مِنْ كُلِ هَذَا الكَرْبِ. بَعْدَهَا وَعِنْدَمَا أَهْدَأُ قَلِيلاً وَأُحَاوِلُ أَنْ أَتَفَهَّمَ بِأَنَّ الخَالِقَ هُوَ الَذِي أَرْسَلَ جَمِيعَ هَذِهِ الأَحَاسِيسِ لِي لِهَدَفٍ مُعينَ. فَإِذَا كُنْتُ مُتَأَهِباً مُقدماً لإِدْرَاكِ أَنَّ كُلَّ شَيءٍ يَحْدُثُ لي أَتٍ مِنَ الخَالِقِ وَأَنَّ كُلَّ المَصَاعِبِ التِي تُوَاجِهُنِي وَالأَحَاسِيسُ الَتِي أَخْتَبِرُهَا قَادِمَةٌ مِنْهُ. هَذَا مَا يُدْعَى " تَوَارِي وَجْهُ الخَالِقِ".

فِي هَذَا المَوْقِفِ نَحْنُ مُتَيَقِظُونَ بِمَا أَنَّنَا نُوَاجِهُ مُشْكِلَةً وَنرْغَبُ فِي إِيجَادِ الحَلِ السَرِيعِ لَهَا. وَلَكِنْ بِإِدْرَاكِنَا بِأَنَّهَا رِسَالَةٌ خَاصَةٌ مِنَ العَالَمِ الأَعْلَى، مِنْ هَذِهِ النُقْطَةِ بِالذَاتِ يَبْدَأُ عَمَلُنَا الرُوحِيُّ. أَمَا لِهَؤُلاءِ الغَيْرُ قَادِرِينَ عَلَى إِدْرَاكِ الحَقِيقَةِ بِأَنَّ كُلَ شَيءٍ يَأْتِي مِنَ الخَالِقِ لِهَدَفٍ مُعَيَّنٍ فَهُمْ يَعِيشُونَ الحَيَاةَ بِغَرِيزَتِهِمْ الحَيَوَانِيَّةِ. إِذاً فِي فَهْمِنَا أَنَّ الخَالِقَ هُوَ مَصْدَرُ المُعَانَاةِ التِي نُوَاجِهُهَا فِي الحَيَاةِ سَنَبْدَأُ نَرَى الأَحْدَاثَ مِنْ وَجْهَةِ نَظَرٍ مُخْتَلِفَةٍ أَيْ نَرَاهَا مِنْ مَنْظُورِ "النُقْطَةِ فِي القَلْبِ". يَجِبُ عَلَيْنَا أَنْ نَفْتَكِرَ دَائِماً بِأَنَّهُ يُوجَدُ فِي العَالَمِ حَقِيقَتَينِ "الخَالِقُ وَالإِنْسَانُ". وَحَتى مَعَ الإِدْرَاكِ بِأَنَّ كُلَ شَيءٍ أَتٍ مِنْ عِنْدِ الخَالِقِ مَا زَالَ هُنَاكَ عَمَلٌ رُوحِيٌّ عَظِيمٌ يَتَوَجَّبُ عَلَى الإِنْسَانِ عَمَلَهُ.

الشَيءُ الأَوَلُ الَذِي يَتَوَجَّبُ عَلَيْكَ أَنْ تَعِيهِ هُوَ عَدَمُ خُضُوعَكَ مُكْتَفِياً بِأَنَّكَ تُدْرِكُ بِأَنَّ كُلَّ مَا يَأْتِي قَادِمٌ مِنَ الخَالِقِ وَتَقَبلَهُ وَكَأَنَّ لا حَوْلَ لَكَ وَلا قُوَةٌ عَلى تَغْيِيرِ أَيِّ شَيءٍ، وَبِهَذَا أَنْتَ تَعْمَلُ عَلَى تَهْدِئَةِ نَفْسِكَ وَتُتَابِعَ العَيْشَ وَكَأَنَّ كُلَّ شَيءٍ عَلَى مَا يُرَامُ. بِرَدَةِ الفِعْلِ هَذِهِ وَكَأَنَّكَ تَمْحُو مَا يُحَاوِلُ الخَالِقَ لَفْتَ إِنْتِبَاهَكَ لَهُ وَتَتَجَنَّبُ مُتَنَازِلاً عَنْ الفُرْصَةِ التِي وَضَعَهَا أَمَامَكَ لِتَتَقَدَّمَ فِي إِحْرَازِكَ العَالَمَ الرُوحِيَّ.

سُؤَال٩٠: إِذَا كَانَ الخَالِقُ مَوْجُوداً إِذاً مِنَ المُتَوَجِّبِ أَنَّهُ يَرْعَى كُلُّ إِنْسَانٍ فِي

العَالَمَ فِي مَحبَّةٍ أَبدِيَّةٍ. إذاً لِماذا نَرى أَنَّهُ يُعاقِبُ الكَثيرَ مِنَ النَّاسِ؟

وُجْهَةَ نَظَرِكَ هَذِهِ تُشِيرُ إِلَى الدَرجَةِ الَتِي تَتَواجَدُ فِيهَا إِذْ أَنَّ كُلَّ إِنْسَانٍ يَسْتَخْرِجُ نَتائِجَ وَخُلاصَةَ مَا يَحْدُثُ مِنْ حَوْلِهِ بِنَاءً عَلَى دَرَجَةِ نُمُوِهِ الرُوحِيِّ. وَلَكِنْ عِنْدَمَا نَرْتَقِي لِلعَالَمَ الرُوحِيِّ تُصْبِحُ نَظْرَتَنَا إِلَى العَالَمَ وَإِلَى كُلِ مَا يَحْدُثُ فِيْهِ مُخْتَلِفَةٌ جِداً عَنْمَا كَانَتْ عَلَيْهِ قَبْلاً، حَتَى وُجُهَاتُ نَظَرِنَا وَآرَائِنَا تَتَغَيَّرُ. وَنَرَى العَالَمَ عَلَى أَنَّهُ مَكَانٌ جَيْدٌ وَمِثَالِيٌّ.

وَلَكِنْ فِي وَضْعِكَ الحَالِيِّ أَنْتَ قَادِرٌ عَلَى رُؤْيَةِ جُزءٍ صَغِيرٍ جِدْاً مِنَ الوَاقِعِ لِذَلِكَ مِنَ الصَعْبِ عَلَيْكَ فَهْمُ وَتَبْرِيرُ الخَالِقِ وَأَعْمَالِهِ. أَنَا أَعْلَمُ هَذَا مِنْ تَجْرِبَتِي الخَاصَةِ.

دَعْنَا نَنْتَظِرُ إِلَى أَنْ يُظْهِرَ الخَالِقُ نُورَهُ لَكَ وَعِنْدَهَا تَسْتَطِيعُ تَبْرِيرَ أَعْمَالِهِ. فَالَذِي يُبَرِرُ الخَالِقَ فِي أَعْمَالِهِ يُدْعَى بِالبَارِ. إِذْ يَجِبُ عَلَى الإِنْسَانِ أَنْ يَصِلَ إِلَى دَرَجَةِ "البَارُّ أَوْ الصِدِّيقُ" كَيْ يَسْتَطِيعَ اكْتِشَافَ وَمَعْرِفَةَ الخَالِقِ وَجَمِيعَ أَعْمَالِهِ وَيَعْرِفُ كُلَّ شَيءٍ عَنْهُ لِيَكُنْ بِإِمْكَانِهِ تَبْرِيرَهُ. وَلِهَذَا السَبَبُ يَجِبُ أَنْ نَتَوازَنَ مَعَهُ فِي السِمَاتِ لِلوُصُولِ إِلَى هَذِهِ الدَرَجَةِ الرَفِيعَةِ.

سُؤال٩١: هَلْ يُوجَدُ أُسْلُوبُ سُلُوكٍ مُعَيَّنٍ فِي عِلْمِ حِكْمَةِ الكَابَالا نَسْتَطِيعُ مِنْ خِلالِهِ حَدُّ أَوْ عَلَى الأَقَلِّ تَخْفِيفُ مُوَاجَهَةَ الشَرِّ؟

إِنَّ كُلَّ شَيءٍ يَأْتِي مِنَ الخَالِقِ. فَالخَالِقُ هُوَ مَنْبَعُ النُورِ وَالجُوْدِ وَالصَلاحِ إِذْ أَنَّ طَبِيْعَتَهُ هِيَ العَطَاءُ المُطْلَقُ. نَحْنُ نَشْعُرُ بِنُورِهِ عَلَى قَدْرِ نِسْبَةِ تَوازُنِنَا مَعَهُ فِي السِمَاتِ، وَهَذَا التَوازُنُ يَتَرَاوَحُ مِنْ دَرَجَةِ التَنَاقُضِ الكَامِلِ إِلَى دَرَجَةِ الوَاقِعِ الكَامِلِ كَمَا هُوَ فِي الحَقِيقَةِ وَالكَمَالِ الَذِي عَلَيْهِ. فَنَحْنُ نُدْرِكُ الفَارِقَ

بَيْنَنا وَبَيْنَ النُورِ عَلى أَنَّهُ أَلَمٌ. مِنَ المُمْكِنِ أَنْ يَكُونَ هَذَا الأَلَمُ فِي مَرْحَلَةِ اللاوَعْيِ فِي عَدَمِ إِدْرَاكِ الشَخْصِ سَبَبُ الأَلَمِ الَذِي يُعَانِي مِنْهُ العَالَمُ أَجْمَع، أَوْ مِنَ المُمْكِنِ أَنْ يَكُونَ هَذَا الأَلَمُ فِي مَرْحَلَةِ الوَعْيِ عِنْدَ الإِنْسَانِ إِذْ يَتَجَلَّى عِنْدَمَا نَبْدَأُ الشُعُورَ بِالخَالِقِ وَنَعِيْ بِأَنَّ الخَالِقَ لَيْسَ بِمَصْدَرِ الأَلَمِ بَلْ هُوَ مَصْدَرُ المَلَذَّاتِ وَالمَسَرَّاتِ وَإِنَّ سَبَبَ الأَلَمِ هُوَ فِي التَبَايُنِ بَيْنَ سِمَاتِنَا وَسِمَاتُ الخَالِقِ.

فِي قِرَاءَةِ كِتَابَاتِ عُلَمَاءِ الكَابَالا نَبْدَأُ نَعِي مَعْنَى الأَلَمَ وَنَشْعُرُ "بِأَلَمِ الحُبِّ" أَيْ الرَغْبَةُ فِي التَعَلُّقِ بِمَنْ نُحِب. تَبْدُو هَذِهِ الكَلِمَاتُ الآنَ ذُوْ مَعْنَى سَطْحِياً، وَلَكِنْ عِنْدَمَا نَصِلُ إِلَى إِحْرَازِ هَذِهِ المُسْتَوَيَاتِ عِنْدَهَا نَفْهَمُ المَعْنَى الرُوُحِيَّ وَرَاءَهَا. لِذَلِكَ أَرْجُو أَنْ تَأْخُذَ بِنَصِيحَتِي وَتَقْرَأَ القَدْرَ المُسْتَطَاعَ مِنْ كُلِ مَا هُوَ فِي مُتَنَاوَلِ يَدِكَ مِنْ كِتَابَاتِ عُلَمَاءِ الكَابَالا إِذْ أَنَّهَا تُسَاعِدكَ فِي إِخْتِبَارِ مُسْتَوَيَاتٍ مُخْتَلِفَةٍ وَبِالنَتِيجَةِ تَتَعَلَّمُ كَيْفَ تَعِيشُ. فَإِنَّ إِرْتِبَاطِكَ بِالمَصْدَرِ الأَصْلِيِّ لِتَعَلُّمِ العِلْمِ أَسَاسِيٌّ جِداً.

سُؤَال ٩٢: لِمَاذَا يُوجَدُ فَرْقٌ بَيْنَ الإِدْرَاكِ العَقْلِيِّ فِي مَا يَقْرَاءَهُ الإِنْسَانُ وَبَيْنَ الإِحْسَاسِ بِهِ فِي القَلْبِ؟ وَلِمَاذَا عِنْدَمَا يَتْبَعُ الإِنْسَانُ مَا يُمْلِيهِ القَلْبُ عَلَيْهِ لِسَبَبِ أَنَّهُ لا يَرَى أَيُّ طَرِيقٍ آخَرِ أَمَامَهُ، يَجِدُ أَنَّهُ كَانَ عَلَى صَوَابٍ فِي تَفْكِيرِهِ؟ لِمَاذَا أَشْعُرُ بِهَذَا الصِرَاعُ فِي دَاخِلِي وَكَيْفَ أَسْتَطِيعُ مُوَاجَهَتَهُ وَالتَغَلُّبَ عَلَيْهِ؟

إِنَّ مَا يَجْرِي فِي دَاخِلِكَ هُوَ تَفَحُّصِكَ لِنَفْسِكَ مَعَ بِدَايَةِ دِرَاسَتِكَ لِنَفْسِكَ. مِنَ المُمْكِنِ أَنَّكَ قُمْتَ بِهَذَا التَحْلِيلِ عَلَى نَفْسِكَ قَبْلَ أَنْ تَبْدَأَ فِي دِرَاسَةِ عِلْمُ حِكْمَةِ الكَابَالا إِذْ أَنَّ عِلْمَ النَفْسِ يُعَالِجُ هَذَا الأَمْرُ أَيْضاً. الفَرْقُ

يَكْمُنُ فِي أَنَّ تَحْلِيلَ عِلْمُ النَفْسِ لَمْ يَأْخُذْ مَجْرَاهُ تَحْتَ تَأْثِيرِ وَتَوْجِيهِ مَوادِ عِلْمِ حِكْمَةِ الكَابَالا بَلْ كَانَ مُجَرَدَ دِرَاسَةٍ لِنَفْسِ الإِنْسَانِ فِي إِطَارِ هَذَا العَالَمِ وَفِي دَرَجَةِ المَنْطِقِ الإِنْسَانِيّ.

عِنْدَمَا يَدْرُسُ الإِنْسَانُ عِلْمَ الكَابَالا، فَإِنَّ الدِرَاسَةَ وَالتَحْلِيلَ الَذِي يَقُومُ بِهِ يَكُونُ تَحْتَ تَأْثِيرِ النُورِ المُحِيطِ عَلَى نَفْسِ الإِنْسَانِ. لِذَلِكَ يَسْتَطِيعُ فِي النَتِيجَةِ إِسْتِخْرَاجُ العَلاقَةَ السَبَبِيَّةَ بَيْنَ أَحَاسِيسَهِ وَبَيْنَ تَواصُلِهِ مَعَ الخَالِقِ. تَابعْ قِرَاءَةَ النُصُوصِ وَخُصُوصَاً تِلْكَ الَتِي تُحبِذُهَا بَاحِثَاً عَنْ مُنَاقَشَاتٍ مُمَاثِلَةٍ لِمَا تَشْعُرُ بِهِ وَسَتَجِدُ بِأَنَّكَ تُوَاجِهُ نَفْسَ مَا مَرَّ بِهِ عُلَمَاءُ الكَابَالا أَنْفُسَهُمْ. أَنْتَ تَتَقَدَّمُ فِي الطَرِيقِ الصَحِيحِ وَنَحْوَ الهَدَفِ بِالرَغْمِ أَنَّ الطَرِيقَ يَبْدُو مَلِيءٌ بِالحَيْرَةِ وَالتَعَبِ وَالضَجَرِ وَالفَرَاغِ، وَلَكِن مَعَ ذَلِكَ فَهُوَ سَيَقُودَكَ تجَاهَ الهَدَفِ وَإِلَى الأَبَدِيَّةِ وَالكَمَالِ.

سُؤال٩٣: عِنْدَمَا أَقْرَأُ وَأَشْعُرُ بِعَمَلِ النُورِ فِي دَاخِلي، أَرْغَبُ فِي الإِسْتِمْتَاعِ بِمَا يَحْدُثُ فِيَّ وَلَكِنْ أَبْدَأُ بِالإِحْسَاسِ بِاليَأْسِ وَالذِي بِدَوْرِهِ يَقُودُنِي إِلَى الشُعُورِ بِالأَلَمِ وَالذَنْبِ. لِمَاذَا؟

يَسْتَطِيعُ القَلْبُ الإِحْسَاسَ إِمَا بِالفَرَحِ وَاللَذَّةِ وَإِمَا بِالأَلَمِ. أَمَا العَقْلُ فِي الإِنْسَانِ يَقُومُ بِالتَحْلِيلِ بَيْنَ مَا هُوَ حَقٌّ وَمَا هُوَ خَاطِئٌ، وَأَنْتَ الَذِي تَخْتَارُ مَا هُوَ الأَهَمُ بِالنِسْبَةِ لَكَ - الحَقُ بِالرَغْمِ مِنْ مَرَارَاتِهِ أَمَا الكَذِبُ فِي حَلاوَتِهِ.- يُوجَدُ هَذَا الإِخْتِيَارُ فِي كُلِ عَمَلٍ تَقُومُ بِهِ، وَهَذَا عَامِلٌ مُهِمٌ جِداً فِي مَرَاحِلِ تَصْحِيحِنَا وَأَيْضَاً بِالنِسْبَةِ لِلتَغْيِيرَاتِ الدَاخِلِيَّةِ الَتِي تَحْصَلُ وَالَتِي تَأْخُذُ مَجْرَاهَا.

سُؤال٩٤: مَا هِيَ الطَرِيقَةُ الفَعَّالَةُ لِتُسَاعِدُنِي فِي التَوَقُّفِ عَنَ التَقَبُّلِ مِنْ أَجْلِ

ذَاتِي وَالبِدَايَةِ فِي تَقَبُّلِ المَلَذَّاتِ مِنْ أَجْلِ إِرْضَاءِ الخَالِقِ مِنْ دُونِ أُلْغَاءِ رَغْبَتِي وَالقَضَاءِ عَلَيْهَا؟

الإِنْسَانُ غَيْرُ قَادِرٍ عَلَى تَغْيِيرِ رَغْبَتِهِ فَالرَغْبَةُ أُعْطِيَتْ لَهُ مِنْ قِبَلِ الخَالِقِ، كما لا يَسْتَطِيعُ أَنْ يَرَى هَدَفَهُ بِشَكْلٍ مُبَاشَرٍ. بَلْ قِيلَ بِأَنَّ "النُورَ هُوَ الَذِي يَقُومُ بِالتَصْحِيحِ". لِذَلِكَ نَرَى أَنَّ ثَمَرَةَ وَحَصِيلَةَ كُلُّ مَا يَحْدُثُ يَأْخُذُ فِي الظُهُورِ تَدْرِيجِيّاً مِنْ خِلالِ الجُهُودِ التِي نَبْذُلَهَا أَثْنَاءَ الدِرَاسَةِ وَمِنْ خِلالِ مُحَاوَلاتِنَا فِي الإِرْتِبَاطِ بِالمُعَلِّمِ.

أَنْتَ تَسْتَطِيْعُ اكْتِسَابَ الإِحْسَاسِ بِالعَالَمِ الأَعْلَى وَبِالخَالِقِ وَتُنْجِزُ إِحْرَازَاتَكَ وَتَقَدُمَكَ بِنَفْسِكَ مِنْ خِلالِ الإِرَادَةَ فِي التَقَبُّلِ التِي فِيكَ، وَالتِي تَتَلَقَّى قُوَّتَهَا مِنَ الأَعْلَى.

سُؤَال٩٥: لِمَاذَا يَبْدُو آخِرَ طَوْرٍ مِنْ أَطْوَارِ النُمُوِ وَكَأَنَّ جِدَالا يَأْخُذُ مَجْرَاهُ بَيْنَ الخَالِقِ وَالخَلِيْقَةِ؟

إِنَّ رَغْبَةَ الإِنْسَانِ فِي الإِرْتِقَاءِ فَوْقَ المُسْتَوَى الحَالِي الَذِي يَتَوَاجَدُ فِيهِ يَتَحَدَّدُ بِمُسْتَوَى النُضْجِ وَالرُشْدِ التِي وَصَلَتْ إِلَيْهِ النَفْسُ. فَإِنَّ مُرْحَلَةَ الجَمَادِ تُشِيرُ إِلَى مُسْتَوَى النَفْسِ الكَائِنِ فِي حَالَةِ عَدَمِ اسْتِقْلالِيَّةٍ وَذَلِكَ بِسَبَبِ صِغَرِهَا. فِي مَرْحَلَةِ النَبَاتِيِّ تُصْبِحُ النَفْسُ وَكَأَنَّ لَهَا نَوْعٌ مِنَ الإِسْتِقْلالِيَّةِ بِمَا أَنَّهَا بَدَأَتْ فِي النُموِ، أَمَا فِي مَرْحَلَةِ أَوْ مُسْتَوَى الحَيّ نَرَى أَنَّ النَفْسَ تَحْصَلُ عَلَى قَدْرٍ أَكْبَرَ مِنْ اسْتِقْلالِيَتِهَا عَنْمَا حَصَلَتْ عَلَيْهِ فِي المُسْتَوَى النَبَاتِيِّ، إِلَى أَنْ تَصِلَ النَفْسُ إِلَى مُسْتَوَى الإِنْسَانِ "مُسْتَوَى المُتَكَلم" وَالَذِي هُوَ آخِرُ مَرَاحِلِ

النُمو، وَالإنْسَانُ يُحْتَوِي عَلَى المَرَاحِلِ الأَرْبَعِ فِيهِ أَيْ أَنَّ النَفْسَ فِي هَذِهِ المَرْحَلَةِ تَتَأَلَّفُ مِنَ المَرَاحِلِ الأَرْبَعِ مَعاً.

فِي مَرْحَلَةِ الجَمَادِ يَبْقَى الإِنْسَانُ فِي هَذِهِ المَرْحَلَةِ التِي يَتَوَاجَدُ فِيهَا وَمِنْ دُوْنِ أَيِّ تَغْيِيرٍ. أَمَا مَرْحَلَةُ الإِنْسَانِ "المُتَكَلِّمْ" وَهِيَ المَرْحَلَةُ الأَخِيرَةُ لِنُمو النَفْسِ، يُرِيدُ الإِنْسَانُ أَنْ يَتَخَلَّى عَنْ طَبِيْعَتِهِ فِي التَقَبُّلِ التِي وُلِدَ فِيهَا فَيَجِدُ نَفْسَهُ فِي عِرَاكٍ مَعَ الخَالِقِ الذِي أَعْطَاهُ هَذِهِ الطَبِيْعَةِ وَالآنَ يُرِيدُ الحُصُولَ عَلى طَبِيعَةٍ أُخْرَى. أَيْ أَنَّ الخَالِقَ خَلَقَ الإِرَادَةَ فِي التَقَبُّلِ وَالإِنْسَانُ يُرِيدُ إِجْبَارَ الخَالِقِ عَلَى تَغْيِيرِهَا.

سُؤَال٩٦: مَا المَقْصُودُ بِالطَرِيقَةِ المَدْعُوَةِ "الإِيمَانُ فَوْقَ لمَنْطِقِ"؟

هُنَاكَ ثَلاثَةَ طُرُقٍ يَسْتَطِيعُ الإِنْسَانُ إِتبَعهَا:

١- فَوْقَ حُدُودِ المَنطِقِ.

٢- فِي حُدُودِ المَنطِقِ.

٣- دُوْنَ المَنطِقْ.

فَالفِكْرُ أَوْ المَنْطِقُ هُوَ ذَاتُ الإِنْسَانِ وَمَفَاهِيمِهِ وَعَقْلِيَتِهِ وَثَقَافَتِهِ.

دُوْنَ المَنْطِقِ: هُوَ تَصَرُّفُ أَوْ سُلُوكُ الشَخْصِ مِنْ دُوْنِ مُرَاجَعَةِ الذَاتِ أَوْ التَفْكِيرِ بِالأَمْرِ. وَهِيَ حَالَةٌ لا يُؤْخَذُ فِيهَا المَنْطِقُ بِعَيْنِ الإِعْتِبَارِ كَالتَعَصُّبِ وَالإِيمَانُ الأَعْمَى وَالذِي يَتِمُ قُبُولَهُ مِنْ دُوْنِ تَفْكِيرٍ. كُلَّمَا كَانَتْ قُدْرَةُ المَرْءِ كَبِيرَةٌ عَلَى عَزْلِ تَفْكِيرِهِ عَنْ التَحَقُقِ مِنَ الأُمُورِ وَالإِعْتِمَادِ عَلَى الإِيمَانِ

وَحْدَهُ، يَكُونُ الإِيمَانُ أَقْرَبُ لِكَوْنِهِ "دُوْنَ المَنْطِقِ". هَذَا الوَضْعُ وَاضِحٌ مِنْ خِلالِ التَعَصُّبِ وَالتَعْلِيمِ الَذِي يَتبَعُهُ النَاسُ بِصُورَةٍ عَمْيَاء وَمِنْ دُوْنِ أَي تَفهُّمٍ وَتَساؤُلٍ. عَادَةً تُتبَعُ هَذِهِ الطَرِيقَةُ فِي تَعْلِيمِ النَاسِ لِعَادَاتٍ وَتقالِيدٍ مُعيَّنَةٍ لِيُحافِظُوا عَلَيْها مَدَى حَياتِهِمْ. لِذَلِكَ كُلَّما كَانَ الشَخْصُ ذُو مُيُولٍ إِلَى حَالَةِ "الإِيمَانُ دُوْنَ المَنْطِقِ" كُلَّما أَصْبَحَ هَؤُلاءُ أَكْثَرَ حَماقَةٍ إِلَى دَرَجَةٍ يُصْبِحُونَ فِيهَا يُؤْمِنُونَ بِالمُعجِزَاتِ وَظَوَاهِرٍ أُخْرَى مُشَابِهَةٍ لَهَا.

فِي حُدُودِ المَنْطِقِ: مَعْنَاهُ بِأَنَّ الشَخْصَ يَختبِرُ وَيَقْبَلُ فَقَطْ مَا يَتَنَاسَبُ وَيَتَطَابَقُ مَعَ مَفْهُومِهِ الشَخْصِيِّ لِلْوَاقِعِ. هَذَا هُوَ الإِيمَانُ البَاطِنِيُّ، وَهِيَ حَالَةٌ يَعْتَمِدُ الشَخْصُ مِنْ خِلالِهَا عَلَى المَنْطِقِ وَقُدْرَةِ حَواسِهِ وَكُلُّ مَا هُوَ مُتوَفِرٌ لَدَيْهِ مِنْ طَبِيعَتِهِ كَكَائِنٍ حَيٍّ.

فَوْقَ حُدُودِ المَنطِقِ: مَعْنَاهُ بِأَنَّ الشَخْصَ هُنَا يَختبِرُ المَعْلُومَاتَ وَالحَقَائِقَ الَتِي فِي حَوْزَتِهِ وَيَكُونُ مِنَ الوَاضِحِ لَدَيْهِ بِأَنَّهَا مُعَارِضَةٌ لإِدْرَاكِهِ الشَخْصِيِّ لِلْوَاقِعِ وَلَكِنَّهُ بِالرَغْمِ مِنْ هَذَا يَتقَبَّلَهَا حَتى وَلَوْ كَانَتْ مُخالِفَةً لِصِحَةِ إِدْرَاكِهِ وَمَفَاهِيمِهِ لِوَاقِعِهِ المُحِيطِ بِهِ. لِماذا؟ لأَنَّ هَذَا النَوْعُ مِنَ المَنطِقِ يَنْشَأُ مِنَ الخَالِقِ الَذِي يَثِقُ بِهِ الإِنْسَانُ أَكْثَرَ مِنْ ثِقَتِهِ بِنَفْسِهِ. كُلُ أَنْوَاعِ وَنَماذِجِ تَطْبِيقِ قَرارَتِنَا فِي الحَيَاةِ تَنْحصِرُ فِي إِطَارِ الإِيمَانِ فَوْقَ حُدُودِ المَنطِقِ. فَكُلَّما كَانَتْ دَرَجَةُ إِحْرَازِ الإِنْسَانِ لِلعَالَمِ الرُوحِيِّ عَالِيَةً كُلَّما زَادَتْ قُدْرَتُهُ عَلَى العَطَاءِ.

لا يُمْكِنُنَا فَهْمَ هَذِهِ المُعَادَلَةِ وَلا يُمْكِنُنَا تَفْسِيرَ كَيْفِيَّةِ إِحْرَازِ دَرَجَةٍ عَالِيَةٍ كَهَذِهِ وَلا المَجْهُودُ الذِي نَبْذُلَهُ وَلاَ حَتى كَيْفِيَّةَ إِيجادِ القُدْرَةِ وَالنَشَاطِ لِنَعْضُدَ هَذَا المَجْهُودَ، فَبِالرَغْمِ مِنْ مَفْهُومِنَا لِرَغْبَاتِنَا وَلِطَبِيْعَةِ الجَسَدِ بِأَنَّهَا تَنْتَمِي وَتَتلائَمُ مَعَ عَالَمِنَا هَذَا نَحنُ نَرْغَبُ وَنَتُوقُ فِي الإِرْتِقَاءِ إِلَى عَالَمٍ أَعْلَى. لِذَلِكَ وَبِالتَدْرِيجِ

نُعْطَى مَعْلُومَاتٌ غَيْرَ وَاضِحَةٍ فِي البِدَايَةِ لِنَعْمَلَ مِنْ خِلالِهَا لِلوُصُولِ إِلَى تَحْدِيدِ الأُمُورِ وَالتَقْرِيرِ فِيْهَا. فِي حَقِيقَةِ الوَاقِعِ نَحْنُ نَعْتَمِدُ عَلَى هَذَا النَوْعِ مِن المَنْطِقِ فِي مَرَاحِلِ إِرْتِقَائِنَا وَتَقَدُمِنَا مُسْتَخْدِمِينَ إِيَّاهُ لِنَسْمُوْ فَوْقَهُ. هَذِهِ المَعْرِفَةُ تَبْقَى فِي دَاخِلِنَا وَكَأَسَاسٍ مَتِينٍ تَحْتَ أَقْدَامِنَا فِي تَقَدُّمِنَا فِي إِحْرَازِ الحِكْمَةِ أَكْثَرَ فَأَكْثَرْ كُلَّمَا إِرْتَقَيْنَا مِنْ دَرجَةٍ إِلَى أُخْرَى. سَتَفْهَمُ كُلَ هَذَا تَدْرِيجِيّاً وَمِن خِلالِ تَجْرِبَتِكَ الشَخْصِيَّةَ.

بِكُلِ بَسَاطَةٍ، إِذَا حَاوَلَ عُلَمَاءُ الكَابَالا مَحْوَ المَعْلُومَاتِ الغَيْر وَاضِحَةٍ والتِي نَشْعُرُ بِهَا وكَأَنَّهَا مُتَنَاقِضَةً أَحْيَاناً لَمْ يَكُنْ بِإِمْكَانِهِم الخُرُوجَ مِنْ إِطَارِ "دُوْنَ المَنْطِقِ" لَكِنَّهُمْ أَخَذُوا هَذِهِ المَعْلُومَاتَ وَتَفَحَّصُوهَا بِتَمعُّنٍ وَوَاجَهُوا كُلَّ هَذِهِ التَنَاقُضَاتِ وَسَعَوا مُقَابِلَهَا وَلِذَلِكَ إِكْتَسَبُوا مَعْرِفَةً مُقَابِلَ الإِيمَانِ، وَمِنْ ثَمَّ بَنَوْا الإِيمَانَ عَلَى هَذِهِ التَنَاقُضَاتِ مُتَجَاوِزِينَ رَغَبَاتَ الجَسَدِ. وَلِهَذَا السَبَبُ اسْتَطَاعُوا فَهْمَ الأُمُورِ التِي يَصْعُبُ عَلَيْنَا نَحْنُ إِدْرَاكَهَا وَفَهْمَهَا. بِعِبَارَةٍ أُخْرَى، إِنَّ العَالَمَ الرُوُحِيَّ مَفْتُوحٌ أَمَامَهَمْ لأَنَّهُم حَازُوا عَلَى الحَاجزِ "الحَاجِزِ لِصَدّ رَغَبَاتِ الجَسَدِ الأَنَانِيَّةِ" بِوَاسِطَةِ الإِيمَانُ فَوْقَ حُدُوْدِ المَنْطِقِ.

سُؤَال٩٧: كَيْفَ أَسْتَطِيعُ أَنْ أَكْتَسِبَ القُدْرَةَ فَوْقَ حُدُوْدِ المَنْطِقِ فِي العَالَمِ الرُوُحِيِّ؟

إِنَّ مُصْطَلَح "فَوْقَ حُدُوْدِ المَنْطِقِ" مَعْنَاهُ فَوْقَ قُدْرَةِ الجَسَدِ أَيْ الإِرَادَةُ فِي التَقَبُّلِ لِلذَاتِ. "فَوْقَ حُدُوْدِ المَنْطِقِ" هِيَ صِفَةٌ تُوجَدُ فِي دَاخِلِ سِمَةِ العَطَاءِ المُطْلَقِ، وَمِنْ أَجْلِ إِكْتِسَابِ سِمَةُ العَطَاءِ فِي ذَاتِنَا يَجِبُ عَلَيْنَا الإِرْتِقَاءَ فَوْقَ إِرَادَتِنَا وَرَغْبَاتِنَا الأَنَانِيَّةِ لِذَلِكَ يَجِبُ الخُرُوجُ مِنْ حُدُوْدِ المَنْطِقِ الدُنْيَوِيِّ لِدُخُولِ العَالَمِ الرُوُحِيَّ. طَبْعاً أَنَّهُ مِنَ المُسْتَحِيلِ التَغَلُّب عَلَى طَبِيْعَتِنَا الأَنَانِيَّةِ

مِنْ تِلْقَاءِ أَنْفُسِنَا لِذَلِكَ نَحْنُ بِحَاجَةٍ إِلَى النُّورِ الأَعْلَى "النُّورُ المُحِيطُ" الَذِي يَجْتَذِبُهُ الإِنْسَانُ مِنْ خِلالِ البَحْثِ وَالدِرَاسَةِ فِي عِلْمِ الكَابَالا.

كَلِمَةُ "مَنْطِقْ" تَعْنِي الرَغْبَةُ. وَدَاخِلُ الرَغْبَةِ تَتَوَاجَدُ لَدَيَّ القُدْرَةَ عَلَى الشُعُورِ وَالبَصِيرَةِ وَالتَفْكِيرِ وَتَحْلِيلِ الأُمُورِ مُعْتَمِداً عَلَى تَقْيِيمِ إِمَا نِسْبَةُ الفَائِدَةِ التِي سَتَعُودُ عَلَيَّ أَوْ نِسْبَةُ الضَرَرِ أَوْ الأَذَى الَذِي سَيَلْحَقُ بِي إِذَا قَرَرْتُ السَعْيَ وَرَاءَ تَحْقِيقِ رَغْبَةٍ مُعَيَّنَةٍ فِي قَلْبِي وَتَقْدِيرُ إِذَا مَا كَانَ الأَمْرُ مُسْتَحِقاً الجُهْدَ مِنْ نَاحِيَتِي فِي اسْتِخْدَامِ هَذِهِ الرَغْبَةِ أَمْ لا. وَهَكَذَا أَصِلُ إِلَى نَتِيجَةٍ مِنْ خِلالِهَا أَسْتَطِيعُ إِدْرَاكَ رَغَبَاتِي.

مِنْ هَذِهِ النَاحِيَةِ أَنَا لا يُوجَدُ لَدَيَّ أَيُّ مُشْكِلَةٍ، إِذْ أَنَّهُ بِنَاءً عَلَى هَذِهِ التَقيمَاتِ أَنَا أَعِيشُ فِي هَذَا العَالَمِ مُدِيراً أُمُورَ حَيَاتِي فِيهِ. مِنَ الطَبْعِ أَنَّهُ فِي كَثِيرٍ مِنَ الأَحْيَانِ يَكُونُ لَدَيَّ الثِقَةَ فِي نِسْبَةٍ صَغِيرَةٍ فَقَطْ مِنْ نَتِيجَةِ تَحْلِيلِي لِلأُمُورِ وَالشَكُ يَشْمَلُ أَكْثَرَهَا وَهَذَا أَمْرٌ طَبِيعِيٌّ، فَالحَالُ أَيْضاً كَذَلِكَ بِالنِسْبَةِ لِدِرَاسَةِ مَوَاضِيعُ أَيِّ عِلْمٍ مِنَ العُلُومِ إِذْ أَنَّنَا نَسْتَخْدِمُ نَظَرِيَّةَ الإِمْكَانِيَّةِ فِي أَيِّ مَجَالٍ لا تَتَوَفَّرُ فِيهِ لَدَيْنَا المَعْلُومَاتُ الحَاسِمَةُ وَالمُؤَكَّدَةُ وَلَكِنْ يُوجَدُ دَائِماً نِسْبَةً صَغِيرَةً مِنَ المَعْلُومَاتِ الصَحِيحَةِ وَالتِي يُمْكِنُ الإِعْتِمَادُ عَلَيْهَا بِشَكْلٍ مَوْثُوقٍ.

وَمِنْ نَاحِيَةٍ أُخْرَى إِنَّ الإِيمَانَ فَوْقَ المَنْطِقِ أَوْ فَوْقَ المَعْرِفَةِ يَكُونُ فِي حَالِ عَدَمِ تَوَفُّرِ أَيِّ سَنَدٍ أَوْ حُجَةٍ أَوْ وَسِيلَةٍ تُمَكِنُنِي مِنْ إِدْرَاكِ الأَمْرِ بِالإِضَافَةِ إِلَى هَذَا أَنَا لا أَعِي أَوْ أُدْرِكُ مَعْنَى كَلِمَةَ "فَوْقْ" هُنَا فِي هَذِهِ العِبَارَةِ، فَلَوْ اسْتُخْدِمَتْ كَلِمَةً تُشِيرُ إِلَى مَعْنَىً مُعَاكِساً لِلْمَنْطِقِ عِنْدِي عِنْدَهَا أَنَا قَادِرٌ عَلَى تَحْلِيلِ الأُمُورِ مِنْ نَاحِيَةِ كَيْفِيَّةِ سُلُوكِي وِفْقاً لِلْمَنْطِقِ الَذِي أُقَيِّمُ بِهِ كُلَ شَيءٍ مِنْ حَوْلِي وَمِنْ ثَمَّ أَتَصَرَفُ بِالأُسْلُوبِ المُعَاكِسِ بِالضَبْطِ لِمَا يُمْلِيهِ عَلَيَّ المَنْطِقُ.

وَلَكِنْ وَمَعَ ذَلِكَ هَذَا النَوْعُ مِنَ التَفْكِيرِ مَا يَزَالُ يُعْتَبَرُ تَحْلِيلٌ مَنْطِقِيٌّ لِلأُمُورِ مِنْ نَاحِيَتِي. وَلَكِنْ كَلِمَةُ "فَوْقَ" أَنَا لا أُدْرِكُ كَيْفِيَّةَ إِسْتِخْدَامِهَا فِي التَحْلِيلِ المَنْطِقِيِّ لِلأُمُورِ لأَنَّهَا مُصْطَلَحاً خَارِجاً عَنْ نِطَاقِ حُدُودِ الإِرَادَةِ الذَاتِيَّةِ الَتِي كُونْتُ أَنَا مِنْهَا.

لَيْسَ لَدَيَّ أَنَا فِكْرَةٌ وَلَوْ صَغِيرَةٌ عَنْ مَعْنَى "الإِيمَانُ فَوْقَ المَنْطِقِ" فَأَنَا لا أَعْلَمُ أَيُّ نَوْعٍ مِنَ المَنْطِقِ أَوْ الفِكْرِ الَذِي تُوحِي إِلَيْهِ هَذِهِ العِبَارَةُ وَلا أَيُّ نَوْعٍ مِنَ الشُعُورِ المُسْتَلْزَمِ هُنَا فِي تَحْلِيلِ الأُمُورِ. كَلِمَةُ المَنْطِقِ فِي عِبَارَةِ "الإِيمَانُ فَوْقَ المَنْطِقِ" مَعْنَاهَا نَمُوذَجٌ وَوَسِيلَةٌ لِفَهْمِ الأُمُورِ وَغَايَتِهَا وَهَذَا النَمُوذَجُ غَيْرُ مَوْجُودٍ أَوْ قَائِمٌ فِي دَاخِلِي كَيْ أَسْتَطِيعَ فَهْمَهُ. لِذَلِكَ النُورُ هُوَ الوَحِيْدُ الَذِي بِقُدْرَتِهِ أَنْ يَمْنَحنِي هَذَا الأُسْلُوبُ فِي إِدْرَاكِ الأُمُورِ لأَنَّ عِبَارَةَ "فَوْقَ المَنْطِقِ" تَعْنِي مِنْ أَجْلِ العَطَاءِ المُطْلَقِ وَهُوَ مَبْدَأٌ لا يَتَوَافَقُ مَعَ مَنْطِقِي أَنَا فِي تَحْلِيلِ الأُمُورِ وَلا يَتَوَافَقُ مَعَ رَغْبَتِي فِي حُبِّ الذَاتِ وَذَلِكَ بِسَبَبِ طَبِيعَتِي الأَنَانِيَّةِ. وَكَمَا أَشَرْتُ سَابِقاً إِنْ لَمْ يُوجَدْ الشَيءُ دَاخِلَ رَغْبَتِي أَنَا فَلا يُمَكِنُنِي مَعْرِفَتِهِ وَلا إِدْرَاكِهِ. إِذاً كَيْفَ بِإِسْتِطَاعَتِي إِكْتِشَافَهُ؟ لا أَعْرِفُ! وَبِوَاسِطَةِ أَيِّ نَوْعٍ مِنَ الرَغْبَةِ؟

بِنَاءً عَلَى قَانُونِ "أَحِبَ قَرِيبَكَ كَنَفْسِكَ" يَقُولُ عُلَمَاءُ الكَابَالا إِذَا وَصَلْتَ إِلَى مَرْحَلَةٍ أَنْتَ فِيهَا قَادِرٌ عَلَى إِدْرَاكِ رَغْبَةَ "قَرِيبَكَ" وَكَأَنَّهَا رَغْبَتَكَ أَنْتَ، وَإِذَا إِسْتَطَعْتَ تَحْلِيلَ الأُمُورِ فِيمَا يَتَعَلَّقُ بِرَغْبَتِهِ هُوَ وَمِنْ أَجْلِ صَالِحِهِ هُوَ فَهَذَا يَكُونُ فَوْقَ حُدُودِ المَعْرِفَةِ وَالمَنْطِقِ لَدَيْكَ. وَلَكِنْ لِلْوُصُولِ إِلَى هَذِهِ النُقْطَةِ فِي تَطْبِيقِ مَا ذَكَرْتُهُ يَجِبُ عَلَيَّ أَنْ أَحْصَلَ عَلَى قُوَّةٍ عَظِيمَةٍ لَيْسَتْ فِي حَوْزَتِي. فَبِوَاسِطَةِ هَذِهِ القُوَّةِ أَسْتَطِيعُ التَخَطِي خَارِجَ حُدُودِ إِرَادَتِي لِمَا هُوَ "فَوْقَ

إكتِشَافُ أسْرَارِ الوُجُودِ - سُؤَال وَجَواب

المَنْطِقِ" وَبِدُوْنِ هَذِهِ القُوَّةِ يَكُوْنُ مِنَ المُسْتَحِيلِ الخُرُوْجُ مِنْ حُدُوْدِ هَذِهِ الرَّغْبَةِ الَّتِي هِيَ جَوْهَرُ كَيَانِي كَإِنْسَانٍ.

إِنَّ النُوْرَ "الخَالِقُ" الَذِي خَلَقَنَا هُوَ الوَحِيْدُ القَادِرُ عَلَى تَغْيِيرِنَا، لِذَلِكَ يَجِبُ عَلَيْنَا إِسْتِخْدَامُ كُلَّ مَا وَضَعَهُ النُوْرُ فِي مُتَنَاوَلِنَا مِنْ وَسَائِلٍ لِهَدَفِ إِيقَاظِ وَتَنْبِيهِ النُوْرِ لِكَيْ يُؤَثِرَ عَلَيْنَا. فَإِنَّنَا نَسْتَطِيعُ مَعْرِفَةَ مَدَى نَجَاحِنَا مِنْ خِلالِ قُوَةِ تَأْثِيرِ النُوْرِعَلَيْنَا.

فِي هَذِهِ المَرْحَلَةِ، وَإِلَى هَذِهِ النُقْطَةِ إِنَّ جَمِيعَ الأَفْكَارَ وَالأَحَاسِيسَ الَتِي تَرَاكَمَتْ دَاخِلَ الرَغْبَةِ غَيْرُ قَادِرَةٍ عَلَى مُسَاعَدَتِكَ فِي أَيِّ شَيْءٍ بَلْ بِالأَحْرَى سَتُشَكِلُ عَقَبَةً أَمَامَكَ. وَإِذَا قُمْتَ بِتَقْيِيمٍ يَوْمِيٍّ لِكُلِ مَا وَصَلَتَ إِلَى مَعْرِفَتِهِ عَنْ العَالَمِ الرُوْحِيِّ فَإِنَّكَ سَتَرَى أَنَّهُ فِي الوَاقِعِ أَنْتَ لَمْ تُدْرِكْ أَوْ تَصِلْ إِلَى شَيْءٍ بِالرَغْمِ مِنَ الجُهْدِ الَذِي بَذَلْتَهُ وَسَيَبْقَى الأَمْرُ عَلَى حَالِهِ يَوْماً بَعْدَ يَوْمِ وَسَتَشْعُرُ بِالحَيْرَةِ وَالإِرْتِبَاكِ بِالرَغْمِ مِنَ الجُهْدِ الَذِي تَبْذُلَهُ، وَبَعْدَ بِضْعَةِ أَيَّامِ وَفَجْأَةً سَتَشْعُرُ بِنَوْعٍ مِنَ الثِقَةِ بِالنَفْسِ وَتَشْعُرُ بِأَنَّكَ إِقْتَنَيْتَ مَزِيداً مِنَ الحِكْمَةِ. فَفِي كُلِ يَوْمٍ تَزْدَادُ ظَاهِرَةً سَلْبِيَّةً عَلَيْكَ سَبَبَهَا نَاجِمٌ عَنْ الوَاقِعِ فِي أَنَّكَ قَاطِنٌ دَاخِلَ الرَغْبَةِ الأَنَانِيَّةِ وَحُبِّ الذَاتِ لَدَيْكَ وَأَنْتَ تَفْتَكِرُ دَائِماً بِأَنَّ النُوْرَ هُوَ الوَحِيْدُ القَادِرُ عَلَى مُسَاعَدَتِكَ وَلَكِنَّهُ لا يَأْتِي لِنَجْدَتِكَ، إِذاً مَا الَذِي بِإِمْكَانِكَ عَمَلَهُ فِي هَذَا المَوْقِفِ؟ يَجِبُ عَلَيْكَ أَنْ تَتَصَدَّى مُتَحَدِيّاً المَنْطِقُ العَقْلانِيُّ حَتَى تَتَمَكَّنَ مِنَ الإِرْتِقَاءِ إِلَى دَرَجَةٍ مَا فَوْقَ المَنْطِقِ.

سُؤَال٩٨: كَيْفَ أَسْتَطِيعُ إِحْرَازَ دَرَجَةٍ رُوْحِيَّةٍ أَعْلَى مِنَ الَتِي أَتَوَاجَدُ فِيهَا؟

عِنْدَمَا يَوَدُ الإِنْسَانُ فِي الصُعُوْدِ إِلَى الطَابِقِ العُلْوِي يَسْتَخْدِمُ جَسَدَهُ

لِيَنْتَقِلَ مِنْ دَرَجَةٍ إِلَى أُخْرَى. فِي العَالَمِ الرُوحِيِّ يَجِبُ عَلَى الإِنْسَانِ اسْتِخْدَامُ جَسَدَهُ الرُوحِيَّ "النَفْسُ الَتِي تَنْمُو فِيهِ" وَغَايَتَهُ أَوْ هَدَفَهُ الَذِي يَسْمُو إِلَيْهِ. فَإِنَّ الهَدَفَ يَنْمُو وَيَتَجَلَّى أَكْثَرَ فَأَكْثَرَ كُلَمَا زَادَ تَقَدُمُ الإِنْسَانِ فِي العَالَمِ الرُوحِيِّ.

فِي نُمُوِنَا نَحْوَ الهَدَفِ نَعْلَمُ أَنَّ أَحَاسِيسَنَا تَتَغَيَّرُ. وَلَكِنْ إِذَا كَانَتْ أَحَاسِيسَنَا تَتَغَيَّرُ بِشَكْلٍ مُسْتَمِرٍ كَيْفَ نَسْتَطِيعُ أَنْ نُغَيِيرَ أَنْفُسَنَا؟ الطَرِيقَةُ الوَحِيْدَةُ هِيَ بِإِتِبَاعِ أُسْلُوبِ "الإِيمَانُ فَوْقَ المَنْطِقِ". فَمَثَلاً عِنْدَمَا نَنْوِي فِي صُعُودِ السُلَّمِ نَضَعُ ثِقَتَنَا فِي أَنَّ كُلاً مِنَ الدَرَجَاتِ الَتِي سَنَرْتَقِي إِلَيْهَا قَادِرَةً عَلَى حَمْلِنَا وَالصُمُودِ بِنَا بِالرَغْمِ مِنْ أَنَّنَا لا نَقُمْ مُسْبَقَاً بِتَفَحُصٍ قُوَّتَهَا وَصَلابَةِ بُنْيَتِهَا وَمَدَى مَتَانَتِهَا بَلْ نَثِقُ ثِقَةً عَمْيَاءَ بِأَنَّهَا قَادِرَةً عَلَى أَنْ تُوصِلَنَا إِلَى المَكَانَ الَذِي نُرِيدُ الوُصُولَ إِلَيْهِ. هَكَذَا الأَمْرُ أَيْضاً بِالنِسْبَةِ لإِرْتِقَاءِ دَرَجَاتِ العَالَمِ الرُوحِيِّ إِذْ يَجِبُ أَنْ نَثِقَ بِسِمَاتِ الدَرَجَةِ التَالِيَةِ وَنَقْبَلُ بِهَا بِالرَغْمِ مِنْ أَنَّهَا تَتَعَارَضُ مَعَ طَبِيعَتَنَا وَتَبْدُو صَعْبَةً وَكَأَنَّهُ مِنَ المُسْتَحِيلِ الوُصُولُ إِلَيْهَا.

إِنَّ القُدُرَاتَ المَوْجُودَةَ فِي الدَرَجَةِ الأَعْلَى تُجِيزُ لَنَا تَبَنِّي طَبِيْعَةَ الخَالِقِ أَكْثَرَ مِنْ قَبْلِ، وَلَكِنْ فِي تَفْكِيرَنَا المَنْطِقِيِّ يَبْدُو وَكَأَنَّنَا عَاجِزِينَ عَنْ الوُصُولِ إِلَى هَذِهِ الدَرَجَةِ بِمَا أَنَّ سِمَاتَهَا تَتَنَاقَضُ مَعَ طَبِيْعَتَنَا وَهَذَا أَمْرٌ صَحِيحٌ، لِذَلِكَ يَبْدُو لَنَا وَكَأَنَّهَا مُجَاذَفَةٌ عَظِيمَةٌ وَالمَعْتُوهُ فَقَطْ مَنْ يُقْدِمَ عَلَيْهَا، لِذَلِكَ يَجِبُ أَنْ نَنْظُرَ إِلَى مَوْضُوعِ تَبَنّي سِمَاتِ العَطَاءِ بِإِيْمَانٍ فَوْقَ المَنْطِقِ لَدَيْنَا. إِذَا نَجَحْنَا فِي هَذَا، يَرْتَفِعُ بِنَا الخَالِقُ إِلَى الدَرَجَةِ الرُوحِيَّةِ الأَعْلَى وَيُقَرِبُنَا مِنْهُ. وكَالجَنِينِ فِي الرَحْمِ يَجِبُ أَنْ نَلْتَصِقَ بِالخَالِقِ إِذْ لا يُوجَدُ أَيُّ وَسِيلَةٍ أُخْرَى لِلوُصُولِ إِلَى الدَرَجَةِ الأَعْلَى غَيْرَهُ. وَهَكَذَا نَحْنُ نَعْلَمُ الآنَ حَاجَتَنَا لِمَعُونَةِ الخَالِقِ لِذَلِكَ نَحْتَاجُ لِلنَظَرِ لِلأَمْرِ مِنْ مَنْظُورِ الإِيمَانِ فَوْقَ المَنْطِقِ بَدَلاً مِنْ مُحَاوَلَتِنَا فِي تَحْلِيلِ وَفَهْمِ

الأَمْرِ بِمَنْطِقِنَا. يَسْهُلُ الأَمْرُ عَلَيْنَا مِنْ خِلالِ تَوَاجُدِنَا مَعَ المَجْمُوعَةِ وَالَتِي تُسَاعِدُ كُلَ إِنْسَانٍ عَلَى تَقبُلِ رَأْيِ الآخَرِينَ بِالرَغْمِ مِنْ عَدَمِ تَوافُقِهِ مَعَهُمْ. وَهَكَذَا يَجِبُ أَنْ تُصْبِحَ المَجْمُوعَةَ المَكَانَ المُنَاسِبَ لِتُهْيِءَ الإِنْسَانُ لِيَكُونَ قَادِراً عَلَى التَقَدُّمِ بِوَاسِطَةِ الإِيمَانِ فَوْقَ المَنْطِقِ. فَعِنْدَمَا أَتَفَحَصُ سُلُوكَ صَدِيقِي تجَاهِي فَأَنَا أَقُومُ بِهَذَا مِنْ خِلالِ قُدْرَتِي العَقْلِيَّةِ وَالإِكْتِفَاءِ الذَاتِي لَدَيَّ أَيْ لإِشْبَاعِ نَفْسِي فِي تَلَقْي مَا أُرِيدُهُ أَنَا فَقَطْ، لِذَلِكَ وَبِالرَغْمِ أَنَنِي أَتَعَارَضُ مَعَهُ فِي كُلِ مَا يَقُولُهُ بِمَا أَنَّنِي لا أَجِدُ فِيهِ مَلَذَّةً وَإِشْبَاعاً ذَاتِيّاً لِمَا أُرِيدَهُ فَأَنَا أَتقَبَّلُ فِكْرَتَهُ لأَنَّنِي أُرِيدُ أَنْ أَصِلَ إِلَى الهَدَفِ النِهَائِيِّ مَعَهُ.

مِنَ المُتَوَجَّبِ أَنْ لا نَصِلَ إِلَى حَلِ تَسْوِيَةٍ بَلْ يَجِبُ أَنْ نَصِلَ إِلَى إِدْرَاكٍ كَامِلٍ وَحَقِيقِيٍّ لِمَفْهُومِ الشَرِّ. فَإِذَا لَمْ تَكُنْ مَعْرِفَةَ الشَرِّ هَذِهِ مُتَأَصِلَتٌ فِيَّ بِمَعْنَى أَنَّنِي أَفْهَمُ أَصْلَ طَبِيْعَتِي الأَنَانِيَّةِ وَمَنْشَأَهَا وَكَيْفِيَّةَ التَعَامُلِ مَعَهَا فَكَيْفَ أَسْتَطِيعُ الإِرْتِقَاءَ فَوْقَهَا؟ لِذَلِكَ بِالسَمَاعِ إِلَى مَا يَقُولُهُ الآخَرُ أَعْلَمُ الحَقِيقَةَ إِذْ أَنَّهُ يَرَى مَا لا أَرَاهُ أَنَا بِمَا أَنَّهُ مِنَ الصَعْبِ عَلَى الأَنَا إِدْرَاكُ أَيُّ شَيْءٍ لا تجِدُ فِيهِ مَلَذَّةً لِلذَاتِ وَلِذَلِكَ أَقْبَلُ فِكْرَةَ الصَدِيقِ فِي المَجْمُوعَةِ حَتَى لَوْ لَمْ أَتَوافَقْ مَعَهُ. صَحِيحٌ أَنَّ صَدِيقِي يَمْلِكُ مِنَ الأَنَانِيَّةِ مَا عِنْدِي وَرُبَمَا أَكْثَرَ وَلَكِنْ هَذَا أَمْرٌ ثَانَوِيٌّ وَلَنْ يَكُونَ مَهْرَباً لِيَّ.

هُنَا يُصْبِحُ لَدَيَّ الفُرْصَةَ فِي العَمَلِ مِنْ خِلالِ الإِيمَانِ فَوْقَ المَنطِقِ. إِذْ أَنَّهُ بَعْدَمَا أَنْ نُقَرِرُ تَقَبُّلَ رَأْيِ الأَصْدِقَاءِ وَنَأْخُذَهُ بِكُلِ جِدْيَّةٍ وَمِنْ كُلِ القَلْبِ وَالنَفْسِ، تُصْبِحُ هَذِهِ لَدَيْنَا بِمَثَابَةِ مَعْرِفَةٍ جَدِيدَةٍ نَمْلُكهَا نحْنُ. فَقَدْ كَتَبَ صَاحِبُ السُلَّمِ فِي مَقَالاتِهِ مَا يَخُصُ هَذَا الأَمْرُ قَائِلا أَنَّهُ فِي حِينِ تَأْسِيسِ مَجْمُوعَةٍ مِنَ الَذِين يَدْرُسُونَ عِلْمَ حِكْمَةِ الكَابَالا لإِحْرَازِ العَالَمِ الرُوحِيِّ بِالوُصُولِ إِلَى التَوازُنِ الشَكْلِيِّ تَكُونُ لَدَيْهِمْ الفُرْصَةَ فِي إِظْهَارِ شَرَّ الأَنَا فِي

خِلالِ عِلاقَتِهِمْ مَعاً وَالعَمَلُ عَلَى الإِرْتِقَاءِ فَوْقَ حُدُودِ المَنْطِقِ لِعَمَلِ تَصْحِيحِ هَذَا الشَرِّ، وَتَكُونُ لَهُمْ هَذِهِ الطَرِيقَةُ الأُسْلُوبَ أَوْ النَهْجَ الوَحِيدَ فِي إِحْرَازِ دَرَجَةٍ رُوحِيَّةٍ أَعْلَى وَأَرْقَى مِنَ التِي يَتَوَاجَدُونَ عَلَيْهَا.

سُؤال٩٩: لَقَدْ تَكَلَمْتُ مَعَ عَائِلَتِي وَأَقَارِبِي عَنْ عِلْمِ حِكْمَةِ الكَابَالا وَلَكِنْ لَمْ يُعِرْ أَحَدهُمْ أُذُناً صَاغِيَةً لِمَا أَقُولُهُ. فَكَيْفَ لِي أَنْ أَفْتَحَ قُلُوبَهُمْ لِهَذِهِ المَعْرِفَةِ؟

هُنَاكَ نَوْعَيينِ مِنَ النَاسِ وَأَنَا أَعْنِي نَوْعَيينِ مِنَ النُفُوسِ:

١- هَؤُلاءُ الذِينَ يُوجَدُونَ فِي مَرْحَلَةٍ بِدَائِيَّةٍ وَلا يَشْعُرُونَ بِحَاجَةٍ إِلَى إِحْرَازِ العَالَمِ الرُوحِيِّ. المَرْحَلَةُ البِدَائِيَّةُ التِي يَتَوَاجَدُونَ فِيهَا تُدْعَى "الجَمَادُ" أَيْ السَاكِنُ وَالهَامِدُ أَوْ فَاقِدُ الحَيَوِيَّةِ وَذَلِكَ بِسَبَبِ عَدَمِ تَصْحِيحِهُمْ لأَنْفُسِهِمْ وَعَدَمِ سَعْيِهِم نَحْوَ العَالَمِ الرُوحِيِّ كَمَا الجَمَادُ فِي الطَبِيعَةِ لا يَتَحَرَّكُ. وَهَذَا الوَاقِعُ يَشْمُلُ مُعْظَمَ العَامَةِ مَا عَدَا القِلَّةَ القَلِيلَةَ مِنَ النَاسِ.

٢- وَهؤُلاءُ النَاسُ أَيْ النُفُوسُ وَالذِينَ تَلَقُوا رَغْبَةً لِلعَالَمِ الرُوحِيِّ مِنَ الأَعْلَى وَذَلِكَ لِسَبَبِ أَنَّهُ لَهُم أُعْطِيَ أَنْ يَبْدَأُوا فِي التَقَرُّبِ مِنَ الخَالِقِ. يَعْثُرُونَ عَلَى عِلْمِ حِكْمَةِ الكَابَالا وَيَأْخُذُونَ بِدِرَاسَتِهِ وَبِتَصْحِيحِ سِمَاتِهِمْ الأَنَانِيَّةِ. وَفِي سِمَاتِهِمْ المُصَحَّحَةِ يَسْتَطِيعُونَ الإِحْسَاسَ بِنُورِ الخَالِقِ وَبِالعَالَمِ الرُوحِيِّ. وَإِنَّ الدَافِعَ وَرَاءَ بَحْثِهِمْ وَسَعْيِهِمْ نَابِعٌ مِنَ السُؤَالِ "مَا هُوَ مَعْنَى وَهَدَفُ وُجُودِي فِي العَالَمِ". فَإِنَّهُ بِسَبَبِ هَذَا السُؤَالُ الذِي يُرَاوِدُ الشَخْصَ أَنَّهُ يَنْمُو رُوحِيّاً، فَهُمْ يُحْرِزُونَ العَالَمَ الرُوحِيَّ بِدَرَجَاتِهِ إِبْتِدَاً مِنْ عَالَمِ عَاسِيَا إِلَى عَالَمِ يِتْسِيرَا وَبَعْدَهُ إِلَى عَالَمِ بِرِيئَا إِلَى أَنْ يَصِلُوا إِلَى عَالَمِ أَتسِيلُوتْ وَهَذَا عَائِدٌ عَلَى قَدْرِ المَجْهُودِ الذِينَ يَبْذُلُونَهُ.

الشَخْصُ الَذِي يُحرِزُ دَرَجَةَ العَالَمِ أَتسِيلُوتْ يُدْعَى "إِنْسَانٌ". وَقَبْلَ أَنْ يَصِلَ إِلَى هَذِهِ الدَرَجَةِ فَإِنَّ نُمُوَهُ الرُوحِيُّ مَحْصُورٌ بَيْنَ دَرجَاتِ عَاسِيَا أَيْ الجَمَادُ، وَيِتْسيرَا أَيْ النَبَاتِي وَبِرِيئَا أَيْ دَرَجَةَ الحَيِّ.

أَقْتَرِحُ عَلَيْكَ أَلاَّ تُحَاوِلَ حَثَّ أَوْ إِقْنَاعَ أَيِّ شَخْصٍ، وَبِشَكْلٍ عَام تَجَنَّبْ كُل مَنْ هُوَ مُعَارِضٌ أَوْ مَنْ لا يَرْغَبُ فِي الإِسْتِمَاع فَإِنَّكَ لَنْ تُقْنِعَ أَحَداً. فَإِنَّ الشَخْصَ يَأْتِي إِلَى دِرَاسَةِ عِلْم الكَابَالا عِنْدَمَا يَكُونُ جَاهِزاً وَبِإِرَادَتِهِ وَلَيْس عَنْ قَصْرٍ أَوْ إِجْبَارٍ. بِإِمْكَانِكَ عَرْضُ الكُتُبِ عَلَيْهِمْ، وَهَذَا كُلُّ مَا تَسْتَطِيعَ عَمَلَهُ لا غَيرْ. فَإِذَا تَقَبَّلُوا الكِتَابَ مِنْكَ فَهَذَا يُشِيرُ إِلَى أَنَّ النُقْطَةَ فِي القَلْبِ مَوْجُودَةٌ لَدَيْهِمْ فِي نَفْسِهِمْ، وَلَكِنْ إِذَا لَمْ يَتَجَاوَبُوا مَعَكَ رُبَمَا فِي السِنِين القَادِمَةِ مِنْ عُمْرِهِمْ تَأْخُذُ الرَغْبَةَ نَحْوَ العَالَمِ الرُوحِيِّ لَدَيْهِمْ فِي الظُهُورِ وَعِنْدَهَا يُرِيدُونَ مَا أَنْتَ تُرِيدُهُ اليَوْمَ.

سُؤَال:١٠٠: مَا هُوَ الرَابِطُ أَوْ مَا هِيَ العَلاقَةُ بَيْنَ أَجْسَادِنَا فِي هَذَا العَالَمِ وَالأَجْسَادِ الرُوحِيَّةِ؟

أَيُّ شَيْءٍ يَأْخُذُ مَجْرَاهُ هُنَا فِي عَالَمِنَا هَذَا وَيَحْدُثُ لِلجَسَدِ المَادِيِّ يَنْسَجِمُ أَوْ يَتَوَافَقُ مَعَ مَا يَحْدُثُ لِلجَسَدِ الرُوحِيِّ فِي العَالَمِ الرُوحِيِّ أَيْ الرَغْبَةُ الرُوحِيَّةُ. فَفِي خَارِجِ إِطَارِ العَالَمِ المَادِيِّ لا يُوجَدُ إِلاَّ رَغبَاتٌ وَالتِي نُطْلِقُ عَلَيْهَا قُوَّاتٌ "أَجْسَادٌ، نُفُوسٌ، بَارتْسُوفٌ".

الجَسَدُ الرُوحِيُّ هُوَ رَغْبَةٌ مَع نِيَّةٌ مُوَجَّهَةٌ لِجَلْبِ الرِضَى لِلْخَالِقِ. يُمْكِنُ الحُصُولُ أَوْ اكْتِسَابُ الجَسَدِ الرُوحِيِّ عَنْ طَرِيقِ عِلْمِ حِكْمَةِ الكَابَالا وَالَتِي تُوفِرُ المَعْلُومَاتُ لِلبَاحِثِ عَنْ كَيْفِيَّةِ إِحْرَازِ المَسَاخِ وَاكْتِسَابِ النِيَّةِ مِنْ أَجلِ إِرْضَاءِ الخَالِقِ.

يَنْشَأُ الجَسَدُ الرُوحِيُّ أَوْ يَأْخُذُ فِي التَجلِّي لِلعَيَانِ بِحَسَبِ تَقَدُّمِ الشَخْصِ فِي عَمَلِيَّةِ تَصْحِيحِ رَغَبَاتِهِ الأَنَانِيَّةِ وَهَذَا يَكُوْنُ عَلَى مَرَاحِلٍ وَفِي إِطَارِ الخُطُوَاتِ التَالِيَةِ:

١- المَرْحَلَةُ الجَنِينِيَّةُ أَيْ تَقَبُّلُ الفِكْرَةِ: فَعِنْدَمَا يَكُونُ الإِنْسَانُ عَلَى الإِسْتِعْدَادِ طَوْعَاً فِي حَصْرِ نِيَّتِهِ الأَنَانِيَّةِ وَرَفْضِ اسْتِخْدَامِهَا وَالإِعْتِمَادِ عَلَيْهَا بَلْ الإِعْتِمَادُ عَلَى الخَالِقِ وَالقُبُوْلِ بِسُلْطَتِهِ عَلَى أَنَّهُ الوَحِيْدُ صَاحِبُ السُلْطَةِ فِي الوُجُوْدِ وَالخُضُوْعِ لَهُ بِشَكْلٍ تَامٍ وَكَامِلٍ.

٢- الوَضْعُ: أَيْ القُدْرَةُ عَلَى القِيَامِ بِالأَعْمَالِ مُعْتَمِدَاً عَلَى النَفْسِ فِي إِسْتِقْلالِيَّةِ وُجُوْدِهَا عَنْ الخَالِقِ.

٣- مَرْحَلَةُ الطُفُوْلَةِ: وَهِيَ المَرْحَلَةُ التِي يَبْدَأُ فِيهَا الشَخْصُ أَنْ يَقْضِيَ وَيُنْجِزَ أَعْمَالاً مُعَيَّنَةً فِي إِطَارٍ مُعَيَّنٍ فِي حِينِ أَنَّ مَا تَبَقَى مِنْ هَذِهِ الأَعْمَالِ هِيَ لِلخَالِقِ أَنْ يَنُصَّ بِهَا وَيُتَمِمَهَا.

٤- مَرْحَلَةُ سِنُّ البُلُوْغِ: وَالإِيحَاءُ هُنَا يَتَعَلَّقُ بِالنَفْسِ. وَتُشِيرُ إِلَى دَرَجَةِ إِحْرَازِ التَوازُنِ الشَكْلِيِّ بِشَكْلٍ كَامِلٍ بَيْنَ سِمَاتِ الخَالِقِ وَسِمَاتِ المَخْلُوْقِ فِي الدَرَجَةِ التِي تَتَوَاجَدُ فِيهَا النَفْسُ.

مُقْتَبَسَاتٌ وَدُعَاء

العَالَمُ الرُوحِيُّ هُوَ عَالَمُ رَغبَاتٍ. فِي الوُجُودِ يُوجَدُ رَغْبَتَانِ إِثْنَتَانِ:

١ -رَغْبَةُ الخَالِقِ فِي إِغْدَاقِ البَهْجَةِ وَالمَسَرَّاتِ الكَامِلَةِ عَلى خَلِيقَتِهِ.

٢ -الرَغْبَةُ فِي تَلَقِّي المَلَذَّاتِ وَالسُرُورِ الكَامِلِ لِلذَاتِ وَهِيَ "الإِرَادَةُ فِي التَقَبُّلِ" التِي خَلَقَهَا الخَالِقُ وَالتِي تُدْعَى الخَلِيقَةُ أَيْ "المَادَةُ" أَوْ جَوْهَرُ الإِنْسَانِ.

لاَ يُوجَدُ أَيُّ شَيءٍ فِي الوُجُودِ بِجَانِبِ هَاتَينِ القُوتَينِ! فَكُلُّ مَا بِإِمْكَانِنَا إِدْرَاكُهُ وَحَتَى تَصَوُرَهُ نَاتِج عَنْ هَاتَيْنِ القُوتَيْنِ الرُوحِيتَينِ. رَغْبَةُ الإِنْسَانِ تُدْعَى "صَلاَةٌ". فَالرَغْبَةُ فِي دَاخِلِ الإِنْسَانِ دَائِماً تَسْتَغِيثُ وَتُنَاشِدُ الخَالِقُ.

فَالرُوحِيَّاتُ هِيَ مَا يُنَمِيهِ الإِنْسَانُ بِالتَوَافُقِ مَعَ صَلاَتِهِ. وَلَكِنْ صَلاَةُ الإِنْسَانِ الحَقَّةُ هِيَ سُؤْلَهُ وَطُلْبَتَهُ فِي أَنْ يُصَحِحَ الخَالِقُ رَغَبَاتَهُ الأَنَانِيَّةِ لِيَكْتَسِبَ عَلَيْهِ سِمَةَ المَحَبَّةِ وَالعَطَاءِ، السِمَاتُ التِي يَتَحَلَّى بِهَا الخَالِقِ.

صَلاَةٌ كَهَذِهِ هِيَ رَغْبَةٌ فِي القَلْبِ وَيُمْكِنُ تَحْقِيقَهَا فَقَطْ بِدِرَاسَةِ مَصَادِرِ وَنُصُوصِ عِلْمِ حِكْمَةِ الكَابَالا بِتَرْكِيزٍ وَإِسْتِمْرَارٍ دَائِمٍ لأَنَّهَا قَادِرَةٌ أَنْ تُؤَثِرَ عَلى رَغَبَاتِ الإِنْسَانِ الأَنَانِيَّةِ بِالنُورِ المُحْتَجِبِ وَالمُسْتَتِرِ فِيهَا وَبِالتَالِي تَحُثُّ الإِنْسَانُ عَلَى التَقَدُّمِ وَالإِرْتِقَاءِ الرُوحِيِّ

النَفْسُ لَيْسَتْ إِلاَّ رَغْبَةُ الإِنْسَانِ المُصَحَحَةِ وَالَتِي هِيَ بَارتْزُوُفَهُ الرُوُحِيِّ وَرَغْبَتَهُ بِقُبُوُلِ نُوُرِ الخَالِقِ بِنِيَّةٍ صَافِيَةٍ عَلَى أَنَّهُ يَتَلَقَى مِنْ أَجْلِ الخَالِقِ وَلَيْسَ لِنَفْسِهِ.

مِنْ صَلَوَاتِ النَبِي دَاوُد

ارْحَمْنِي يَا إِلَهِي حَسْبَ رَحْمَتِكَ. حَسْبَ كِثْرَةِ رَأْفَتِكَ
إِمْحِ مَعَاصِيَّ.
إِغْسِلْنِي كَثِيراً مِنْ إِثْمِي وَمِنْ خَطِيَتِي طَهْرْنِي.
لأَنِي عَارِفٌ بِمَعَاصِيَّ وَخَطِيَتِي أَمَامِي دَائِمَاً.
هَا قَدْ سُرِرْتُ بِالحَقِ فِي البَاطِنِ فَفِي السَرِيرَةِ تُعَرِّفُنِي حِكْمَةٌ.
طَهِّرْنِي بِالزُوفَا فَأَطْهُرُ. إِغْسِلْنِي فَأَبْيَضُّ أَكْثَرَ مِنَ الثَلْجِ.
أَسْمِعْنِي سُرُوراً وَفَرَحاً.
أُسْتُرْ وَجْهَكَ عَنْ خَطَايَايَ وَامْحِ كُلَّ آثَامِي
قَلْبَاً نَقِيَّاً إِخْلِقْ فِيَّ يَا رَبْ وَرُوحاً مُسْتَقِيماً جَدِّدْ فِي دَاخِلِي.

بَارِكِي يَا نَفْسِي الرَّب
وَكُلُّ مَا فِي بَاطِنِي لِيُبَارِك اسْمُهُ القُدُّوس

تَعَالَى وَانْظُرْ - نَصِيحَةٌ أُعْطِيَتْ لِلْإِنْسَان

فِي اللَّيْلِ وَقَبْلَ أَنْ يَرْقُدَ الإِنْسَانُ لِلنَّوْمِ يَجِبُ عَلَيْهِ أَنْ يَقْبَلَ وَيَعْتَرِفَ بِحُكْمِ وَسُلْطَةِ الخَالِقِ مِنَ الأَعْلَى وَيُودِعَ وَبِكُلِّ قَلْبِهِ نَفْسَهُ لِلْخَالِقِ. بِفِعْلِهِ هَذَا يَحْتَجِبُ الإِنْسَانُ وَيُحْجِمُ عَنْ كُلِّ الأَمْرَاضِ وَالإِفْتِرَاءَاتِ ضِدَّهُ وَمِنَ العَيْنِ الشِّرِيرَةِ إِذْ لَا يَكُونُ لَهَا أَيُّ تَأْثِيرٍ عَلَيْهِ.

فِي عِلْمِ حِكْمَةِ الكَابَالَا يُمَثِّلُ ضَوْءُ النَّهَارِ شُعُورَ الإِنْسَانِ بِالوَحْدَوِيَّةِ مَعَ الخَالِقِ. فَكَلِمَةُ "نُور" هِيَ تَعْبِيرُ الإِنْسَانِ عَنْ شُعُورِهِ بِالسُّرُورِ. إِذَا ضَوْءُ النَّهَارِ هُوَ شُعُورُ الإِنْسَانِ بِقُرْبِهِ مِنَ الخَالِقِ وَعَظَمَةِ الرُّوحِيَّاتِ. أَمَّا الظُّلْمَةُ فَهِيَ تَتَوَافَقُ مَعَ اللَّيْلِ فِي عَالَمِنَا وَبِالنَّظَرِ إِلَى حَالَةِ الإِنْسَانِ الرُّوحِيَّةِ، تَدُلُّ الظُّلْمَةُ عَلَى إِحْسَاسِ البُعْدِ أَوْ غِيَابِ الخَالِقِ "النُّور" عَنْهُ. وَهَذَا عَائِدٌ عَلَى أَعْمَالِ الأَنَا فِي الغُرُورِ وَالأَنَانِيَّةِ وَالَّتِي تُدْعَى بِالقُوَّةِ الغَيْرِ الطَّاهِرَةِ وَالَّتِي تَفْصِلُ الإِنْسَانَ عَنِ الخَالِقِ.

عِنْدَ حُلُولِ الظَّلَامِ فِي عَالَمِنَا فَإِنَّنَا نَرْقُدُ لِلنَّوْمِ وَالبَارْتْسُوفُ الرُّوحِيُّ وَالَّذِي يَحْتَوِي عَلَى مِقْدَارٍ ضَئِيلٍ مِنَ النُّورِ يَتَوَاجَدُ فِي حَالَةِ عَدَمِ الوَعْيِ وَالَّتِي تُدْعَى "النَّوْم". وَتَكُونُ كَمِّيَّةُ النُّورِ فِي البَارْتْسُوفِ قَلِيلَةً جِدّاً بِمِقْدَارِ السُّدْسِ مِنَ المَوْتِ أَيْ تَقْرِيباً غِيَابٌ كَامِلٌ لِلنُّورِ الرُّوحِيِّ لِأَنَّ القُوَّةَ الغَيْرَ طَاهِرَةٍ هِيَ القُوَّةُ الحَاكِمَةُ فِي هَذِهِ الحَالَةِ.

بِسَبَبِ هَاتَيْنِ القُوَّتَيْنِ اللَتَيِنِ تَحْكُمَانِ وَتُسَيْطِرَانِ عَلَى الإِنْسَانِ لاَ يَتَمَكَنُ مِنَ الإِلْتِصَاقِ مَعَ الخَالِقِ بِشَكْلٍ كُلِّيٍ وَأَبَدِيٍّ.

وَكَنَتِيجَةً لإِحْسَاسِنَا بِحَالَةِ الظُلْمَةِ أَيْ "بِالقُوَّةِ الغَيْرِ طَاهِرَةٍ وَالحَاكِمَةِ لِلَيْلِ"، إِحْسَاسَنَا بِهَا يُشَكِلُ عَائِقاً لِجُهُودِنَا لأَنَّ قُوَّتَهَا عَلَيْنَا تَعُودُ بِشَكْلٍ مُسْتَمِرٍ وَهَكَذَا فَهِيَ تُنْشِئُ وَتُسَبِبُ إِنْشِقَاقَاتٍ وَثَغَرَاتٍ فِي وَحْدَوِيَتَنَا مَعَ الخَالِقِ وَأَيْضاً بِأَعْمَالِنَا الَتِي نَعْمَلَهَا مِنْ أَجْلِ إِسْمِهِ.

لِتَصْحِيحِ هَذَا الوَضْعُ يَقُولُ العَالِمُ شِيمُونْ بَارْ يُوخَاي نَاصِحاً وَمُرْشِداً إِيَّانَا بِأَنَّ فِي كُلِّ لَيْلَةٍ عِنْدَمَا يَرْقُدُ الإِنْسَانُ لِلْنَوم يَجِبُ عَلَيْهِ وَبِكُلِّ قَلْبِهِ أَنْ يَخْضَعَ وَيَقْبَلَ حُكْمَ الخَالِقِ وَأَنْ يَأْتَمِنَ نَفْسَهُ لَهُ وَتَحْتَ سَيْطَرتِهِ بِشَكْلٍ كَامِلٍ. فَعِنْدَمَا يُغْمِضُ الإِنْسَانُ عَيْنَيْهِ لِيَنَامَ يَقُولُ:

"أَنَا أَضَعُ نَفْسِي تَحْتَ سُلْطَةِ وَقَوَانِينِ الخَالِقِ وَأَخْضَعُ لإِرَادَتِهِ"

وَهَذَا يَعْنِي أَنَّهُ يَجِبُ عَلَى الإِنْسَانِ الخُضُوعَ لِلْقُوَّةِ العُلْيَا بِشَكْلٍ كُلِّيٍ وَبِدُونِ أَيِّ شُرُوطٍ أَجَلَبَتْ عَلَيْهِ حَيَاةً أَمْ موتاً، عِنْدَهَا فَقَطْ لاَ يُوجَدُ قُوَّةٌ فِي العَالَمِ كُلَّهُ قَادِرَةٌ عَلَى أَنْ تَحُولَ بَيْنَهُ وَبَيْنَ وَحْدَوِيَّتِهِ مَعَ هَذِهِ القُوَّةِ العُلْيَا أَيْ الخَالِقِ. فَإِنَّهُ مَكْتُوبٌ: "أَحِبَ الرَّبَ إِلَهكَ مِنْ كُلِّ قَلْبِكَ وَمِنْ كُلِّ نَفْسِكَ وَمِنْ كُلِّ قُوَّتِكَ".

مِنْ صَلَوَاتِ النَبِي دَاوُد

السَاكِنُ فِي سُتْرِ العَلِي فِي ظِلِّ القَدِيرِ يَبِيتُ.

أَقُولُ لِلرَّبِ مَلْجَإِي وَحِصْنِي اِلَهِي فَاتْكِلُ عَلَيْهِ.

لأَنَّهُ يُنَجِيكَ مِنْ فَخِ الصَيَادِ وَمِنْ الوَبَاءِ الخَطِرِ.

بِخَوَافِيهِ يُظَلِلُكَ وَتَحْتَ أَجْنِحَتِهِ تَحْتَمِي. تُرْسٌ وَمِجَنٌ حَقَهُ.

لاَ تَخْشَى مِنْ خَوْفِ اللَيْلِ وَلاَ مِنْ سَهْمٍ يَطِيرُ فِي النَهَارِ.

وَلاَ مِنْ وَبَاءٍ يَسْلُكُ فِي الدُجَى وَلاَ مِنْ هَلاَكٍ يُفْسِدُ فِي الظَهِيرَةِ.

يَسْقُطُ عَنْ جَانِبِكَ آلفٌ وَرَبَوَاتٌ عَنْ يَمِينَكَ. إِلَيْكَ لاَ يَقْرُبُ.

لأَنَّكَ قُلتَ أَنْتَ يَا رَبُ مَلْجَإِي. جَعَلْتَ العَلِيَّ مَسْكَنَكَ.

لاَ يُلاَقِيْكَ شَرٌ وَلاَ تَدْنُو ضَرْبَةٌ مِنْ خَيْمَتِكَ.

لأَنَّهُ يُوصِي مَلاَئِكَتَهُ بِكَ لِكَيْ يَحْفَظُوكَ فِي كُلِّ طُرُقِكَ.

عَلَى الأَيْدِي يَحْمِلُونَكَ لِئَلاَ تَصْدُمُ بِحَجَرٍ رِجْلَكَ

عَلَى الأَسَدِ وَالصِلِ تَطَأُ. الشِبْلُ وَالثُعْبَانُ تَدُوسُ.

يَدْعُونِي فَأَسْتَجِيبُ لَهُ.

مَعَهُ أَنَا فِي الضِيقِ. أُنْقِذَهُ وَأُمَجِدَهُ.

مِنْ طُولِ الأَيَامِ أُشْبِعَهُ

لأَنَّهُ تَعَلَّقَ بِي أُنَجِيهِ.

أُرَفِّعَهُ لأَنَّهُ عَرَفَ اسْمِي. وَأُرِيهِ خَلاَصِي.

مِنْ حَكِيمِ الحُكَمَاءِ
المَلِكُ سُلَيْمَانُ بِنْ دَاوُد

مُقْتَطَفَاتٌ مِنْ حِكْمَةِ المَلِكِ سُلَيْمَان

لِمَعْرِفَةِ حِكْمَةٍ وَأَدَبٍ لِإِدْرَاكِ أَقْوَالِ الفَهْمِ.
لِقُبُولِ تَأْدِيبِ المَعْرِفَةِ وَالعَدْلِ وَالحَقِّ وَالإِسْتِقَامَةِ.
لِتُعْطِي الجُهَّالَ ذَكَاءً وَالشَّابَّ مَعْرِفَةً وَتَدَبُّراً.
يَسْمَعُهَا الحَكِيمُ فَيَزْدَادُ عِلْماً وَالفَهِيمُ يَكْتَسِبُ تَدْبِيراً.
لِفَهْمِ المَثَلِ وَاللُّغْزِ، أَقْوَالِ الحُكَمَاءِ وَغَوَامِضِهِمْ.

مَخَافَةُ الرَّبِّ رَأْسُ المَعْرِفَةِ. أَمَّا الجَاهِلُونَ فَيَحْتَقِرُونَ الحِكْمَةَ وَالأَدَبَ.
اسْمَعْ يَا إِبْنِي تَأْدِيبَ أَبِيكَ وَلَا تَرْفُضْ شَرِيعَةَ أُمِّكَ.
لِأَنَّهُمَا اكْلِيلُ نِعْمَةٍ لِرَأْسِكَ وَقَلَائِدُ لِعُنُقِكَ.

هَذِهِ السِّتَّةُ يُبْغِضُهَا الرَّبُّ، وَسَبْعَةٌ هِيَ مَكْرُهَةُ نَفْسِهِ:
عُيُونٌ مُتَعَالِيَةٌ، لِسَانٌ كَاذِبٌ، أَيْدٍ سَافِكَةٌ دَمًا بَرِيئًا،
قَلْبٌ يُنْشِئُ أَفْكَارًا رَدِيئَةً، أَرْجُلٌ سَرِيعَةُ الجَرَيَانِ إِلَى السُّوءِ،
شَاهِدُ زُورٍ يَفُوهُ بِالأَكَاذِيبِ، وَزَارِعُ خُصُومَاتٍ بَيْنَ إِخْوَةٍ.

مِنْ حَكِيمِ الحُكَمَاءِ

يَا ابْنِي، احْفَظْ وَصَايَا أَبِيكَ وَلاَ تَتْرُكْ شَرِيعَةَ أُمِّكَ.

أُرْبُطْهَا عَلَى قَلْبِكَ دَائِمًا. قَلِّدْ بِهَا عُنُقَكَ.

إِذَا ذَهَبْتَ تَهْدِيكَ. إِذَا نِمْتَ تَحْرُسُكَ، وَإِذَا اسْتَيْقَظْتَ فَهِيَ تُحَدِّثُكَ.

لأَنَّ الْوَصِيَّةَ مِصْبَاحٌ، وَالشَّرِيعَةَ نُورٌ، وَتَوْبِيخَاتِ الأَدَبِ طَرِيقُ الْحَيَاةِ.

لِحِفْظِكَ مِنَ الْمَرْأَةِ الشِّرِّيرَةِ، مِنْ مَلَقِ لِسَانِ الأَجْنَبِيَّةِ.

لاَ تَشْتَهِيَنَّ جَمَالَهَا بِقَلْبِكَ، وَلاَ تَأْخُذْكَ بِهُدُبِهَا.

لأَنَّهُ بِسَبَبِ امْرَأَةٍ زَانِيَةٍ يَفْتَقِرُ الْمَرْءُ إِلَى رَغِيفِ خُبْزٍ، وَامْرَأَةُ رَجُل آخَرَ تَقْتَنِصُ النَّفْسَ الْكَرِيمَةَ.

أَيَأْخُذُ إِنْسَانٌ نَارًا فِي حِضْنِهِ وَلاَ تَحْتَرِقُ ثِيَابُهُ؟

أَوَ يَمْشِي إِنْسَانٌ عَلَى الْجَمْرِ وَلاَ تَكْتَوِي رِجْلاَهُ؟

هكَذَا مَنْ يَدْخُلُ عَلَى امْرَأَةِ صَاحِبِهِ. كُلُّ مَنْ يَمَسُّهَا لاَ يَكُونُ بَرِيئًا.

قَبْلَ الْكَسْرِ الْكِبْرِيَاءُ، وَقَبْلَ السُّقُوطِ تَشَامُخُ الرُّوحِ.

تَوَاضُعُ الرُّوحِ مَعَ الوُدَعَاءِ خَيْرٌ مِنْ قَسْمِ الْغَنِيمَةِ مَعَ الْمُتَكَبِّرِينَ.

الْفَطِنُ مِنْ جِهَةِ أَمْرٍ يَجِدُ خَيْرًا، وَمَنْ يَتَّكِلُ عَلَى الرَّبِّ فَطُوبَى لَهُ.

حَكِيمُ الْقَلْبِ يُدْعَى فَهِيمًا، وَحَلَاوَةُ الشَّفَتَيْنِ تَزِيدُ عِلْمًا.

الْفِطْنَةُ يَنْبُوعُ حَيَاةٍ لِصَاحِبِهَا، وَتَأْدِيبُ الْحَمْقَى حَمَاقَةٌ.

قَلْبُ الْحَكِيمِ يُرْشِدُ فَمَهُ وَيَزِيدُ شَفَتَيْهِ عِلْمًا.

اَلْكَلَامُ الْحَسَنُ شَهْدُ عَسَلٍ، حُلْوٌ لِلنَّفْسِ وَشِفَاءٌ لِلْعِظَامِ.

تُوجَدُ طَرِيقٌ تَظْهَرُ لِلْإِنْسَانِ مُسْتَقِيمَةً وَعَاقِبَتُهَا طُرُقُ الْمَوْتِ.

نَفْسُ التَّعِبِ تُتْعِبُ لَهُ، لِأَنَّ فَمَهُ يَحُثُّهُ.

الرَّجُلُ اللَّئِيمُ يَنْبُشُ الشَّرَّ، وَعَلَى شَفَتَيْهِ كَالنَّارِ الْمُتَّقِدَةِ.

رَجُلُ الْأَكَاذِيبِ يُطْلِقُ الْخُصُومَةَ، وَالنَّمَّامُ يُفَرِّقُ الْأَصْدِقَاءَ.

اَلرَّجُلُ الظَّالِمُ يُغْوِي صَاحِبَهُ وَيَسُوقُهُ إِلَى طَرِيقٍ غَيْرِ صَالِحَةٍ.

مَنْ يُغَمِّضُ عَيْنَيْهِ لِيُفَكِّرَ فِي الْأَكَاذِيبِ، وَمَنْ يَعَضُّ شَفَتَيْهِ، فَقَدْ أَكْمَلَ شَرًّا.

تَاجُ جَمَالٍ: شَيْبَةٌ تُوجَدُ فِي طَرِيقِ الْبِرِّ.

الْبَطِيءُ الْغَضَبِ خَيْرٌ مِنَ الْجَبَّارِ، وَمَالِكُ رُوحِهِ خَيْرٌ مِمَّنْ يَأْخُذُ مَدِينَةً. الْقُرْعَةُ تُلْقَى فِي الْحِضْنِ، وَمِنَ الرَّبِّ كُلُّ حُكْمِهَا.

مِنْ كِتَابِ شَامَعْتِي

مِنْ جَمِيعِ الكُتُبِ التِي كَتَبَهَا عَالِمُ الكَابَالا بَارُوُخْ شَالُوم هَالِفِي أَشْلاَغ "الرَابَاشْ" وَالكُرَّاسَاتِ التِي دَوَّنَ فِيهَا الكَثِيرَ مِنَ النُصُوصِ، كَانَ دَائِمَاً يَحْمِلُ فِي حَوْزَتِهِ مُفَكِرَةً وَاحِدَةً. كَانَتْ هَذِهِ المُفَكِرَةُ تَحْتَوِي عَلَى النُصُوصِ التِي تَلَقَّنَ فِيهَا الإِرْشَادَ وَالعِلْمَ مِنْ عَالِمِ الكَابَالا يَهُودَا أَشْلاَغْ وَالمُلَقبْ بِصَاحِبِ السُلَّمِ كَاتِبُ وَمُؤَلِفُ "الشَرْحُ وَالتَفْسِيرُ السُلَّمِيِّ لِكِتَابِ الزُوُهَارِ" وَمُؤَلِفُ كُتُبٍ وَمَقَالاَتٍ عَدِيدَةٍ فِي عِلْمِ الكَابَالا. أَيْضاً كَانَتْ هَذِهِ المُفَكِرَةُ تَحْتَوِي عَلَى النُصُوصِ التِي كَانَ عَالِمُ الكَابَالا صَاحِبُ السُلَّمِ يَتْلُوُهَا عَلَى الرَابَاشِ مِنْ تَجْرِبَتِهِ الشَخْصِيَّةِ وَالتِي لَمْ يُدَّوِنْهَا أَبَداً لِخُصُوصِيَتِهَا، بَلْ كَانَ فَقَطْ يَكْشِفُهَا أَمَامَ العَدَدِ القَلِيلِ مِنَ الذِين كَانُوُا يَتَتَلْمَذوا عَلَى يَدِهِ.

فَأَخَذَ الرَابَاشُ يَحْفَظُ هَذِهِ النُصُوصِ فِي قَلْبِهِ وَأَخَذَ يُدَوِّنَهَا كَمَا سَمِعَهَا وَكَانَ دَائِمَاً يَحْمِلَهَا مَعَهُ أَيْنَمَا ذَهَبَ. فِي شَهْرِ أَيْلُوُلِ مِنْ سَنَةِ ١٩٩١ لَمْ يَكُنْ الرَابَاش عَلَى مُسْتَوَى صِحِيٍّ جَيِّدٍ فَإِسْتَدْعَى تِلْمِيذَهُ الأَوَلَ وَمُسَاعِدَهُ الخَاصُ وَأَوْدَعَهُ هَذِهِ المُفَكَرَةُ وَالتِي كَانَتْ تَحْمِلُ كَلِمَةً وَاحِدَةً فَقَطْ كَعُنْوَانٍ، "شَامَعْتِي" وَمَعْنَاهَا "أَنَا سَمِعْتُ" وَأَوْصَاهُ بِأَنْ يَحْتَفِظَ بِهَذِهِ المُفَكَرَةِ وَأَنْ "يَتَعَلَّمَ مِنْهَا".

فِي صَبَاحِ اليَومِ التَالِي فَارَقَ عَالِمُ الكَابَالا بَارُوُخ شَالُوم هَالِفِي أَشْلاَغ الحَيَاةَ

بَيْنَ يَدَيْ تِلْمِيذِهِ تَارِكَاً إِيَّاهُ وَالكَثِيرِينِ مِنْ الطَلَبَةِ فِي هَذَا العَالَمِ مِنْ دُونِ أَيِّ رَاعٍ لِيُرْشِدَهُم وَيُوَجِهَهُم فِي الطَرِيقِ الصَحِيح. فِي إِلْتِزَامِهِ وَمِنْ مَحَبَّتِهِ لِمُعَلِمِهِ تَعَهَّدَ تِلْمِيذَه عَلَى نَفْسِهِ آخِذاً عَلَى عَاتِقِهِ المَسْؤُولِيَةِ فِي تَحْقِيقِ رَغْبَةَ مُعَلِمِهِ فِي نَشْرِ عِلْمِ حِكْمَةِ الكَابَالا لِلعَالَمِ أَجْمَعْ. أَخَذَ هَذِهِ المُفَكَرَةَ وَقَامَ بِنَشْرَهَا حَرْفِيَّاً كَمَا تَسَلَمَهَا مِنْ مُعَلِمِهِ لِهَدَفِ الحِفَاظِ عَلَى القُوَّةِ التِي تَحْتَوِيهَا هَذِهِ النُصُوصِ مِنْ خُلاَصَةَ البَحْثِ وَالدِرَاسَةِ التِي قَامَ بِهَا عُلَمَاءُ الكَابَالا هُؤُلاءِ فِي إِحْرَازِ العَالَمِ الرُوحِيِّ.

مِنْ ضِمْنِ مَجْمُوعَةِ كُتُبِ عِلْمِ حِكْمَةِ الكَابَالا المُتَعَدِدَةِ يَتَمَيَّزُ كِتَابُ "شَامَعْتِي" بِصِفَتِهِ الفَرْدِيَّةِ وَفِي مَغْزَى مَقَالاَتِهِ وَبِالقُوَةِ التِي تَحْتَوِيهَا هَذِهِ المَقَالاَتُ الفَعَّالَةُ فِي مُسَاعَدَةِ أَيِّ مَنْ يَقْرَأُ مِنْ هَذِهِ النُصُوصِ فِي مَنْحِهِ الإِحْسَاسُ وَالفَهْمُ وَالقُوَّةُ فِي الدِرَاسَةِ وَالبَحْث.

لَيْسَ هُنَالِكَ سِوَاهُ
اليَوْمُ السَّادِسُ مِنْ شُبَاطٍ مِنْ عَامِ ١٩٤٤

قَدْ كُتِبَ "لَيْسَ هُنَالِكَ سِوَاهُ". وَهَذَا يَعْنِي أَنَّهُ لَيْسَ هُنَالِكَ مِنْ قُوًى أُخْرَى تَمْلُكُ القُدْرَةَ عَلَى أَنْ تَقُومَ بِأَيِّ عَمَلٍ مَا ضِدَ إِرَادَتِهِ. وَمَا يَرَاهُ الإِنْسَانُ مِنْ أَنَّ هُنَاكَ أُمُوراً فِي هَذَا العَالَمِ تُنْكِرُ وُجُودَ السُّلْطَةِ العُلْيَا، هَذَا سَبَبُهُ أَنَّ هَذِهِ هِيَ مَشِيئَةُ الخَالِقِ وَهَذَا مَا يُعْتَبَرُ تَصْحِيحاً وَالَّذِي يُقَالُ لَهُ "اليَسَارُ تَرْفُضُ وَاليَمِينُ تُقَرِّبُ مِنَ المِحْوَرِ الرَّئِيسِيِّ"، مَعْنَى ذَلِكَ أَنَّ مَا تَرْفُضُهُ اليُسْرَى يُعْتَبَرُ تَصْحِيحاً.

هَذَا يَعْنِي بِأَنَّ هُنَاكَ أُمُوراً فِي هَذَا العَالَمِ تَسْعَى مِنَ البِدَايَةِ إِلَى تَحْوِيلِ وَإِبْعَادِ الشَّخْصِ عَنِ الطَّرِيقِ الصَّحِيحِ، وَالَّتِي بِوَاسِطَتِهَا يُرْفَضُ الإِنْسَانُ مِنَ القَدَاسَةِ، وَالفَائِدَةُ مِنْ هَذَا الرَّفْضِ أَنَّ مِنْ خِلَالِهِ يَحْصُلُ الشَّخْصُ عَلَى الحَاجَةِ وَعَلَى الرَّغْبَةِ التَّامَّةِ إِلَى مُسَاعَدَةِ الخَالِقِ لَهُ وِفْقاً لِإِدْرَاكِهِ بِأَنَّهُ تَائِهٌ مِنْ دُونِ مُسَاعَدَتِهِ.

لَا يَرَى أَنَّهُ لَا يَتَقَدَّمُ فِي العَمَلِ فَحَسْبُ بَلْ يُدْرِكُ أَنَّهُ يَرْتَدُّ إِلَى الوَرَاءِ، وَبِذَلِكَ يَرَى أَنَّهُ يَفْقِدُ القُدْرَةَ عَلَى حِفْظِ الأَسْفَارِ وَالوَصَايَا حَتَّى وَإِنْ كَانَتْ لِلوليشما (لَيْسَ مِنْ أَجْلِ إِسْمِ الخَالِقِ وَأَنَّهُ فَقَطْ عَنْ طَرِيقِ التَّغَلُّبِ الحَقِيقِيِّ عَلَى كُلِّ العَوَائِقِ فَوْقَ حُدُودِ المَنْطِقِ يُمْكِنُهُ أَنْ يَحْفَظَ الأَسْفَارَ وَالوَصَايَا. وَلَكِنْ لَيْسَ لَدَيْهِ القُوَّةُ دَائِماً لِلوُصُولِ إِلَى الإِيمَانِ فَوْقَ حُدُودِ المَنْطِقِ وَإِلَّا فَهُوَ سَيُجْبَرُ لَا قَدَّرَ الرَّبُّ عَلَى الإِنْحِرَافِ عَنِ الطَّرِيقِ الصَّحِيحِ حَتَّى وَلَوْ مِنْ مَكَانِهِ مِنْ لوليشما، وَالشَّخْصُ الَّذِي يَشْعُرُ دَائِماً بِأَنَّ الأَجْزَاءَ المُبَعْثَرَةَ أَعْظَمَ مِنَ الكُلِّ الكَامِلِ

أَيْ أَنَّ هُنَاكَ تَرَاجُعٌ أَكْثَرَ مِمَا هُنَاكَ مِنْ إِحْرَازَاتٍ، وَيَرَى أَنَّهُ لَيْسَ مِنْ نِهَايَةٍ لِهَذَا الوَضْعِ، وَأَنَّهُ سَيَبْقَى إِلَى الأَبَدِ خَارِجَ القَدَاسَةِ، لأَنَّهُ يَرَى أَنَّهُ مِنَ الصَعْبِ عَلَيْهِ حِفْظُ الوَصَايَا حَتَى وَلَو بِمِقْدَارِ ذَرَةٍ، مَا لَمْ يَكُنْ عَنْ طَرِيقِ إِحرَازِ الإِيمَانِ فَوْقَ حُدُودِ المَنْطِقِ. وَلَكِنَّهُ غَيرَ قَادِرٍ عَلى الغَلَبَةِ دَائِماً. فَكَيْفَ سَتَكُونُ النِهَايَّةَ؟

عِنْدَهَا يَتَوَصَّلُ إِلَى الإِعْتِرَافِ بِأَنَّهُ لاَ يُمْكِنُ لأَحَدٍ أَنْ يُسَاعِدَهُ إِلاَّ الخَالِقُ نَفسُهُ. هَذَا يَدْعُوهُ إِلَى أَنْ يَطْلُبَ وَمِنْ صَمِيمِ قَلْبِهِ أَنْ يَفْتَحَ الخَالِقُ عَينَيهِ وَقَلْبِهُ، وَأَنْ يُقَرِّبُهُ مِنْهُ فِي إِتِحَادٍ أَبَدِيٍّ مَعَهُ. وَبِالتَالِي يَسْتَنْتِجُ أَنَّ كُلَّ الرَفْضِ الَذِي عَانَى مِنْهُ كَانَ يَأْتِيهِ مِنَ الخَالِقِ نَفسِهُ وَهَذَا يَعْنِي أَنَّهُ لَيْسَ لِكَونِهِ عَلَى خَطَأٍ، أَوْ لأَنَّهُ لَمْ يَمْتَلِكَ القُدْرَةَ عَلى تَخَطِي الأَمْرِ. إِنَمَا لِهَؤُلاءِ الَذِينَ يُرِيدُونَ حَقاً أَنْ يَقْتَرِبُوا مِنَ الخَالِقِ وَلَنْ يَسْتَقِرُوا رَاضِيينَ بِالقَلِيلِ، يبقُوا كَالأَطْفَالِ غَيرُ مُكْتَفِين

مِنْ أَجْلِ هَؤُلاءِ أُعْطَى عَوناً مِنَ الأَعَالِي لِكَي لاَ يَقُولُوا الشُكْرُ لِلرَبِّ عِنْدَنَا الأَسْفَارُ وَالوَصَايَا وَالأَعْمَالُ الصَالِحَةِ فَمَا لَنَا الحَاجَةَ إِلَى شَيءٍ آخَرٍ؟

إِذَا إِمْتَلَكَ الإِنسَانُ الرَغْبَةَ الحَقِيقِيَّةَ عِنْدَهَا فَقَطْ سَوْفَ يَحْصَلُ عَلَى العَوْنِ مِنَ الأَعَالِي. وَسَوفَ يَبْدُو لَهُ دَائِماً كَيفَ أَنَّهُ عَلَى خَطَاءٍ فِي وَضْعِهِ الحَاضِرِ. أَيْ سَوْفَ يَتَلَقَّى أَفْكَاراً وَآرَاءً مُتَنَاقِضَةً مَعَ عَمَلِهِ فِي تَصْحِيحِ نَفسِهِ، وَذَلِكَ لِكَي يُدْرِكَ بِأَنَّهُ لَيْسَ مُتَحِداً مَعَ الخَالِقِ. وَمَهْمَا تَخَطَّى مِنَ العَقَبَاتِ فَسَوفَ يَرَى دَائِماً كَمْ هُوَ بَعِيدٌ عَنْ القَدَاسَةِ أَكْثَرَ مِنْ غَيرِهِ مِنَ الَذِينَ يَشْعُرُونَ أَنَّهُمْ وَاحِدٌ مَعَ الخَالِقِ وَلَكِنَّهُ بِالمُقَابِلِ دَائِماً لَدَيهِ شَكَاوَى وَطَلَبَاتٌ وَلاَ يُمْكِنَهُ أَنْ يُبَرِر سُلُوكَ الخَالِقِ تِجَاهَهُ وَطَرِيقَةَ تَعَامُلِ الخَالِقِ مَعَهُ. وَيُحْزِنُهُ عَدَمَ إِرْتِبَاطِهِ مَعَ

الخَالِقِ؟ وَأَخِيراً يَتوَصَّلُ إِلَى الإِحْسَاسِ بِأَنَّهُ لَيْسَ لَهُ أَيُّ مَكَانٍ فِي القَدَاسَةِ مَهْمَا كَانَ الأَمْرُ عَلَيْهِ.

رَغْمَ أَنَّهُ وَبِشَكْلٍ مُسْتَمِرٍ يَحْصَلُ عَلَى يقَاظَاتٍ مِنَ الأَعلَى وَهَذَا مَا يُحْيِهِ مُؤَقَتاً وَلَكِنَّهُ سُرْعَانَ مَا يَسْقُطُ فِي مَكَانٍ وَضِيعٍ. وَلَكِنَّ هَذَا مَا يَدْفَعُهُ إِلَى الإِدْرَاكِ بِأَنَّ الخَالِقَ وَحْدَهُ هُوَ القَادِرُ عَلَى مُسَاعَدَتِهِ وَتَقْرِيبِهِ مِنْهُ بِالفِعْلِ عَلَى المَرءِ أَنْ يُحَاوِلَ دَائِمَاً أَنْ يَتَشَبَّثَ بِالخَالِقِ بِمَعْنَى أَنْ تَكُونَ كُلَّ أَفْكَارِهِ مَعَ الخَالِقِ. وَذَلِكَ يَعْنِي أَنَّهُ حَتَى فِي أَسْوَأ الحَالاَتِ وَالتِي لاَ إِنْحِدَارَ أَكْثَرَ مِنْهَا، عَلَيْهِ أَنْ لاَ يَخْرُجَ مِنْ تَحْتِ سُلْطَةِ الخَالِقِ أَيْ بِأَنْ يَعْتَقِدَ بِأَنَّ هُنَاكَ سُلْطَةٌ أُخْرَى يُمْكِنَهَا أَنْ تَمْنَعُهُ مِنْ دُخُولِ القَدَاسَةِ أَو أَنْ تَجْلُبَ عَلَيْهِ نَفْعٌ أَوْ ضَرَرٌ.

أَيْ أَنَّهُ يَجِبُ أَلاَّ يَظُنُ أَنَّ هُنَاكَ قُوَى أَوْ إِلَهٌ آخَرٌ (الجَانِبُ الآخَرُ) وَالتِي تَمْنَعُ الشَخْصَ مِنْ أَنْ يَعْمَلَ صَالِحَاً وَيَتبَعَ طُرُقَ الخَالِقِ. وَلَكِنَّ بِالأَحْرَى يَعْلَمُ بِأَنَّ كُلَّ شَيءٍ هُوَ مِنْ عَمَلِ الخَالِقِ.

عَالِمُ الكَابَالا بَعِلْ شِيمْ تُوفْ قَالَ أَنَّ كُلَ مَنْ يَقُولُ بِأَنَّهُ يُوجَدُ قُوَى أُخْرَىَ فِي العَالَمَ بِجَانِبِ الخَالِقِ، أَيْ الكِلِيبُوتْ قُوَةٌ غَيرُ طَاهِرَةٍ يَكُونُ هَذَا الشَخْصُ فِي حَالَةِ "عِبَادَةِ آلِهَةٍ أُخْرَىَ ". إِذاً لَيْسَ بِالضَرُورَةِ أَنَّ فِكْرَةَ الهَرطَقَةِ "الإِلْحَادِ" وَالبِدَعِ هِيَ التَعَدِّي بِحَدِ ذَاتِهَا. وَلَكِنَّ إِذَا ظَنَّ الإِنسَانَ أَنَّ هُنَاكَ سُلطَةٌ أَخْرَىَ وَقُوى مُنْفَصِلَةٌ عَنْ الخَالِقِ فَبِهَذَا هُوَ يَرْتَكِبُ خَطِيئَةً. عَلاَوَةً عَلَى ذَلِكَ أَنَّ كُلَّ مَنْ يَقُولُ بِأَنَّ الرَجُلَ لَهُ سُلطَةٌ مُسْتَقِلَةٌ عَلَى نَفْسِهِ أَيْ أَنْ يَقُولَ أَنَّهُ هُوَ بِالأَمْسِ لَمْ يَرْغَبْ بِإِتِبَاعِ طُرُقِ الخَالِقِ فَهَذَا أَيْضاً يُعْتَبَرُ إِرْتِكَابَ خَطِيئَةِ الإِلْحَادِ إِذْ أَنَّهُ لاَ يُؤمِنُ بِأَنَّ الخَالِقَ وَحْدَهُ هُوَ مُسَيِّرُ العَالَمَ.

وَلَكِن عِنْدَمَا يَرْتَكِبُ خَطِيئَةً فَعَلَيْهِ بِالتَأْكِيدِ أَنْ يَنْدَمَ عَلَيهَا وَيأسَفَ عَلَى

إِرْتِكَابُهُ إِيَّاهَا. وَلَكِنْ وَحَتَّى فِي هَذِهِ لَا بُدَّ أَنْ نَضَعَ الأَسَفَ وَالحُزْنَ فِي مَوْضِعِهِمَا الصَّحِيحِ حَيْثُ الإِشَارَةِ بِالتَّحْدِيدِ إِلَى السَّبَبِ فِي إِرْتِكَابِ الْخَطِيئَةِ فَهَذِهِ هِيَ النُّقْطَةُ الَّتِي يَجِبُ أَنْ يَنْدَمَ عَلَيْهَا.

ثُمَّ يَنْبَغِي أَنْ يَكُونَ نَادِماً وَيَقُولُ: أَنَا إِرْتَكَبْتُ خَطِيئَةً لِأَنَّ الْخَالِقَ أَلْقَى بِيَّ إِلَى الأَسْفَلِ أَيْ مِنَ الْقَدَاسَةِ إِلَى الْقَذَارَةِ. وَهَذَا يَعْنِي أَنَّ الْخَالِقَ أَعْطَاهُ الرَّغْبَةَ وَالشَّهْوَةَ لِيُلْهِيَ نَفْسَهُ وَيَسْتَنْشِقَ الْهَوَاءَ فِي مَكَانٍ ذُو رَائِحَةٍ كَرِيهَةٍ وَقَدْ تَقُولُ أَنَّهُ مَكْتُوبٌ فِي الكُتُبِ أَنَّهُ أَحْيَاناً يَأْتِي الشَّخْصُ مُتَجَسِّداً فِي صُورَةِ خِنْزِيرٍ. يَجِبُ عَلَيْنَا تَفْسِيرُ هَذَا وَكَأَنَّهُ يَقُولُ أَنَّ الشَّخْصَ يَحْصُلُ عَلَى رَغْبَةٍ وَشَهْوَةٍ لِيَأْخُذَ الحَيَاةَ مِنَ الأَشْيَاءِ الَّتِي كَانَ قَدْ قَرَّرَ أَنَّهَا قُمَامَةٌ، وَلَكِنَّهُ الآنَ يُرِيدُ أَنْ يَحْصُلَ عَلَى التَّغْذِيَةِ مِنْهَا أَيْضاً.

عِنْدَمَا يَشْعُرُ الْمَرْءُ بِأَنَّهُ فِي مَرْحَلَةِ الإِرْتِقَاءِ، وَيَشْعُرُ بِلَذَّةٍ فِي العَمَلِ وَهُنَا يَجِبُ أَنْ لَا يَقُولَ: " الآنَ أَنَا فِي مَرْحَلَةٍ أَفْهَمُ فِيهَا أَنَّ عِبَادَةَ الْخَالِقِ تَسْتَحِقُّ العَنَاءَ". بِالأَحْرَى عَلَيْهِ أَنْ يَعْلَمَ أَنَّهُ الآنَ وَجَدَ نِعْمَةً فِي عَيْنَيِ الْخَالِقِ، وَبِالتَّالِي قَرَّبَهُ الْخَالِقُ إِلَيْهِ، وَلِهَذَا السَّبَبِ يَشْعُرُ الآنَ بِلَذَّةٍ فِي العَمَلِ. وَعَلَيْهِ أَنْ يُحْذَرَ مِنْ أَنْ يَتْرُكَ مَكَانَ القَدَاسَةِ الَّذِي وَضَعَهُ فِيهِ الْخَالِقُ، وَيَقُولُ بِأَنَّهُ يُوجَدُ هُنَاكَ آخَرُ يَعْمَلُ إِلَى جَانِبِ الْخَالِقِ.

وَهَذَا يَعْنِي أَنَّ مَسْأَلَةَ الإِسْتِحْسَانِ مِنْ قِبَلِ الْخَالِقِ أَوِ العَكْسِ أَيْ أَنَّهُ لَمْ يَجِدْ مَعْرُوفاً فِي عَيْنَيِ الْخَالِقِ، لَا يَعْتَمِدُ هَذَا عَلَى الشَّخْصِ نَفْسِهِ وَلَكِنَّهُ يَعْتَمِدُ عَلَى الْخَالِقِ فَقَطْ. وَالمَرْءُ بِتَفْكِيرِهِ الخَارِجِيِّ لَا يُمْكِنُهُ أَنْ يَسْتَوْعِبَ أَوْ يُدْرِكَ لِمَاذَا فَضَّلَهُ الْخَالِقُ الآنَ وَبَعْدَئِذٍ لَمْ يُفَضِّلْهُ.

وَبِطَرِيقَةٍ مُمَاثِلَةٍ عِنْدَمَا يَأْسَفُ الإِنْسَانُ عَلَى أَنَّ الْخَالِقَ لَمْ يُقَرِّبْهُ إِلَيْهِ، عَلَيْهِ أَيْضاً

أَنْ يُحَذَرَ أَنْ لاَ يَكُونَ إِهْتِمَامُهُ مُنْصَبَّاً عَلَى نَفْسِهِ أَيْ أَنَّهُ بَعِيدٌ عَنِ الخَالِقِ. وَذَلِكَ لأَنَّهُ يُصْبِحُ بِهَذَا مُتَلَقِّيَاً لِمَصْلَحَتِهِ الذَاتِيَّةِ، وَذَاكَ الَذِي يَأْخُذُ لِذَاتِهِ يُعْزَلُ بَعِيدَاً عَنِ الخَالِقِ. وَلَكِنْ بِالأَحْرَى يَجِبُ عَلَيْهِ أَنْ يَأْسَفَ عَلَى إِبْتِعَادِ الشِّخِينَا الأُلُوهِيَّةِ، أَيْ أَنَّهُ يُسَبِّبُ الحَزْنَ لِلأُلُوهِيَّةِ. عَلَى الإِنْسَانِ أَنْ يَتَصَوَّرَ كَمَا لَوْ أَنَّ عُضْوَاً صَغِيرَاً فِي جَسَدِهِ يَتَأَلَّمُ فَإِنَّ الذِّهْنَ وَالقَلْبَ يَشْعُرَانِ بِالأَلَمِ أَيْضَاً وَعَلَى حَدٍّ سَوَاء. القَلْبُ وَالذِهْنُ أَسَاسُ بُنْيَةِ الإِنْسَانِ كَكُلٍّ. وَبِالتَأْكِيدِ فَإِنَّ إِحْسَاسَ عُضْوٍ وَاحِدٍ لاَ يُقَارَنُ بِإِحْسَاسِ الشَّخْصِ بِقَوَامِهِ الكَامِلِ حَيْثُ يَشْعُرُ بِالأَلَمِ بِشَكْلٍ كُلِيٍّ.

عَلَى النَحْوِ نَفْسِهِ، الأَلَمُ الَذِي يَشْعُرُ بِهِ الشَخْصُ عِنْدَمَا يَكُونُ بَعِيدَاً عَنِ الخَالِقِ. وَبِمَا أَنَّ الإِنْسَانَ لَيْسَ إِلاَّ عُضْوَاً وَاحِداً فِي الشِّخِينَا المُقَدَّسَةِ إِذْ أَنَّ الشِّخِينَا المُقَدَّسَةَ هِيَ الرُوحُ المُشْتَرَكَةُ لِشَعْبِ الرَبِّ، إِذَاً فَإِحْسَاسُ العُضْوِ الوَاحِدِ لاَ يَتَمَاثَلُ بِالشُعُورِ بِالأَلَمِ العَامِ الَذِي يَشْمُلُ الكُلَّ. وَهَذَا يَعْنِي أَنَّ هُنَالِكَ أَسَىً فِي الشِّخِينَا عِنْدَمَا تَكُونُ الأَعْضَاءُ مَفْصُولَةً عَنْهَا وَلَيْسَ بِإِمْكَانِهَا أَنْ تَرْعَى أَعْضَائَهَا.

وَيَنْبَغِي عَلَيْنَا أَنْ نَقُولَ إِنَّ هَذَا مَا قَالَهُ حُكَمَاؤُنَا: "عِنْدَمَا يَنْدَمُ المَرءُ، مَاذَا تَقُولُ الشِّخِينَا؟ بِالتَعْبِيرِ إِنَّهُ أَخَفُ مِنْ رَأْسِي. فَإِنَّ عَدَمَ نَسْبِ الشُعُورِ بِالحُزْنِ لِلإِبْتِعَادِ عَنِ الخَالِقِ لِذَاتِ الشَخْصِ فَإِنَّهُ يُعْفَى مِنَ الوُقُوعِ فِي فَخِّ الرَغْبَةِ فِي التَحْصِيلِ لِلذَاتِ الرَغْبَةَ الأَنَانِيَّةَ وَالتِي تُعْتَبَرُ إِبْتِعَاداً عَنِ القَدَاسَةِ. إِنَّ الأَمْرَ نَفْسَهُ أَيْضَاً عِنْدَمَا يَشْعُرُ الشَخْصُ بِالتَقَرُّبِ مِنَ القَدَاسَةِ، عِنْدَمَا يَشْعُرُ بِالبَهْجَةِ وَالفَرَحِ حِينَ يَجِدُ نِعْمَةً مِنْ قِبَلِ الخَالِقِ.

عِنْدَهَا أَيْضَاً يَتَوَجَّبُ عَلَى الشَخْصِ أَنْ يَقُولَ أَنَّ سَبَبَ بَهْجَتِهِ هُوَ أَنَّهُ يُوجَدُ

بَهْجَةٌ فِي الأَعَالِي أَيْ فِي الشِخِينَا المُقَدَّسَةِ فِي تَمَكُّنِهَا مِنْ جَلْبِ أَحَدِ أَعْضَائِهَا بِالقُرْبِ مِنْهَا، وَبِأَنَّهَا لَمْ تَضْطَرْ بِأَنْ تُرْسِلَهُ بَعِيداً عَنْهَا، فَإِنَّ الشَخْصَ يَسْتَمِدُ البَهْجَةَ مِنْ مُكَافَئَتِهِ لإِرْضَاءِ الشِخِينَا. وَهَذَا وَتَوَافُقاً لِمَا وَرَدَ أَنَّهُ عِنْدَمَا يَكُونُ هُنَاكَ فَرَحٌ جُزْئِيٌّ فَهُوَ لَيْسَ إِلاَّ جُزْءٌ مِنَ الفَرَحِ الكُلِّي. تَمَاشِياً مَعَ هَذَا يَفْقِدُ الشَخْصُ فَرْدِيَتُهُ وَيَتَجَنَّبُ الوُقُوعَ فِي فَخِ القُوَّةِ الأُخْرَى وَالَتِي هِيَ الإِرَادَةُ أَوَ الرَغْبَةُ فِي الأَخْذِ لأَجْلِ مَصْلَحَتِهِ الأَنَانِيَّةِ.

وَبِالرَغْمِ مِنْ أَنَّ الرَغْبَةَ فِي الأَخْذِ لِلذَاتِ -الرَغْبَةُ الأَنَانِيَّةُ- ضَرُورِيَّةٌ بِمَا أَنَّهَا تُشَكِلُ مَاهِيَّةَ الإِنْسَانِ، وَبِمَا أَنَّ كُلَّ مَا هُوَ مَوجُودٌ فِي الشَخْصِ مُنْفَصِلٌ عَنْ الأَنَا فِيهِ أَوْ عَنِ الرَغْبَةِ فِي الأَخْذِ لِلذَاتِ لاَ يَنْتَمِي لِلمَخْلُوقِ بَلْ أَنَّهَا تُعْزَا لِلخَالِقِ، لَكِنْ يَتَوَّجَبُ تَصْحِيحُ الرَغْبَةَ الأَنَانِيَّةَ لِتُصْبِحَ رَغْبَةً فِي العَطَاءِ المُطْلَقِ.

وَبِذَلِكَ نَقُولُ أَنَّ البَهْجَةَ وَالفَرَحَ الَتِي تَحْصَلُ عَليهِمَا "الإِرَادَةُ فِي الأَخْذِ" لاَ بُدَّ أَنْ تَكُونَ ضِمْنَ إِطَارِ النِيَّةِ وَالقَصْدِ بِأَنَّ هُنَالِكَ رِضاً وَسَعَادَةً فِي الأَعَالِي حِينَمَا يَشْعُرُ الخَلْقُ بِالسُرُورِ، لأَنَّ هَذَا هُوَ هَدَفُ الخَلِيْقَةَ - لِمَنْفَعَةِ خَلِيقَتِهِ. وَهَذَا مَا يُدْعَى فَرَحُ الشَخِينَا فِي الأَعْلَى.

لِهَذَا السَبَبُ، عَلَى الإِنْسَانِ أَنْ يَلتَمِسَ النَصِيحَةَ عَنْ كَيْفِيَّةِ جَلْبِ الرِضَا لِلشَخِينَا. وَبِالطَبْعِ عِنْدَمَا يَحْصَلُ هُوَ عَلَى السُرُورِ كَذَلِكَ الشُعُورُ بِالرِضَا سَيَمْلاءُ الشْخِينَا. لِذَلِكَ يَتُوقُ دَائِماً لأَنْ يَكُونَ فِي قَصْرِ المَلِكِ وَأَنْ تَكُونَ لَدَيهِ القُدْرَهِ عَلَى التَمَّتُعِ بِكُنُوزِ المَلِكِ. وَهَذَا بِالتَأْكِيدِ سَيُؤَدِي بِرِضَا الشْخِينَا فِي الأَعَالِي. وبناءً عَلَى ذَلِكَ لاَ بُدَّ أَنْ يَكُونَ كُلَّ سَعْيِ الإِنْسَانِ وَرَغْبَتِهِ فَقَطْ مِنْ أَجْلِ اسْمِ الخَالِقِ.

جَوْهَرُ عَمَلِ الإِنْسَانِ

سَمِعْتُ أَثْنَاءَ وَجْبَةِ الطَّعَامِ فِي اليَوْمِ الثَّانِي مِنْ رَأْسِ السَّنَةِ فِي شَهْرِ تِشْرِينَ الأَوَّلِ مِنْ عَامِ ١٩٤٨

إِنَّ جَوْهَرَ عَمَلِ الإِنْسَانِ يَنْبَغِي أَنْ يَكُونَ فِي كَيْفِيَّةِ التَّوَصُّلِ إِلَى الشُّعُورِ بِلَذَّةِ النَّكْهَةِ فِي إِغْدَاقِ الرِّضَى وَالسَّعَادَةِ لِإِرْضَاءِ خَالِقِهِ، إِذْ أَنَّ كُلَّ مَا يَعْمَلُهُ أَحَدُنَا مِنْ أَجْلِ نَفْسِهِ يُبْعِدُهُ وَيَفْصِلُهُ عَنِ الخَالِقِ، وَذَلِكَ بِسَبَبِ التَّبَايُنِ وَالفَرْقِ مِنْ حَيْثُ السِّمَاتِ الشَّكْلِيَّةِ وَمَعَ ذَلِكَ، إِذَا عَمِلَ الإِنْسَانُ عَمَلاً مِنْ أَجْلِ إِرْضَاءِ الخَالِقِ حَتَّى وَلَوْ كَانَ عَمَلاً بَسِيطاً فَإِنَّهُ لَا يَزَالُ يُعْتَبَرُ تَنْفِيذَ وَصِيَّةٍ - وَصِيَّةَ وَأَمْرَ الإِلَهِ وَمِنْ ثَمَّ يَنْبَغِي لِلْمَرْءِ أَنْ يُرَكِّزَ جُهْدَهُ الأَسَاسِيَّ لِإِكْتِسَابِ وَالحُصُولِ عَلَى قُوَّةٍ لِكَيْ يَشْعُرَ بِلَذَّةِ النَّكْهَةِ فِي إِرْضَاءِ الخَالِقِ وَالَّتِي تَأْتِي مِنْ خِلَالِ تَقْلِيلِ وَتَصْغِيرِ القُوَّةِ الَّتِي يَشْعُرُ بِهَا الإِنْسَانُ فِي حُبِّ ذَاتِهِ.

فِي هَذِهِ المَرْحَلَةِ يَبْدَأُ الإِنْسَانُ أَنْ يَكْتَسِبَ بِبُطْءٍ النَّكْهَةَ فِي عَمَلِهِ لِإِرْضَاءِ الخَالِقِ.

رَفْعُ الإِنْسَانِ لِنَفْسِهِ
سَمِعْتُ

لاَ يَسْتَطِيعُ الإِنْسَانُ الإِرْتِقَاءَ بِنَفْسِهِ فَوْقَ حُدُودِ ذَاتِهِ بِمَا أَنَّهُ مِنَ المُتَوَجِّب عَلَيْهِ أَنْ يُحصِلَ عَلَى قُوَّتِهِ مِنَ البِيئَةِ التِي يَتَوَاجَدُ فِيهَا. فَلاَ يُوجَدُ لِلإِنْسَانِ هُنَا أَيُّ مَشُورَةٍ أَوْ نَصِيحَةٍ إِلاَّ فِي بَذْلِ الجُهْدِ المُكَثَّفِ فِي الدِرَاسَةِ وَالعَمَلِ. لِذَلِكَ إِذَا إِخْتَارَ الإِنْسَانُ لِنَفْسِهِ بِيئَةً صَالِحَةً وَجَيِدَةً فَفِي إِخْتِيَارِهِ هَذَا يُوَفِرُ عَلَى نَفْسِهِ الكَثِيرَ مِنَ الوَقْتِ وَالجُهْدِ أَيْضاً بِمَا أَنَّ البِيئَةَ هِيَ التِي تَتَحَكَّمُ وَتُحَدِدُ مُيُولَ وَرَغَبَاتِ الإِنْسَانِ.

مَا مَعْنَى القَولُ "وَطَرَدَ الرَّبُّ أَدَمَ مِنْ جَنَةِ عَدَنٍ لِعَلَّهُ يَمُدُ يَدَهُ وَيَأخُذُ مِنْ ثَمَرِ شَجَرَةِ الحَيَاةِ"

سَمِعْتُ فِي ٢٤ مِنْ شَهْرِ آذَارِ مِنْ عَامِ ١٩٤٤

مَكْتُوبٌ: "فَنَادَى الرَّبُّ الإِلَهُ أَدَمَ وَقَالَ لَهُ أَيْنَ أَنْتَ؟ فَقَالَ سَمِعْتُ صَوْتَكَ فِي الجَنَّةِ فَخَشِيتُ لأَنِي عُرْيَانٌ فَاخْتَبَأتُ.

فَقَالَ الرَّبُّ: مَنْ أَعْلَمَكَ أَنَّكَ عُرْيَانٌ؟ هَلْ أَكَلْتَ مِنَ الشَجَرَةِ الَتِي أَوْصَيْتُكَ أَنْ لاَ تَأكُلَ مِنْهَا ..وَقَالَ الرَّبُّ الإِلَهُ: هُوَذَا الإِنْسَانُ قَدْ صَارَ كَوَاحِدٍ مِنَا عَارِفَاً الخَيْرَ وَالشَرَّ. وَالآنَ لَعَلَهُ يَمُدُ يَدَهُ وَيَأْخُذُ مِنْ شَجَرَةِ الحَيَاةِ أَيْضَاً."

يَجِبُ عَلَيْنَا فَهْمَ عُمْقِ شُعُورِ الخَوْفِ الَذِي شَعَرَ بِهِ أَدَم وَالَذِي كَانَ كَبِيرَاً لِدَرَجَةِ أَنَّهُ إِخْتَبَأَ مِنْ أَمَامِ الخَالِقِ لأَنَّهُ رَأَى نَفْسَهُ بِأَنَّهُ عُرْيَانٌ. المَوضُوعُ هُوَ أَنَّهُ قَبْلَ أَنْ أَكَلَ مِنْ ثَمَرِ شَجَرَةِ مَعْرِفَةِ الخَيْرِ وَالشَرِّ كَانَ يَسْتَمِدُ غِذَاءَهُ مِنْ السَفِيرَا بِيْنَا وَالَتِي هِيَ عَالَمُ الحُرِيَّةِ. وَلَكِنْ بَعْدَمَا أَكَلَ مِنْ ثَمَرَةِ شَجَرَةِ مَعْرِفَةِ الخَيْرِ وَالشَرِ رَأَى نَفْسَهُ بِأَنَّهُ عُرْيَانَاً. وَهَذَا يَعْنِي أَنَّهُ خَشِيَ لَعَلَهُ يَأْخُذُ مِنَ النُورِ وَيَسْتَخْدِمَهُ بِالشَكْلِ الَذِي يُعَبَّرُ عَنْهُ فِي القَوْلِ "رُعَاةُ غَنَمِ لُوط".

إِنَّ مُصْطَلَح "رُعَاةُ غَنَمِ لُوط" مَعْنَاهُ أَنَّهُ يُوجَدُ هُنَاكَ مَا يُدْعَى الإِيمَانُ فَوْقَ حُدُودِ المَنْطِقِ وَالَذِي يُعَبَّرُعَنْهُ بِالمُصْطَلَح "رُعَاةُ غَنَمِ سَيِدُنَا إِبْرَاهِيم". بِكَلِمَةٍ أُخْرَى إِنَّ الإِنْسَانَ الَذِي يُكَافَأُ فِي إِحْرَازِ دَرَجَةِ مَعْرِفَةِ كَلاَمِ الرَّبِ يَجِبُ عَلَيْهِ الحَذَرُ مِنْ اسْتِخْدَامِ كَلاَمِ الخَالِقِ كَأَسَاسٍ لِعَمَلِ الإِنْسَانِ مُدَعِيَاً فِي أَنَّهُ الآنَ لَيْسَ هُوَ بِحَاجَةٍ إِلَى أَنْ يُقَوِّي إِيمَانَهُ بِالخَالِقِ بِمَا أَنَّهُ الآنَ قَدْ حَصَلَ عَلَى المَعْرِفَةِ كَأَسَاسٍ وَقَاعِدَةٍ لَهُ. هَذَا السُلُوكُ مَا يُدْعَى "رَعَاةُ غَنَمِ لُوط" أَيْ العَالَمُ الَذِي تَسُودَهُ اللَعْنَةَ وَالَتِي هِيَ عَلَى خِلاَفِ الإِيمَانِ وَالَذِي هُوَ البَرَكَةِ.

فِي الوَاقِعِ لَقَدْ قَالَ أَنَّهُ يَرَى إِذَا ارْتَقَى إِلَى دَرجَةِ الإِيمَانِ فَوْقَ المَنْطِقِ الآنَ فِي أَنَّهُ قَدْ أُعْطِيَ نُورُ المَعْرِفَةِ مِنَ الأَعَالِي لِيُوحِى لَهُ بِأَنَّهُ هُوَ الآنَ يَسِيرُ عَلى طَرِيقِ الحَقِ وَلَيْسَ فِي أَنْ يَأْخُذَ نُورَ المَعْرِفَةِ هَذَا كَدَعْمٍ لَهُ، أَنْ يَكُونَ عَمَلَهُ هَذَا نَابِعٌ مِنْ مَنْطِقِهِ هُوَ وَالَذِي مِنْهُ يَأْتِي الإِنْسَانُ إِلَى فَهْمٍ وَتَمْيِيزِ الإِرَادَةِ فِي الأَخْذِ لِلْذَاتِ عِنْدَهُ وَالَتِي عَلَيْهَا وُضِعَ حَصْرَاً. وَلِهَذَا السَبَبِ أُطْلِقَ عَلَيْهَا "مَكَانُ اللَعْنَةِ" بِمَا أَنَّ مَعْنَى كَلِمَةُ أَوْ إِسْمُ لُوط "العَالَمُ المَلْعُونُ".

وَفِي أَخذَ هَذَا بِعَينِ الإِعْتِبَارِ قَالَ لَهُ الخَالِقُ: مَنْ قَالَ لَكَ بِأَنَّكَ عُرْيَانٌ؟ أَيْ "لِمَاذَا أَنْتَ خَائِفٌ مِنْ أَخْذِ هَذَا النُورِ، هَلْ لِخَشْيَتِكَ فِي أَنْ تُحدِثَ عِلَّةَ عَيْبٍ وَتَشْوِهِ هَذَا النُورِ؟ مِنَ الضَرُورِي بِأَنَّكَ أَكَلْتَ مِنْ شَجَرَةِ مَعْرِفَةِ الخَيْرِ وَالشَرِّ لِتَحْصَلَ عَلَى هَذِهِ المَعْرِفَةِ وَهَذَا بِدَوْرِهِ جَلَبَ عَلَيْكَ الخَوْفَ. عِنْدَمَا أَكَلْتَ مِنْ كُلِّ ثَمَرِ أَشْجَارِ الجَنَّةِ بِمَعْنَى حِينَ كُنْتَ تَأْخُذُ مِنَ النُورِ عَنْ طَرِيقِ "رُعَاةِ غَنَمِ إِبْرَاهِيم" لَمْ يَكُنْ لَدَيْكَ أَيُّ نَوْعٍ مِنَ الخَوْفِ عَلَى الإِطْلاَقِ. "وَلِذَلِكَ طَرَدَهُ مِنْ جَنَّةِ عَدَنٍ لَعَلَهُ يَجْعَلُ يَدَهُ وَيَأْخُذَ مِنْ ثَمَرِ شَجَرَةِ الحَيَاةِ".

كَانَ الخَوْفُ مِنْ أَنْ يَتُوبَ وَيَدْخُلَ شَجَرَةَ الحَيَاةِ. وَلَكِنْ مَا هُوَ هَذَا الخَوْفُ أَيْ الخَوْفُ مِنْ مَاذَا؟ بِمَا أَنَّ أَدَمَ قَدْ أَخْطَأَ فِي تَعَامُلِهِ مَعَ شَجَرَةِ مَعْرِفَةِ الخَيْرِ وَالشَرِّ يَجِبُ عَلَيْهِ الآنَ أَنْ يُصَحِّحَ خَطَأَهُ فِي شَجَرَةِ مَعْرِفَةِ الخَيْرِ وَالشَرِّ. وَهَذَا مَعْنَى "أَنَّ الخَالِقَ طَرَدَ أَدَم مِنْ جَنَّةِ عَدَنٍ" لِيُصْلِحَ وَيُصَحِّحَ خَطِيئَةَ شَجَرَةِ مَعْرِفَةِ الخَيْرِ وَالشَرِّ وَبَعْدَهَا تَكُونُ لَدَيْهِ القُدْرَةَ عَلَى دُخُولِ جَنَّةِ عَدَنٍ ثَانِيَةً.

إِنَّ مَعْنَى جَنَّةَ عَدَنٍ هُوَ إِرْتِقَاءِ السَفِيرَا مَلْخُوتْ إِلَى السَفِيرَا بِينَا المَكَانُ الَذِي يَكُونُ فِي اسْتِطَاعَتِ مَلْخُوتْ تَلَقِّي نُورُ الحِكْمَةِ فَمَعْنَى كَلِمَةُ عَدَنٍ هُوَ "الحِكْمَةُ". وَفِي هَذَا الوَضْعِ تُدْعَى مَلْخُوتْ "بِالجَنَّةِ" وَالَتِي تَتَلَقَّي النُورُ عَلَى صِيغَةِ أَوْ فِي صُورَةِ "عَدَنٍ". هَذِهِ هِيَ "جَنَّةُ عَدَنٍ".

الفِكْرُ وَالقَلْبُ

سَمِعْتُ فِي العَاشِرِ مِنْ شَهْرِ شُبَاطٍ مِنْ عَامِ ١٩٢٨

عَلَى الإِنْسَانِ فِي أَنْ يَتَفَحَّصَ إِذَا كَانَ إِيمَانُهُ سَلِيمٌ وَبِتَرْتِيبٍ مُنْتَظِمٍ بِمَعْنَى إِذَا كَانَ لَدَى الإِنْسَانِ مَخَافَةَ الرَّبِ وَمَحَبَّتَهُ فِي نَفْسِهِ كَمَا هُوَ مَكْتُوبٌ: "إِذَا كُنْتُ أَنَا أَبَاً فَأَيْنَ هِيَ هَيْبَتِي وَإِحْتِرَامِي وَإِذَا كُنْتُ أَنَا رَبّاً فَأَيْنَ هِيَ مَخَافَتِي؟" وَهَذَا مَا يُدْعَى الفِكْرُ.

يَجِبُ عَلَيْنَا أَيْضاً بِأَنْ نَرَى فِي أَنْ لاَ يَكُونَ فِينَا أَيُّ رَغْبَةٍ فِي الإِشْبَاعِ الذَاتِي أَوْ تَوَاجُدِ حَتَى وَلَوْ رَغْبَةٌ صَغِيرَةٌ أَوْ فِكْرٌ عَابِرٌ فِي الإِحْتِيَاجِ أَوْ طَلَبِ الإِنْسَانِ فِيمَا هُوَ لِنَفْسِهِ وَفِي أَنْ يَكُونَ مِثْلُ هَذَا الفِكْرِ فِي قَلْبِهِ بَلْ لِتَكُنْ كُلَّ رَغَبَاتِ الإِنْسَانِ فِي إِرَادَتِهِ فِي إِرْضَاءِ خَالِقِهِ. هَذَا مَا يُدْعَى "القَلْبُ" وَالمَعْنَى فِي عِبَارَةِ "إِنَّ الخَالِقَ الرَحِيمَ يُرِيدُ قَلْبَ الإِنْسَانِ".

أَنْتُمْ يَا مَنْ تُحِبُّونَ الخَالِقَ تَكْرَهُونَ الشَرَّ

سَمِعْتُ فِي ١٧ مِنْ شَهْرِ حَزِيرَان مِنْ عَامِ ١٩٣١

فِي عِبَارَةِ "أَنْتُمْ يَا مَنْ تُحِبُّونَ الرَّبَ تَكْرَهُونَ الشَرَّ" يَحْمِي الخَالِقُ نُفُوسَ قِدِيسِيهِ وَيُخَلِصَهُم مِنْ يَدِ فَاعِلِي الشَرِّ، وَهَذَا تَفْسِيرَهُ بِأَنَّهُ مِنْ غَيْرِ الكَافِي أَنْ يُحِبَ الإِنْسَانُ الخَالِقَ وَيَرْغَبَ بِالإِلْتِصَاقِ بِهِ فَقَطْ وَلَكِنْ يَجِبُ عَلَى الإِنْسَانِ مَكْرَهَةَ الشَرِّ أَيْضاً.

إِنَّ مَسْأَلَةَ الكَرَاهِيَّةِ مَحْصُورَةٌ فِي التَعْبِيرِ عَنْهَا مِنْ خِلاَلِ كَرَاهِيَّةِ الشَرِّ وَالَذِي هُوَ "الإِرَادَةُ فِي التَقَبُّلِ لِلَذَاتِ أَيْ الأَنَانِيَّةِ" وَالَتِي لاَ يُوجَدُ لَدَى الإِنْسَانِ الحِيلَةَ فِي التَخَلُّصِ مِنْهَا أَوْ فِي نَفْسِ الوَقْتِ تَقَبُّلُ هَذَا الشَرِّ فِي أَيَّةِ حَالَةٍ، فَهُوَ يُدْرِكُ الضَررَ الَذِي يَجْلُبَهُ الشَرُّ عَلَيْهِ وَفِي الوَقْتِ نَفْسَهُ يُدْرِكُ حَقِيقَةَ الوَاقِعِ بِأَنَّهُ مِنَ المُسْتَحِيلِ عَلَيْهِ أَنْ يُبْعِدَ نَفْسَهُ عَنْهُ بِنَفْسِهِ بِمَا أَنَّهُ قُوَّةَ الطَبِيعَةِ الَذِي خَلَقَهَا الخَالِقُ وَالَتِي دَمَغَ بِهَا طَبِيعَةُ الإِنْسَانِ البَشَرِيَّةِ فِي حُبِّ الذَاتِ.

فِي هَذِهِ المَرْحَلَةِ وَبِمَا تُمْلِيهِ عَلَيْنَا هَذِهِ العِبَارَةُ فِي ضَرُورَةِ كَرَاهِيَّةِ الشَرِّ، فَفِي تَطْبِيقِهَا نَنَالُ حِمَايَةَ الخَالِقِ مِنَ الشَرِّ كَمَا هُوَ مَكْتُوبٌ: "يَحْمِي الخَالِقُ نُفُوسَ قِدِيسِيهِ". مَا المَقْصُودُ بِكَلِمَةِ "الحِمَايَةِ"؟ "أَيْ بِأَنَّهُ يُخَلِصَهُم مِنْ يَدِ الشَرِّ أَوْ فَاعِلِي الشَرِّ". وَهُنَا فِي هَذِهِ المَرْحَلَةِ يُعْتَبَرُ الإِنْسَانُ بِأَنَّهُ شَخْصٌ نَاجِحٌ إِذْ أَنَّهُ حَاصِلٌ عَلَى نَوْعٍ مِنَ الإِرْتِبَاطِ مَعَ الخَالِقِ مَهْمَا كَانَ هَذَا الإِرْتِبَاطُ ضَئِيلٌ فِي قَدْرِهِ.

فِي الوَاقِعِ أَنَّ مَسْأَلَةَ الشَرِّ تَبْقَى لِتَخْدُمَ فِي وَضْعِهَا فِي بِنَاءِ خَلْفِيَّةِ البَارْتزُوف. وَلَكِنَ هَذَا فَقَطْ مِنْ خِلاَلِ تَصْحِيحِ الإِنْسَانِ لِنَفْسِهِ أَيْ فِي تَصْحِيحِ الشَرِّ لِيَكُونَ فِي مَكَانِ دَعَامَةِ الخَلْفِيَّةِ. الكَرَاهِيَّةِ تَأْتِي إِذَا كَانَ الإِنْسَانُ يُرِيدُ التَقَرُّبَ

وَالْإِلْتِصَاقَ بِالْخَالِقِ، وَتَفْسِيراً لِهَذَا نُشِيرُ إِلَى مِثَالِ نَوْعِ السُّلُوكِ الْخَاصِ بَيْنَ الْأَصْدِقَاءِ فَإِذَا كَانَ الْوَاحِدُ يَكْرَهُ مَا يَكْرَهُهُ الْآخَرُ وَيُحِبُّ الشَّيْءَ نَفْسَهُ الَّذِي يُحِبُّهُ الْآخَرُ فَمِنْ خِلَالِ كَرَاهِيَةٍ وَمَحَبَّةِ الْأَشْيَاءِ نَفْسِهَا هَذَا يَعْمَلُ بِمَثَابَةِ الْعَامِلِ الْمُشْتَرَكِ بَيْنَهُمَا وَبِالتَّالِي يُحَصِّلُونَ عَلَى التَّرَابُطِ الْأَبَدِيِّ فِيمَا بَيْنَهُمَا.

بِنَاءً عَلَى هَذَا وَبِمَا أَنَّ الْخَالِقَ يُحِبُّ الْعَطَاءَ يَتَوَجَّبُ عَلَى الْإِنْسَانِ بِأَنْ يَتَبَنَّى الرَّغْبَةَ فِي الْعَطَاءِ كَمَا الْخَالِقِ. وَالْخَالِقُ أَيْضاً لَا يَرْغَبُ فِي تَلَقِّي أَيِّ شَيْءٍ بِمَا أَنَّهُ كَامِلٌ فِي سِمَاتِهِ وَلَا يَنْقُصُهُ شَيْءٌ كَذَلِكَ الْإِنْسَانُ أَيْضاً يَجِبُ عَلَيْهِ كَرَاهِيَةُ مَسْأَلَةِ الْأَنَانِيَّةِ وَحُبِّ الذَّاتِ فِيهِ.

وَهَكَذَا وَبِنَاءً عَلَى كُلِّ مَا وَرَدَ سَابِقاً يَجِبُ عَلَى الْإِنْسَانِ فِي أَنْ يَكْرَهَ الشَّرَّ أَيْ حُبَّ الذَّاتِ وَالْأَنَانِيَّةِ مِنْ كُلِّ قَلْبِهِ وَيَكْرَهُ آثَارَ الشَّرِّ وَمَا يُخَلِّفُهُ فِي هَذَا الْعَالَمِ مِنْ كَوَارِثَ. فَمِنْ خِلَالِ كَرَاهِيَةِ الشَّرِّ يَسْتَطِيعُ الْإِنْسَانُ تَصْحِيحَهُ وَإِخْضَاعَهُ تَحْتَ سَيْطَرَةِ الْخَالِقِ وَعَظَمَتِهِ.

مَا مَعْنى عِبَارَةَ عظَمَةُ الخَالِقِ

سَمِعْتُ فِي عَامِ ١٩٤٨

إنَّ عِبارَةَ عَظَمَةُ الخَالِقِ تَتَضَمَّنُ فِي مَعْنَاهَا أَنَّهُ مِنَ المُتَوَجِّبِ عَلى الإِنْسَانِ أَنْ يَسْأَلَ مِنَ الخَالِقِ بِأَنْ يَمْنَحهُ القُوَّةَ لِيَعْلُو بِفِكْرِهِ فَوقَ حُدُودِ المَنْطِقِ. وَهَذَا يَعْنِي بِأَنَّ هُنَاكَ دَرَجَتَانِ لِمُسْتَوَى إِدْرَاكِ مَعْنَى عِبَارَةُ "عَظَمَةُ الخَالِقِ".

الدَرَجَةُ الأُولَى: أَنْ لاَ يَمْتَلِئَ الإِنسَانُ مِنَ المَعْرِفَةِ الإِنْسَانِيَّةِ وَالنَبَاهَةِ العَقْلِيَّةِ وَالَتِي فِيهَا يَعْتَقِدُ فِي أَنَّهُ يَستَطِيعَ إِيجَادَ جَوَابٍ لِكُلِ تَسَاؤُلاَتِهِ، وَلَكِنْ يَكُونُ رَاغِباً فِي أَنْ يُجِيبَهُ الخَالِقُ عَلى كُلِّ أَسْئِلَتِهِ وَلَيْسَ هُوَ نَفْسَهُ. نَحْنُ نُعَبِّرُ عَنهَا بِكَلِمَةِ "عَظَمَةُ" لأَنَّ كُلَّ الحِكْمَةِ تَأتِي مِنَ الأَعَالِي وَلَيْسَ مِنَ الإِنْسَانِ وَمِنْ خِلاَلِ حِكْمَةِ الخَالِقِ فِي عَظَمَتِهِ يَسْتَطِيعُ الإِنْسَانُ الإِيجَابَةَ عَلى تَساؤُلاَتِهِ.

فِي أَيِّ شَيءٍ يَكُونُ الإِنْسَانُ قَادِراً عَلى إِيجَادِ حَلٍ لِمُعْضِلَتِهِ يُعْتَبَرُ بِأَنَّهُ قَدْ وَجَدَ الحَلَ مِنْ خِلاَلِ قُدْرَتِهِ العَقْلِيَّةِ وَهَذَا يَعْنِي بِأَنَّ الإِرَادَةَ فِي حُبِّ الذَاتِ تُدْرِكُ بِأَنَّهُ مِنَ الجَدِيرِ بِالإِهْتِمَامِ وَمُسْتَحِقُ الجُهْدِ أَمْرُ حِفْظِ وَصَايَا الخَالِقِ وَالعَمَلُ بِهَا. وَلَكِنْ حِينَ يَتَطَلَّبُ الأَمْرُ مِنَ الإِنْسَانِ التَخَطِي فَوقَ حُدُودِ المَنْطِقِ العَقْلِي لَدَيْهِ إِلَى دَرَجَةِ الإِيمَانِ فَهَذَا يَتَطَلَّبُ الكَثِيرُ مِنَ الجُهْدِ وَهَذَا مَا يُدْعَى "بِخِلاَفِ مَنْطِقِ الإِرَادَةِ فِي الأَخْذِ لِلذَاتِ".

الدَرَجَةُ الثَانِيَةُ: إِنَّ عَظَمَةَ الخَالِقَ تَعْنِي بِأَنْ يَكُونَ الإِنْسَانُ فِي حَاجَةٍ إِلَى الخَالِقِ لأَنْ يَمْنَحهُ رَغَبَاتُ قَلْبِهِ، وَمِنْ أَجلِ ذَلِكَ يَتَوجَّبُ عَلَى الإِنْسَانِ إِمَّا أَنْ يَعْلُوُ بِفِكْرِهِ فَوْقَ حُدُوُدِ المَنْطِقِ فِي مُواجَهَةِ الوَاقِعِ عَلى أَنَّهُ لاَ يَسْتَطِيعُ مِلئَ الفَرَاغِ فِي نَفْسِهِ وَبِالتَالِي هُوَ بِحَاجَةٍ إِلَى الخَالِقِ. أَوْ أَنْ يُدْرِكَ أَنَّ الخَالِقَ وَحْدَهُ

هُوَ الَذِي يَسْتَطِيعُ مَنْحَهُ القُوَّةَ لِلخُرُوجِ فَوْقَ حُدُودِ الذَاتِ أَوْ حُدُودِ المَنْطِقِ العَقْلانِيِّ لَدَيْهِ. أَيْ أَنَّ الذِي يُعْطِيهِ إِيَّاهُ الخَالِقُ هُوَ مَا يُدْعَى "عَظَمَةُ الخَالِقُ".

مَصْدَرُ السَّعَادَةِ هُوَ فِي مَخَافَةِ الرَّبِّ
سَمِعْتُ فِي عَامِ ١٩٤٨

إِنَّ السَّعَادَةَ هِيَ المَحَبَّةُ، وَالمَحَبَّةُ هِيَ الوُجُودُ ذَاتُهُ. هَذَا مُشَابِهٌ لِإِنْسَانٍ بَنَى بَيْتاً لِنَفْسِهِ وَلَمْ يَعْمَلْ أَيَّ نَوَافِذَ أَوْ أَبْوَابٍ فِي حِيطَانِ هَذَا البَيْتِ وَهَكَذَا فَلَنْ يَكُنْ لَدَيْهِ مَدْخَلاً أَوْ مَخْرَجاً لِلْبَيْتِ الَّذِي بَنَاهُ لِذَلِكَ يَتَوَجَّبُ عَمَلُ فُتْحَةٍ فِي الحَائِطِ لِيَتَمَكَّنَ مِنَ الدُّخُولِ.

كَذَلِكَ الأَمْرُ أَيْضاً فِي إِطَارِ حَيَاةِ الإِنْسَانِ فَفِي المَكَانِ الَّذِي تُوجَدُ فِيهِ المَحَبَّةُ لاَ بُدَّ مِنْ وُجُودِ مَخَافَةِ الرَّبِّ أَيْضاً، كَفُتْحَةِ البَابِ فِي حَائِطِ المَنْزِلِ هَكَذَا مَخَافَةُ الرَّبِّ هِيَ المَنْفَذُ. بِمَعْنَى آخَرَ أَنَّهُ يَجِبُ عَلَى الإِنْسَانِ إِيقَاظَ مَخَافَةِ الرَّبِّ فِي نَفْسِهِ فِي أَنَّهُ غَيْرُ قَادِرٍ عَلَى تَبَنِّي وَإِحْرَازِ سِمَةِ المَحَبَّةِ وَالعَطَاءِ المُطْلَقِ مِنْ تِلْقَاءِ نَفْسِهِ.

الخُلاَصَةُ هِيَ فِي أَنَّهُ عِنْدَمَا يَتَوَاجَدُ الإِثْنَانِ مَعاً أَيْ المَحَبَّةُ وَمَخَافَةُ الرَّبِّ فَفِي تَوَاجُدِهِمَا مَعاً يُوجَدُ الكَمَالُ. لَكِنْ إِذَا كَانَ الأَمْرُ عَلَى خِلاَفِ هَذَا فَإِنَّ السِّمَةَ الوَاحِدَةَ تُلْغِي وَتُبْطِلُ الأُخْرَى وَلِهَذَا السَّبَبِ يَجِبُ عَلَى الإِنْسَانِ فِي أَنْ يُحَاوِلَ وَضْعَ هَاتَيْنِ الصِّفَتَيْنِ مَعاً فِي مَكَانٍ وَاحِدٍ.

وَهَذَا هُوَ مَعْنَى القَوْلِ فِي الحَاجَةِ إِلَى المَحَبَّةِ وَالخَوْفِ مَعاً. فَالمَحَبَّةُ تُدْعَى الحَيَاةُ أَوِ الوُجُودُ، وَالخَوْفُ يُدْعَى الغَوْرُ أَوِ المَنْفَذُ وَفِي تَوَاجُدِهِمَا مَعاً يُوجَدُ الكَمَالُ. وَهَذَا مَا يُطْلَقُ عَلَيْهِ أَوْ يُنْسَبُ إِلَيْهِ "بِالسَّاقَيْنِ - اليُمْنَى وَاليُسْرَى" وَبِالتَّحْدِيدِ عِنْدَمَا يَكُونُ لِلإِنْسَانِ سَاقَيْنِ إِثْنَتَيْنِ يَسْتَطِيعُ المَشْيَ.

مَا هُوَ مَعْنَى العِبَارَةَ "العَجَلَةُ فِي العَمَلِ.

سَمِعْتُ هَذَا فِي شَهْرِ تَمُوزِ مِنْ عَامِ ١٩٤٤

خُذْ بِعَيْنِ الإِعْتِبَارِ أَنَّهُ عِنْدَمَا يَبْدَأُ الإِنْسَانُ فِي السَعْيِ وَرَاءَ إِرَادَتِهِ فِي عَمَلِ كُلِّ شَيءٍ لأَجْلِ خَالِقِهِ سَيَجِدُ الإِنْسَانُ نَفْسَهُ فِي مَرْحلَةِ تَقدُّمٍ وَتَرَاجُعٍ فِي العَمَلِ. وَكَثِيراً مِنَ الأَحْيَانِ يَأْتِي الإِنْسَانُ إِلَى مَرْحلَةِ ضَعْفٍ وَتَرَاجُعٍ إِلَى دَرَجَةِ أَنْ تُرَاوِدُ الإِنْسَانُ أَفْكَاراً فِي الإِبْتِعَادِ عَنْ السَيْرِ عَنْ طَرِيقِ الحَقِ وَعَنْ إِتِبَاعِ كَلامِ وَوَصَايَا الخَالِقِ بِمَعْنَى أَنْ تُرَاوِدُ الإِنْسَانُ أَفْكَاراً بِأَنَّ لَيْسَ لَدَيْهِ أَيَّ رَغْبَةٍ فِي أَنْ يَكُوْنَ

خَاضِعاً لإِرَادَةِ الخَالِقِ.

فِي هَذِهِ الحَالَةِ يَجِبُ عَلَى الإِنْسَانِ بِأَنْ يُدْرِكَ حَقِيْقَةَ الأَمْرِ بِأَنَّ إِحْسَاسَهُ هَذَا هُوَ مُعَاكِسٌ تَمَاماً لِحَقِيقَةِ الوَاقِعِ فِي أَنَّ قُوَّةَ الخَالِقِ بِقَدَاسَتِهَا هِيَ التِي تُحَاوِلُ الإِبْتِعَادَ عَنْهُ. وَالسَبَبُ فِي هَذَا بِأَنَّهُ عِنْدَمَا يَقْتَرِبُ الإِنْسَانُ مِنَ القَدَاسَةِ لِيُلْحِقَ بِهَا عِلَّةَ عَيْبٍ بِسَبَبِ سِمَاتِهِ الأَنَانِيَّةِ وَالمُخَالِفَةِ لِسِمَاتِ الخَالِقِ فَإِنَّ القَدَاسَةَ هِيَ التِي تَتَهَرَّبُ مِنْهُ فِي البِدَايَةِ. وَلَكِنْ إِذَا إِسْتَطَاعَ الإِنْسَانُ مُقَاوَمَةَ وَالتَغَلُّبَ عَلَى الصُعُوبَاتِ فِي هَذِهِ الفَتْرَةِ عَلَى هَذَا الشُعُورِ عِنْدَهَا سَيَتَغَيَّرُ كُلُّ شَيءٍ وَبَدِيلُ كَلِمَةِ "بَرَاخْ" أَيْ الهَرَبُ سَتَتَحَوَّلُ إِلَى "بَارِيخْ" أَيْ بَرَكَةٌ كَمَا هُوَ مَكْتُوبٌ: "بَارِكْ الرَّبَ الخَالِقَ وَتَقَبَّلْ عَمَلَ يَدَيْهِ".

I0369716
www.ingramcontent.com/pod-product-compliance
Lightning Source LLC
Chambersburg PA
CBHW070949080526
44587CB00015B/2240
9781772281224